D1854367

Feurige, ironische, zärtliche Kunstwerke sind die Liebesbriefe, die der berühmte Haudegen mit der langen Nase zwischen 1647 und 1650 zu Papier brachte. Und über seine deftig-pikanten Satiren ›Wider einen Feigling‹, ›Wider einen Aufschneider‹ und viele andere Ärgernisse tuschelte einst ganz Paris. Ein mutiger Vorkämpfer der Aufklärung zeigt sich hier, der gegen Wunderglauben, Schwärmerei und Heuchelei (auch seitens der Damenwelt) kein Blatt vor den Mund nahm und mit einem Feuerwerk aus Geistesblitzen glänzende Unterhaltung bietet. Nun muß auch der geneigte deutsche Leser auf keinen einzigen der genialen »Federstiche« mehr verzichten, denn die Briefe des Cyrano de Bergerac liegen erstmals in einer Gesamtausgabe vor.

»Wenn vielleicht doch jemand mal einen Liebesbrief schreiben möchte, findet er im Cyrano einen kundigen Lehrer und tausend diebstahlsgeeignete Stellen. Ich wünsche mir, es gäbe noch welche, die so schrieben wie er.« *Eva Demski*

Cyrano de Bergerac kennt man heute vor allem durch das Bühnenstück von Edmond Rostand (1897), das kürzlich mit Gérard Depardieu spektakulär verfilmt wurde. Geboren am 6. März 1619 in Paris, trat Cyrano 1638 in die Gascogner Garde ein, verließ das Militär nach zwei Kriegsverletzungen und führte seine Händel von da an privat. 1655 starb er aus ungeklärter Ursache ebenfalls in Paris. Weitere Werke: Dramen und utopisch-burleske Romane (›Die Reise zum Mond‹ und ›Komische Geschichte der Staaten und Reiche der Sonne‹ 1657/1662).

Aus dem Französischen übersetzt und herausgegeben von
WOLFGANG TSCHÖKE

CYRANO
DE BERGERAC

HERZSTICHE

Die Briefe

GATZA
bei Eichborn

Titel der Originalausgabe:
›Les œuvres diverses de M. de Cyrano Bergerac‹,
Paris 1654

Die Übersetzung stützt sich auf die Ausgabe
von L. Erba,
Mailand 1965

INHALT

AN SEINE DURCHLAUCHT, DEN HERZOG VON APAJON

Gnädiger Herr,

dies Buch enthält kaum mehr als eine wirre Sammlung früher Grillen, oder besser früher Tollheiten meiner Jugend; ich gestehe sogar, daß ich mich mit einiger Scham in vorgerücktem Alter dazu bekenne: Und gleichwohl, gnädiger Herr, stehe ich nicht davon ab, es Euch mit all seinen Unvollkommenheiten zuzueignen und Euch gnädig um Billigung zu bitten, daß es unter Eurer glorreichen Schirmherrschaft das Licht der Öffentlichkeit erblicke. Was werdet Ihr, gnädiger Herr, wohl zu solch ungewöhnlichem Vorgehen sagen? Vielleicht haltet Ihr es für mangelnde Ehrerbietung, wenn ich Euch etwas überreiche, das ich selbst geringschätze, und Euren erlauchten Namen vor ein Werk setze, das ich nur widerstrebend mein eigenes nenne. Ich erhoffe mir nichtsdestoweniger, gnädiger Herr, daß meine Ehrerbietung und mein Diensteifer Euch nur allzu bekannt sind, um mir die Freiheit nachzusehen, die ich mir bei einer für mich so unvorteilhaften Angelegenheit nehme.

Fast ein Jahr ist es her, daß ich selbst mich Euch übereignete, und seit diesem glücklichen Augenblick hielt ich mein ganzes bisheriges Leben, das ich anders als in Eurem Dienst zugebracht hatte, für vergeudet. Nicht zufrieden damit, Euch alles, was mir davon noch verbleibt, hingegeben zu haben, versuchte ich diesen Verlust dadurch auszugleichen, daß ich Euch auch noch seine Anfänge widme. Und da ich die Vergangenheit nicht zurückrufen kann, um sie Euch darzubringen, will ich Euch wenigstens darreichen, was mir davon übriggeblieben ist, so daß solchermaßen, da ich nicht die Ehre hatte, mein ganzes Leben lang der Eurige zu sein, mein ganzes Leben sozusagen ohne Unterlaß ganz für Euch dagewesen ist. Im übrigen war Gott, wie Ihr wißt, gnädiger Herr, von allen Opfern, die ihm nach altem Gesetz dargebracht wurden, keines so gefällig wie die ersten Früchte, obwohl sie gemeinhin nicht die besten sind. Und wenn ich so Heiligem etwas Profanes hinzufügen darf: Ihr wißt ebenfalls sehr wohl, daß die Athener glaubten, dem Apollon kein wohlgefälligeres Geschenk machen zu können, als ihm in seinen Tempel zu Delphi ihr erstes Haupthaar zu senden und ihm solchermaßen die ersten Erzeugnisse ihres Kopfes darzureichen. Das läßt mich hoffen, gnädiger Herr, daß Ihr die Gabe, die ich Euch mit diesen Werken überreiche, nicht zurückweisen werdet und daß Ihr es gefällig aufnehmen möchtet, wenn ich ebensowohl zu Beginn dieser Briefe wie auch am Anfang der Agrippina, gnädiger Herr,

Euer untertänigster, gehorsamster und
verbindlichster Diener bleibe,
Cyrano de Bergerac

VERMISCHTE BRIEFE

AN HERRN LE BRET, ADVOKAT IM KÖNIGLICHEN RAT

Wider den Winter

Monsieur,

dieses Mal hat der Winter der Erde den Hosenlatz zugehext; die Materie machte er kraftlos, und der Geist selbst, obgleich körperlos, ist nicht in Sicherheit vor seiner Tyrannei. Meine Seele ist so in sich geschrumpft, daß mir, wo immer ich mich heute auch berühre, mehr als vier Finger vonnöten sind, um mir mühsam zu vergegenwärtigen, wo ich bin. Ich betaste mich, ohne mich zu fühlen, und hundert Pforten hätte eine Klinge zu meinem Leben öffnen können, ohne an die des Schmerzes zu schlagen. Da sitzen wir denn schließlich nahezu gliederlahm, und gleichwohl hat Gott, wie um unsere Wunde durch noch einen Schmerz zu vertiefen, nur einen einzigen Balsam für unser Leid geschaffen. Überdies vermag der Arzt, der ihn bei sich trägt, bei uns erst einzutreffen, nachdem er aus sechs Häusern vertrieben wurde. Die Sonne ist es, die saumselige, Ihr seht ja selbst, wie sie in kurzen Tagereisen vorrückt, um acht Uhr macht sie sich auf den Weg und begibt sich um vier zur Ruhe. Ich glaube gar, sie nimmt sich an mir ein Beispiel und findet es zu kalt, um frühmorgens aufzustehen. Aber gebe Gott, daß nur Trägheit sie zurückhält und nicht Verdruß: Mir scheint nämlich, daß sie uns seit einigen Monaten recht schief anschaut. Was mich angeht, kann ich die Ursache nicht erraten, es sei denn, sie hat die steinhart gefrorene Erde gesehen und traut sich nicht mehr, so hoch zu steigen, aus Angst, ihre Strahlen zu verletzen, wenn sie zur Erde fallen. Daher gedenken wir auch nicht, uns für den Schimpf zu rächen, den uns die Jahreszeit antut, denn es nützt dem Feuer gleichsam nichts, hitzig gegen sie zu werden; nach ordentlichem Geprassel führt sein Wüten nur dazu, daß es sich selbst um so schneller verzehrt. Da greifen wir vergebens zum Kriegsschild, der Winter ist ein sechsmonatiger Tod, der sich über einen ganzen Teil dieser Erdkugel ausbreitet und dem wir nicht entgehen können; er verschafft allem Belebten ein kurzes Alter. Ein regloses Wesen ist er, das sich uns indessen, wie beherzt auch immer wir sein mögen, niemals nähert, ohne uns zum Zittern zu bringen. Unser poriger, empfindlicher, aufgerichteter Körper schrumpft zusammen, verhärtet sich und verschließt schleunigst seine Zugänge, verrammelt eine Million unsichtbarer Pforten, türmt auf alle Zugänge kleine Gebirge, rührt sich, wird unruhig, schlägt mit Händen und Füßen um sich und gibt errötend als Entschuldigung an, diese Schauder seien Ausfälle, die er unternehme, um den Feind zurückzudrängen, der schon die Außenwerke besetze. Schließlich ist es kein Wunder, daß wir das Schicksal aller Lebewesen erleiden; der Barbar aber begnügt sich nicht damit, unsere Vögel zum Verstummen gebracht, unsere Bäume entkleidet, Ceres die Haare abgeschnitten und unser aller Mutter ganz entblößt zu haben. Auf daß wir uns nicht zu Wasser in ein milderes Klima retten könnten, hat er es hinter diamantene Mauern eingeschlossen, und aus Furcht gar, die Flüsse erregten durch ihren Lauf etwas Wärme, die uns aufhelfen könnte, hat er sie an ihr Bett gefesselt. Er treibt es aber noch viel schlimmer: Um uns sogar noch durch das Spiegelbild der Erscheinungen zu ängstigen, die er sich zu unserem Untergange ausdenkt, bringt er uns soweit, das Eis für erhärtetes Licht zu halten, erstarrtes Tageslicht, geronnenes Nichts oder irgendein entsetzliches Ungetüm, dessen ganze Gestalt nur aus einem Auge besteht. Die Seine ist anfänglich erschreckt durch die Tränen des Himmels, betrübt sich darüber und fürchtet Unheil für das Geschick ihrer Bewohner. Sie versteift sich gegen die Strömung, schwemmt sich auf, wird zähflüssig, um zum Stillstand zu kommen und allzeit für unsere Bedürfnisse zur Stelle zu sein. Die Menschen wiederum kommen voller Entsetzen über die Erscheinungen dieser abscheulichen Jahreszeit zu Vorahnungen, die ihrer Furcht entsprechen. Schneit es, so bilden sie sich ein, am Firmament laufe womöglich die Milchstraße aus, welches Unglück den Himmel vor Wut schäumen läßt, während die Erde, zitternd um ihre Kinder, vor Schrecken erbleicht. Überdies stellen sie sich vor, das Weltall sei ein Kuchen, den der Winter, das große Ungeheuer, zuckere, bevor er ihn verschlinge, der Schnee sei vielleicht Schaum, der von den Pflanzen aufsteige, während sie toll vor Wut sterben, und die mit solcher Kälte wehenden Winde seien die letzten Seufzer der mit dem Tode ringenden Natur. Ich selbst deute mir alles ja immer im günstigsten Sinne und hätte mir in einer anderen Jahreszeit vorgestellt, die Schneeflocken seien Pflanzenmilch, womit die Sterne die Pflanzen säugen, oder Krumen, die nach dem Dankgebet vom Tisch der Götter fallen. Da lasse ich mich dann, nur weil der unschuldige Himmel Harngrieß pissen muß, vom Sturzbach dieses Beispiels hinreißen und schreie, wenn es hagelt: Welches Unheil ist uns vorbestimmt? Wollte ich die eisigen Winde beschreiben, die so kraftvoll sind, daß sie Türme umstürzen, und so luftig, daß man sie gar nicht sieht, dann wüßte ich nicht, was sie sein sollten außer einem kalten Nieselregen entflohene Teufel, die unter der Erde steifgefroren sind und hier nun herumhasten, um sich aufzuwärmen.

Alles, was dem Winter nur ähnelt, flößt mir Angst ein. So sind mir Spiegel unerträglich wegen ihres eisigen Glases; die Quacksalber fliehe ich, heißt es doch, sie verkauften schwarzen Schnee. Den Frost kann ich einer Reihe von Morden überführen, da man in den Häusern von Paris sehr selten geleestarre Früchte findet ohne einen Kranken daneben. Wirklich, Monsieur, ich glaube nicht, daß Johannis mich gänzlich von allen Schrecken der Weihnachtszeit wird heilen können, wenn ich bedenke, daß die Fenster noch immer mit Scheiben versehen sind, also nichts anderes als am

Feuer gehärtete Tapeten aus Eisstücken. O ja, unbarmherzig hat der Winter mich in solch üble Laune versetzt, daß mir die Augusthitze vielleicht die dickflüssige Trägheit des Januar nicht wird wegtrocknen können. Bei der geringsten Hitze schon werde ich behaupten, der Winter sei ein Erschauern der Natur und der Sommer ihr Fieber: Denn urteilt doch selbst, ob ich mich zu Unrecht beklage und ob all die Verschnupften trotz der freizügig-feuchten Gemütsart dieser Jahreszeit, die ihnen soviel Eisperlen wie Tropfen an der Nase verschafft, mich nicht für einen Herkules halten werden, der dies Ungeheuer, ihren Feind, verfolgt. Herrscht er denn nicht allerorten unerbittlich? Da zwingt unter einem Brunnenhahn ein durchgefrorener Wasserträger seine Brust, den Händen das Leben wiedereinzuhauchen, das jener ihnen raubte. Dort hallen die Schuhe eines Wanderers lauter auf dem Pflaster als sonst, weil er Frostbeulen an den Hacken hat. Hier lauert ein frecher Schuljunge mit einem Schneeball in der Hand, bis sein Schulkamerad vorbeikommt, um ihm das Gesicht in ein Stück Flußwasser zu tunken. Kurz und gut, wohin ich mich auch wende, die Kälte ist so groß, daß alles bis zum Mantelkragen gefriert. Um zehn Uhr abends schlottert der schniefende Spitzbube unter einem Wetterdach vor Kälte, tröstet sich aber, während er dem ersten Passanten entgegensieht, wie ein Schneider, dem jemand seine Kleider bringt. Wenn es dem Winter, diesem verstockten Alten, in den Sinn kommen wird zu beichten, dann bitte sehr, Monsieur, hier ist seine Gewissenserforschung, ausgenommen ist allerdings eine Sünde, ein ganz besonderer Fall, für den er niemals die Absolution erhielte. Urteilt selbst, ob es verzeihlich ist: Er ist schuld, daß mir die Finger erstarren, weil er Euch davon überzeugen will, ich sei ein kühler Freund, da ich ja zittere, Monsieur, bei der Versicherung, ich sei

Euer Diener

AN DENSELBEN

Zugunsten des Frühlings

Monsieur,

klagt nun nicht mehr, das schöne Wetter ist zurückgekehrt, die Sonne hat sich wieder mit den Menschen ausgesöhnt, und ihre Hitze hat dem Winter Beine gemacht, so erstarrt er auch war. Sie hat ihm nur so viel Bewegung verliehen, wie er zum Fliehen brauchte, und unterdessen sind diese langen Nächte, die nur jede Stunde einen Schritt zu machen schienen (wagten sie doch im Finstern nur tapperig zu laufen), so weit weg von uns wie die allererste, die Adam Schlaf brachte. Die Luft, unlängst noch so eingedickt durch den Frost, daß die Vögel darin keinen Platz fanden, wirkt heute wie ein einziger unwirklicher Raum, in dem diese Musikanten, von unserem Denken kaum getragen, wie kleine Welten am Himmel erscheinen, die sich durch ihren eigenen Mittelpunkt in der Schwebe halten. Die Abendkühle führt in dem Land, aus dem sie kommen, sicher nicht zum Schnupfen, denn welch hübsches Gezwitschere vollführen sie hier! O ihr Götter, was für ein Spektakel! Gewiß sind sie dabei, die Ländereien aufzuteilen, die ihnen durch den Tod des Winters als Erbe zufielen. Nicht zufrieden damit, fast alle Tiere eingesperrt zu haben, hatte der alte Mißgünstling sogar die Flüsse zum Einfrieren gebracht, damit sie nicht einmal Bilder widerspiegelten. Tückisch hatte er den Tieren den eisigen Spiegel quecksilbriger Ströme entgegengehalten, und so wäre es noch heute, hätte ihn nicht der Frühling bei seiner Rückkehr zerbrochen. Heute betrachtet sich das Vieh darin und sieht sich schwimmen, wenn es daran entlangläuft, und Hänfling und Buchfink verdoppeln sich darin, ohne ihre Einzigkeit zu verlieren. Sie erstehen darin wieder, ohne zu sterben, und wundern sich, daß ihnen in solch kaltem Nest im Nu Junge ausschlüpfen, die genauso groß sind wie sie selber. Endlich erleben wir die Erde wieder in heiterer Stimmung, und von jetzt an müssen wir behutsam mit ihrer Gunst umgehen. Angesichts der verdrießlichen Tatsache, in diesem Herbst eine Plünderung erlitten zu haben, hatte sie sich mit all der Kraft, die ihr der Winter verlieh, so gegen uns verhärtet, daß sie sich niemals hätte erweichen lassen, wenn der Himmel nicht zwei Monate lang in ihren Schoß geweint hätte. Gott sei Dank aber erinnert sie sich nicht mehr an unsere kleinen Diebstähle, heute ist ihr ganzes Sinnen darauf gerichtet, irgendeine neue Frucht hervorzubringen. Sie bedeckt sich mit weichem Gras, um sanfter unter unseren Füßen zu sein, sie bringt nichts auf unsere Tafel, das nicht überfließt von ihrer Milch; wenn sie uns Raupen schickt, dann in Gestalt von Seidenwürmern, und die Maikäfer sind kleine Vögel. Ein Beweis, daß sie sogar Sorge trug, Spielzeug für unsere Kinder zu erfinden. Sie staunt über ihre Üppigkeit und glaubt selbst kaum, daß sie die Mutter all dessen ist, was sie da hervorbringt. Nach fünfzehntägiger Schwangerschaft kommt sie vor der Zeit mit tausenderlei Insekten nieder, und da sie so viel Freude nicht allein genießen kann, arbeitet sie in Eile nur grobe Entwürfe von Kindern aus, um nur jemanden zu haben, dem sie Gutes tun kann. Wirkt es nicht gerade, als ob sie zu ihrem Vergnügen und uns zur Erheiterung eine Wiese auf einen Baum gepflanzt habe, wenn sie die Zweige in unseren Wäldern so dicht mit Blättern behängt? Weil sie aber um die Schädlichkeit übertriebener Vergnügen weiß, bringt sie in dieser Jahreszeit, um unsere Freude ein wenig zu dämpfen, die Bohnen zum Blühen, damit wir Angst haben, davon närrisch zu werden, und das ist das einzige üble Vorzeichen, das sie nicht von unserer Hemisphäre vertrieben hat. Überall sieht man die Natur niederkommen und ihre Kinder, sobald sie geboren sind, in der Wiege spielen.

Nehmen Sie den Zephir, der nur bebend zu atmen wagt, wie er das Korn wiegt und es streichelt. Könnte man nicht sogar sagen, das Gras ist das Haar der Erde und dieser Wind der Kamm, der es strählt? Ich glaube sogar, daß die Sonne mit dem Frühling eine Liebschaft hat, denn ich habe festgestellt, daß sie sich stets nähert, wann immer er sich zur Ruhe begibt. Die dreisten Nordwinde, die uns, in Abwesenheit dieser Göttin der Ruhe, frech die Stirn boten, rotten sich (von ihrer Ankunft überrascht) unter ihren Strahlen zusammen, um durch ihre Liebkosungen Frieden zu erlangen, und die allerschuldigsten verstecken sich in den Atomen und verharren reglos, aus Angst, erkannt zu werden. Alles, was durch sein Dasein keinen Schaden anrichten kann, befindet sich in völliger Freiheit. Selbst unsere Seele dehnt sich über ihr Gefängnis hinaus aus, um zu zeigen, daß sie darin nicht beschlossen ist. Ich glaube, die Natur hält Hochzeit, man sieht nur Tanzen und Konzerte und Festmähler. Wer aber Händel suchte, dem würde nicht die Genugtuung, welche zu finden, den Streit ausgenommen, der unversehens unter den Blumen entsteht über ihre Schönheit. Hier kommt vielleicht eine Nelke blutüberströmt aus dem Kampf und sinkt erschöpft nieder, dort bricht eine Rosenknospe, geschwellt vom Mißerfolg ihrer Widersacherin, vor Freude auf. Da erhebt sich die Lilie, diese Gigantin unter den Blumen, diese Riesin aus geronnener Milch, voller Stolz, daß ihre Abbildungen im Louvre triumphieren, über ihre Gefährtinnen, betrachtet sie von oben herab und zwingt das Veilchen vor sich auf die Füße, das, eifersüchtig und gekränkt, weil es nicht auch so hoch aufsteigen kann, seine Düfte verstärkt, um so von unserer Nase den Vorzug zu erhalten, den ihm die Augen verwehren. Und das Thymianbüschel da beugt untertänig das Knie vor der Tulpe, trägt sie doch einen Kelch; dort indessen ist die Erde verdrossen, weil die Bäume ihre Blüten, mit denen sie von ihr bekränzt wurden, in solcher Höhe, so weit weg von ihr tragen, und weigert sich so lange, ihnen Früchte zu schenken, bis sie sie ihr zurückgegeben haben. Indes finde ich den Frühling wegen dieser Streitereien nicht weniger wohltuend. Mathieu Gareau springt herzlich gern herbei zur Suppe seiner Tante, und der übelste Raufbold im Dorf schwört mit einem Pfuiteufel, daß er dieses Jahr dem Papagei beim Vogelschießen schwer zusetzen wird. Der Winzer, auf einen Rebenpfahl gestützt, lacht sich ins Fäustchen, wenn er Tränen an seiner Weinrebe sieht. Das Beispiel der Natur überzeugt mich so sehr vom Vergnügen, daß ich es, jede Unterwürfigkeit als schmerzhaft empfindend, beinahe bedaure, Monsieur,

Euer Diener zu sein

AN DENSELBEN

Zugunsten des Sommers

Monsieur,

was würdet Ihr nicht alles über den Sonnengott sagen, hätte er Euch selber geröstet, da Ihr Euch über ihn beklagt, wenn er Euer Fleisch rasch so würzig macht, daß Euch sein Geruch unangenehm in die Nase steigt. Die ganze Erde hat er in einen einzigen großen Kochtopf verwandelt und darunter das Feuer der Hölle entfacht, um ihn zum Kochen zu bringen. Drum herum hat er als Blasebälge die Winde aufgestellt, damit es nicht erlischt, und wenn er das Feuer in Eurer Küche wieder anfacht, dann seid Ihr ungehalten darüber. Er erhitzt das Wasser, destilliert und reinigt es aus Furcht, seine Härte könnte Euch schaden, und Ihr schimpft ihm ins Gesicht, während er selbst noch auf Eure Gesundheit trinkt.

Ich weiß selbst nicht, wie sich der arme Gott hinfort anstellen soll, um uns zu Gefallen zu sein. Zum Aufstehen schickt er uns die Vögel als Morgenmusik, heizt unser Bad und lädt uns erst hinein, wenn er sich selbst der Gefahr ausgesetzt hat, als erster darin einzutauchen. Welche Ehre könnte er uns noch erweisen, außer an unserer Tafel zu speisen? Aber urteilt selbst, was er verlangt, wenn er immer um die Mittagszeit in nächster Nähe unserer Häuser ist. Ihr beklagt Euch nach alldem, Monsieur, er trockne die Feuchtigkeit der Flüsse aus? O weh, was wäre aus uns geworden ohne diese Anziehungskraft? Die Flüsse, Seen und Brunnen fruchtbar machte, und wir ärgern uns, daß er es angesichts der Gefahr der Wassersucht für die Mittlere Region auf sich nimmt, sie wieder leerzuschöpfen und über den Himmel die Wolken heranzuführen, diese großen Regner, mit denen er den Durst unserer schmachtenden

Gefilde löscht. In einer Jahreszeit, in der er so eingenommen ist von unserer Schönheit, daß er uns am liebsten ganz nackt sieht, kann ich mir überdies nur mit Mühe vorstellen, wie er uns küssen könnte, ohne uns zu verbrennen, zöge er nicht eine Menge Wassers an sich, um seine Strahlen damit zu benetzen und zu erfrischen. Aber man sage, was man will, uns bleibt immer noch genug übrig, weil er selbst in den Hundstagen, die uns durch ihre Glut gerade nur das Allernötigste lassen, doch Sorge trägt, die Hunde tollwütig zu machen, damit sie nicht auch noch trinken.

Auch wettert Ihr gegen ihn, daß er uns (wie Ihr sagt) selbst unserer Schatten beraube: Er entzieht sie uns (das gebe ich zu) und hütet sich, sie in unserer Nähe zu lassen, da sie sich ganz ersichtlich zu jeder Tageszeit einen Spaß daraus machen, uns zu erschrecken. Seht nur, wie er an den höchsten Punkt des Horizonts steigt, um uns diese Gesellen vor die Füße zu werfen und sie unter die Erde zurückzutreiben, wo sie herstammen. Welchen Haß er indessen auch gegen sie hegt, wie nahe sie ihrem Ende auch sein mögen: Er schenkt ihnen das Leben, sobald wir uns dazwischen stellen. Deshalb laufen diese Töchter der Nacht auch immer um uns herum, sie wollen nämlich in Sicherheit bleiben vor den Waffen des Gottes, wohl wissend, daß er sich lieber des Sieges begeben würde, als sich zu entschließen, sie durch unseren Körper hindurch zu töten. Und er steht während des ganzen Jahres für uns in Flammen, läßt es uns deutlich merken, denn er ruht weder bei Tag noch bei Nacht. Im Sommer indessen wird seine Leidenschaft ganz anders: Er brennt, er eilt, scheint aus seiner Kreisbahn herabzustürzen, und in der Absicht, sich uns an den Hals zu werfen, kommt er uns so nahe, daß die Hälfte aller Menschen schweißgebadet sind, wenn sie ihn tragen sollen, wie leicht auch immer die Wesenheit eines Gottes sein mag. Und dennoch betrübt uns sein Abschied. Sogar die Nächte sympathisieren mit seinem Temperament, sie werden hell und heiß, weil er am Horizont einen Teil seiner Equipage zurückgelassen hat, so, als beabsichtige er, bald zurückzukommen.

Der Mai läßt die Früchte keimen, setzt sie an und läßt sie wachsen. Er gibt ihnen aber eine tödliche Bitterkeit bei, die uns im Halse würgte, fügte nicht der Juni Zucker hinzu. Vielleicht hält man mir entgegen, daß der Sonnengott durch seine Gluthitze das Gras zu Asche verwandelt und danach orkanartigen Regen darauf gießt, aber haltet Ihr es für ungerechtfertigt, daß er uns (schmutzigbraun, wie wir durch die Gluthitze wurden) den Kopf wäscht? Ich wünschte, er würde uns nicht nur brennen, sondern verzehren, das wäre wenigstens ein Zeichen unseres Friedens mit Gott, da er einst bei seinem Volk das himmlische Feuer nur auf die geläuterten Seelen fallen ließ. Wollte er uns im übrigen verbrennen, dann würde er zu unserer Erfrischung nicht den Tau schicken, den herrlichen Tau, der durch seine unendlich vielen Lichttröpfchen den Eindruck erweckt, die Weltfackel sei über unsere Wiesen zerstäubt, Tausende kleiner Himmelskörper seien auf die Erde gefallen, oder aber die Weltseele, nicht wissend, welche Ehre sie ihrem Vater erweisen solle, gehe ihm entgegen und bereite ihm bis zu den Spitzen der Grashalme ihren Empfang.

Für das Landvolk sind es bald Silberflöhe, die der Sonne morgens beim Kämmen vom Kopfe fallen, bald der Schweiß der von der Hitze stickigen Luft oder Glühwürmchen, die sich angesetzt haben, dann wieder ist es Speichel, der den Sternen im Schlaf aus dem Munde rinnt: aber was immer es schließlich sei, ist gleichgültig. Sollen es die Tränen Auroras sein: Sie grämt sich viel zu anmutig, als daß es uns nicht ergötzte, und zudem ist es die Zeit, in der die Natur unmittelbar ihre Schätze vor uns ausbreitet. Der Sonnengott persönlich steht Ceres bei der Niederkunft zur Seite, und jede Kornähre gleicht einer Bäckerei mit Milchbrötchen, die er sorgsam gebacken hat. Wenn sich manche darüber beklagen, daß sein zu langes Verweilen uns nach den Früchten die Blätter gelb färbt, so mögen sie bedenken, daß der Herrscher der Sterne so verfährt, um aus unserer Weltgegend den Garten der Hesperiden zu machen, hängt er doch an die Bäume ebensowohl Goldblätter wie Früchte. Dennoch behauptet er vergebens das Feld, gerät vergebens mit dem Löwen in seinem Sternzeichen in Hitze. Er hat noch keine vierundzwanzig Stunden bei der Jungfrau verbracht, so macht sie ihm schon schöne Augen, dabei erkaltet er von Tag zu Tag mehr. Und erhebt sich, obwohl er das arme Ding im Stande der Jungfräulichkeit verläßt, derartig geschwächt von ihrem Lager, daß sechs Monate kaum ausreichen, ihn von seiner Kraftlosigkeit zu heilen. O, welche Angst stehe ich indessen aus, wenn ich den Sommer kräftiger werden sehe, aus Angst, er schwinde dahin. Er ist es doch, der das Wasser, das Holz, das Metall, das Gras, den Stein und alle die verschiedenen Körper, die durch den Frost aneinandergeraten waren, befreit. Er beschwichtigt ihre Frostigkeit, schlichtet ihre Streitereien und vermittelt zwischen ihnen einen Austausch der Gefangenen, er geleitet jeden dahin zurück, wo er hingehört. Und Euch zum Beweis, daß er sogar die am engsten miteinander verbundenen Naturen trennt – sind wir doch, Ihr und ich, ein und dasselbe –, betrachte ich mich dennoch heute als von Euch getrennt, um die Ungebührlichkeit zu vermeiden, die es bedeutete, wenn ich mir selbst bestellen würde: Ich verbleibe, Monsieur,

Euer Diener

AN DENSELBEN

Wider den Herbst

Monsieur,

jetzt würde ich mit großem Vergnügen auf den Herbst schimpfen, wenn ich nicht fürchtete, den Donner zu verärgern, der sich nicht damit begnügt, uns zu töten, sondern erst zufrieden ist, wenn er drei verschiedene Henker bei dem Todesurteil zusammenbringt und uns gleichzeitig durch die Augen, die Ohren und das Fühlen niedermacht, will sagen, durch den Blitz, den Donner und den Donnerkeil. Der Blitz entzündet sich, um durch sein Flammen unser Augenlicht zu löschen. Schnell fallen die Lider über unsere Pupillen, und er bringt uns aus zwei kleinen Nächten, so groß wie zwei Münzen, in eine andere, so tief wie das Universum. Die Luft gerät in Wallung und entzündet ihre Schwären. Wohin wir das Gesicht auch wenden, eine blutige Wolke scheint zwischen uns und dem Tageslicht ausgebreitet, ein graubrauner Vorhang, unterlegt mit purpurrotem Taft. Der Blitz, in der Wolke erzeugt, sprengt den Leib seiner Mutter, und die schwangere Wolke in Wehen gebiert mit solchem Geheul, daß sich die wildesten Felsen beim Getöse dieser Niederkunft spalten. Es soll indes nicht heißen, diese dünkelhafte Jahreszeit könne so von oben herab mit mir reden, daß ich nicht wagte, ihr zu antworten. Unverschämt wie sie ist, fehlt zu ihren Verbrechen nur noch, daß sie ihrem Schöpfer die Laster ihrer Natur anrechnete.

Wenn nun aber die Ungerechtigkeit von hunderttausend Donnerschlägen ein Ergebnis der unerforschlichen Weisheit Gottes wäre, dann folgt daraus nicht, daß die Jahreszeit des Donners, das heißt die Jahreszeit, in der die Sünder gezüchtigt werden sollen, angenehmer als die anderen wäre, oder aber man müßte schlußfolgern, die schönste Zeit im Leben eines Verbrechers sei seine Hinrichtung. Ich meine, nach diesen unheilvollen Erscheinungen der Lüfte können wir zum Wein übergehen, der ja ein flüssiger Donner ist, eine trinkbare Raserei, die die Säufer vor Gesundheit hinscheiden läßt. Dieser Wüterich ist Ursache, daß die Definition des Aristoteles vom Menschen als dem vernunftbegabten Lebewesen falsch ist, zumindest für die, die zuviel trinken. Scheint Euch aber nicht auch, daß man von der Schenke sagen kann, sie sei ein Ort, wo die Narrheit in Flaschen verkauft wird? Ich zweifle gar, ob der Wein nicht bis zum Himmel aufgestiegen ist, um die Sonne seine Blume riechen zu lassen, weil sie sich doch täglich zu so früher Stunde zur Ruhe begibt.

Gewisse Philosophen dieses Jahrhunderts haben davon so viel hinuntergestürzt, daß sie danach die Erde unter ihren Füßen pirouettieren ließen, und wenn sie sich wirklich bewegt, denke ich, wird sie es in lauter Schlangenlinien der Trunkenheit tun. Ich für mein Teil hege einen Haß gegen dieses Gift. Obwohl der Branntwein ein noch viel fürchterlicheres ist, verzeihe ich ihm stets, denn er ist mir Beweis dafür, daß er den Wein dazu gebracht hat, den Geist aufzugeben. Da stehen wir nun in dieser Jahreszeit, dazu verdammt, zu verdursten, weil unser Getränk vergiftet ist. Sehen wir, ob unser Essen, das uns die Jahreszeit über die Erde wie über einen Tisch hingebreitet hat, weniger gefährlich ist als das Trinken. Ach wehe! Für eine einzige Frucht, die Adam aß, starben Hunderttausende, die noch gar nicht geboren waren. Der Baum selbst wird von der Natur gezwungen, die Strafe an seinen verbrecherischen Kindern zu vollziehen. Er schleudert sie kopfunter auf die Erde, der Wind schüttelt und die Sonne verdirbt sie.

Verübelt mir nach all dem nicht, Monsieur, wenn ich nicht billige, daß man sagt: Die Frucht hier steht gut. Wie könnte sie? Hat sie sich doch erhängt. Auch angesichts der

Steine, die ihr als Weiheopfer zufliegen, erheben sich doch Zweifel an ihrer Unschuld, wenn sie an jedem Feldrain gesteinigt wird. Und seht Ihr selbst nicht auch, daß Obstbäume die Früchte sorgsam unter Blättern verbergen, als trauten sie sich nicht, ihre Schamteile nackt zu zeigen? Erstaunlich ist auch, wie diese fürchterliche Jahreszeit die Bäume beim Abschied behandelt. Sie lädt ihnen Würmer auf, Spinnen und Raupen, läßt sie kahl zurück und setzt ihnen noch Ungeziefer auf den Kopf. Nennt Ihr das Geschenke einer liebenden Mutter für ihre Kinder? Und verdient sie denn unseren Dank, nachdem sie uns fast aller Nahrung beraubt hat?

Ihre Gehässigkeit geht aber noch viel weiter, denn sie versucht diejenigen, die nicht Hungers gestorben sind, zu vergiften, und ich bringe hier nichts vor, was ich nicht auch beweisen kann: Bleibt uns denn überhaupt noch etwas Unverdorbenes übrig unter all den Dingen, die wir zum Leben brauchen, außer der Luft? Selbst die verseucht diese Rabenmutter noch mit Ansteckung. Erleben wir nicht, wie sie in allen Städten dieses Königreichs die Pest hinter sich herschleppt, den Inbegriff der Krankheit, mit dem Tod im Gefolge? Wie sie die Weltordnung und das Gefüge der menschlichen Gesellschaft umstürzt bis hin zum Elendsten in seinem Jammer, den sie mit Fleckfieber schlägt, und urteilt selbst, ob das Feuer, in dem sie für uns entbrennt, nicht heftig ist, wenn schon ein einziger feuriger Pestkarbunkel genügt, einen Menschen aufzuzehren.

Das sind sie nun, Monsieur, die Reichtümer und der Nutzen dieser hinreißenden Jahreszeit, die Eurer Meinung nach das Geheimnis von Fortunas Füllhorn ausmacht. Verdiente sie denn in Wahrheit nicht viel eher Satiren als Lobreden, und sollten wir nicht sogar die anderen Jahreszeiten verabscheuen, weil sie in ihrer Begleitung auftreten und ihr immer folgen oder vorausgehen? Ich selber zweifle nicht daran, daß die Verruchte eines Tages alle ihre Gefährtinnen verdirbt, und wirklich führen sie ja alle ihrem Beispiel folgend ganz eigene Plagen mit sich, und gegen all die Übel, mit denen sie uns erdrücken, nötigt uns der Winter den heiligen Johannes, der Frühling den heiligen Mathurin, der Sommer den heiligen Hubertus und der Herbst den heiligen Rochus um Beistand anzurufen. Ich selber weiß fast nicht, was mich davon abhält, mir das Leben zu nehmen aus Verdruß, unter ihrer Herrschaft leben zu müssen, insbesondere aber unter der, die mir die verfluchte Herbstzeit jedes Jahr übers Haupt schickt, um mich zur Raserei zu treiben. Ich glaube, sie versucht, ihre Schwestern in ihre Verbrechen mit hineinzuziehen, denn schwanger mit Blitzen, wie wir sie erleben, erscheint sie uns als ein Ungeheuer, das mit den Füßen bellt; sie selbst ist eine ausgehungerte Harpyie, die Eis zerbeißt, ihr Schwanz loderndes Feuer. Sie rettet sich durch eine Sintflut aus einer Feuersbrunst und entflammt im Alter von achtzig Tagen so sehr in Liebe für den Winter, weil der uns umbringt, daß sie vergeht, wenn sie ihn küßt. Noch sonderbarer erscheint mir selbst aber, daß ich sie noch nicht ihres allerschwersten Verbrechens bezichtigt habe, ich meine das Blut, mit dem sie seit so vielen Jahren das Antlitz Europas besudelt, denn ich müßte sie strafen dafür, daß sie so viele Früchte an jedermann verschleudert hat, mir aber noch keine Leibesfrucht bescherte, die Euch nach meinem Tode sagen könnte, ich sei, Monsieur,

Euer Diener

AN MEINE FREUNDE, DIE WASSERTRINKER

Zweite Beschreibung des Aquädukts oder Der Brunnen von Arcueil

Nachdem ein Brief aus Arcueil verlorengegangen war, verfaßte der Autor lange Zeit später einen anderen: Da er sich aber fast nicht mehr an den ersten erinnerte, fand er nicht dieselben Gedanken. Später fiel ihm der verlorene wieder in die Hände, und da er der Arbeit abhold ist, hielt er es dem Thema für nicht angemessen, jeden Brief durchzusehen und aus dem einen die Einfälle zu streichen, die im anderen zu finden sein könnten.

Meine Herren,

einen Fuß hier und einen Fuß da, mein Kopf dient einem Fluß zur Brücke, ich darunter, ganz am Grund, ohne zu schwimmen, und atme dennoch ganz gemächlich. Ihr erratet es: Ich schreibe Euch aus Arcueil. Hier steht dem im Triumph geleiteten Wasser ein ganzes Regiment Steine Spalier: Man hat ihm hundert Säulengänge zum Empfang errichtet, und der König, in der Annahme, es sei nach seinem langen Fußweg von so weit her ermüdet, schickte ihm Unterstützung, aus Angst, es stürze hin. Diese Exzesse an Ehrbezeugungen machten es so stolz, daß es Paris nicht beträte, man trüge es denn: Nachdem es sich erkältet hatte, weil es so lange an der Erde lag, ließ es sich nun ein höheres Bett errichten. Der Überlieferung nach erschien ihm dieser Aquädukt so prächtig und schön, daß es von selbst kam und sich dort beim Spazierengehen ergötzte: Es ist indessen zwischen vier Wänden eingeschlossen. Hat man es vielleicht überführt, sich einst im Verlauf eines Schiffbruchs in Gesellschaft mit dem Meer befunden zu haben? So muß es wohl sein, denn die Justiz hier ist derart streng, daß man sogar die Quellen zwingt, sich geradeaus zu bewegen, und die Stadtluft ist so ansteckend, daß sie sich gar nicht zu nähern vermögen, ohne sich Steine zuzuziehen. Diese Hemmnisse haben indessen nicht verhindert, daß es ein solches Jucken verspürte, die Stadt zu sehen, daß es sich eine halbe Meile lang an dem Gestein scheuerte. Es möchte die Hippokrene nachahmen zwischen den Musen der Universität: Es kann sein Wasser nicht halten. Seht nur, wie es von den Hügeln von Rungis in die Luft pißt bis zum Faubourg Saint-Germain: Seine Königliche Hoheit wird ihm die Reihenfolge der Besuche mitteilen, die es abzustatten hat. Welche dumpfen Drohungen es auf seinem Weg auch murmeln mag, wie gewaltig es auch immer aussieht, sobald Luxembourg seiner ansichtig geworden ist, verteilt es sich auf einen Blick von ihm nach allen Seiten.

Konnte die Liebe Arcueil und Paris überhaupt mit einem stärkeren Band als dem des Lebens verknüpfen?

Dieses Reptil ist nur ein Bissen im Munde des Königs: ein großes Schwert, dem die Wasserträger eine Scheide aus Holzstücken anpassen, eine unsterbliche Natter, die geradeso in ihre Schuppenhaut fährt wie sie wieder herauskriecht. Es ist ein künstliches Geschwür, das man nicht aufstechen kann, ohne Paris in Lebensgefahr zu bringen, eine Pastete, deren Füllung lebt, ein Knochen, dessen Mark im Flusse ist. Es ist eine flüssige Schlange, deren Schwanz sich vor dem Kopf bewegt. Kurz und gut: Ich glaube, das Wasser hat beschlossen, hier nur Sachen zu vollführen, die man unmöglich glauben kann: Es fließt nur geradeaus, weil es gekrümmt ist, es zersetzt sich nicht, obwohl es im Grab liegt, es ist lebendig, sobald es unter der Erde ist, es fließt über Mauern, deren Tore offenstehen, es bewegt sich gerade vorwärts und tappt doch im Finstern herum, und es läuft aus Leibeskräften, ohne hinzustürzen. Nun, meine Herren, verdiente es nach so vielen Wundern nicht, in Paris unter den Namen Sankt Kosmas, Sankt Benedikt, Sankt Michael und Sankt Severin heiliggesprochen zu werden?

Wer würde indessen behaupten, daß die Breite von zwei Fuß das Schicksal eines ganzen Volkes ausmacht? Erseht daraus, welche Ehre es für Euch bedeutet, daß ich, der das Getränk zurückhalten kann, das den Durst so vieler rechtschaffener Menschen in Paris löscht, und der ich es mir täglich angelegen sein lasse, dem König aufzuwarten, mich vor Euch verneige, meine Herren, und versichere, ich sei

Euer Diener de Bergerac

Zum selben Thema

Meine Herren,

Wunder über Wunder, ich befinde mich auf dem Grund des Wassers und habe nichts zu trinken: Ich habe einen ganzen Fluß auf dem Kopf und doch nicht den Grund unter den Füßen verloren: Kurz, ich befinde mich in einem Land, in dem die Quellen fliegen und wo die Flüsse so fein und vornehm sind, daß sie aus Angst, naß zu werden, über Brücken fließen. Und das ist keine Übertreibung, denn angesichts der großen Säulenbögen, über die dieser hier im Triumph dahinzieht, scheint es, als habe er sich mit Stelzen versehen, um eine weitere Sicht zu haben und in Paris die Plätze zu sehen, wo er gebraucht wird: Sie sind gleichsam Bögen, mit denen er Tausende von Pfeilen aus flüssigem Silber gegen den Durst abschießt. Eben noch saß er mit dem bloßen Hintern auf der Erde: Und schaut ihn Euch nun an, wie er auf den Galerien herumspaziert. Seinen Kopf trägt er in gleicher Höhe wie die Berge, und Ihr könnt ruhig glauben, daß es seiner Gestalt nicht an Schönheit mangelt, weil er gekrümmt ist. Ich weiß nicht, ob unsere Bürger diesen Bogen für den Regenbogen halten, ich weiß nur, daß sie ohne ihn schon zugrunde gegangen wären; ihnen zuliebe hat er die Naturkräfte überwunden. Für sie tut er das Unmögliche, er läuft sogar zwei Meilen weit mit abgestorbenen Beinen, die er nicht bewegen kann. Wenn man ihn solchermaßen emporschießen sieht, nachdem er so lange Zeit gegen die Erdkugel gestoßen hat, die auf ihm lastete, hat man den Eindruck, er könne, plötzlich befreit, nicht mehr an sich halten und stoße gegen seinen Willen weiter in die Höhe vor. Woher kommt es aber, daß er in Rungis bei dem wenigen Sand, den er in den

Nieren hat, nur tröpfchenweise pinkelt, in Arcueil aber, wo er sich schon Steine zugezogen hat, über alle Berge pißt? Und dabei sind das nur seine ersten Versuche, er vollbringt noch ganz andere Wunder. Er schlüpft ständig aus seiner Haut, ohne jemals herauszukommen, und mit größerer Weisheit als alle Doktoren der Fakultät des Hippokrates heilt er in Paris Tag für Tag mit einem Blick vierhunderttausend Dürstende: Er kühlt sich durch sein Laufen ab und begräbt sich lebendig in einer Gruft, um länger zu leben. Zwingt ihn nicht seine Schönheit, sich vor der Sonne zu verbergen, aus Angst, entführt zu werden? Oder wird er so stolz, weil man ihm im Dorfe schmeichelte, daß er sich nicht mehr rühren will, es sei denn, man trüge ihn? Ich weiß wohl, daß man nicht sagen kann, in dem langen Steinpokal (in den nicht einmal ein schwacher Lichtstrahl dringt) würde er schal und abgestanden, und ich weiß gleichwohl, daß er nicht klug daran tut, seinen Weg über offene Türen zu nehmen: Doch vielleicht tadle ich ihn zu Unrecht, weil ich von diesem steinernen Gebilde spreche, ohne wirklich zu wissen, worum es sich handelt. Möglicherweise ist es eine versteinerte Wolke, ein großer Knochen mit flüssigem Mark, ein starrer Regenbogen, der in Arcueil Wasser schöpft, um es in dieser Stadt auszugießen, eine Fischpastete mit zuviel Soße, eine bettlägerige Najade mit Bauchfluß, ein Apotheker der Universität, der ihm Klistiere verabreicht, schließlich die Amme einer ganzen Stadt, deren Brunnenhähne die Brüste sind, die sie ihr zum Saugen hinhält.

Da ihn solch lange Gefängnishaft unkenntlich macht, gehen wir doch ein wenig weiter und betrachten ihn dort, wo er dem Leib seiner Mutter entspringt. O Götter! Wie liebenswürdig, wie frisch sieht er aus, wie glatt ist sein Antlitz! Ich höre sein Gemurmel im Kies, höre ihn plappernd die Sprache des Landes erlernen. Betrachtet ihn aus der Nähe: Seht ihr nicht, wie er sich in seiner ganzen Länge in diese Marmorschale schmiegt? Er ruht und schwillt unter dem Zufluß seiner Quelle stetig an, als versuchte er, im Schlaf an der Brust seiner Amme zu saugen, im übrigen werdet Ihr bei ihm nicht den kleinsten Fisch finden, denn der arme Kleine ist noch zu jung, um Kinder zu haben: Was indes nicht Mangel an Wissen bedeutet, denn mit dem Tageslicht erhielt er auch die natürliche Kenntnis von Gut und Böse; Ihr könnt es sehen, denn niemals nähert man sich ihm, ohne daß er dem, der ihn zu Rate zieht, seine Häßlichkeit oder Schönheit klar vor Augen führt. Da seine Züge in seinem Alter noch unbestimmt sind, hat man jedoch Mühe zu unterscheiden, ob es sich um eine Öffnung von vier Fuß im Quadrat handelt oder eher um ein weinendes Auge der Erde. Aber nein, ich täusche mich, er ist zu lebhaft, um etwas Leblosem zu ähneln, hier ist ohne Zweifel die Brunnengottheit dieses Landes zu Hause, deren königliches Wesen sich an einer ganz außerordentlichen Freigebigkeit ablesen läßt: Sie empfängt niemanden, dem sie nicht sein Porträt schenkte. Zur Belohnung hat sie vom Himmel die Gabe erhalten, Wunder zu wirken, und das bringe ich nicht vor, um ihr Loblied zu singen: Nähert Euch nur dem Rand, und Ihr werdet sehen, wie sie nach dem Beispiel der heiligen Quelle, die alle unsterblich machte, die in ihr badeten, Körper ohne Materie schafft, sie ins Wasser taucht, ohne sie zu benetzen, und uns dort Menschen zeigt, die ohne jede Atmung leben. Und doch sind dies alles nur Streiche und Possen, die der Fluß im Schlaf ausführt. Kaum hat er so lange geruht, wie wir für vier Schritte brauchen, verläßt er seine Herberge und hält nicht wieder inne, bis er von Paris einen geneigten Blick erhalten hat. Sein erster Besuch gilt dem Luxembourg-Palais; sobald er angelangt ist, wirft er sich zur Erde, um Seiner Königlichen Hoheit zu Füßen zu fallen, von dem er in der Murmelsprache der Bäche Auskunft zu erheischen scheint, in welchen Häusern er sich auf sein Geheiß niederzulassen habe. In solcher Hast ist er herbeigeeilt, daß er wie aus dem Wasser gezogen ist. Und da er auf seinem Weg nicht die Muße fand, sich zu erleichtern, muß er gezwungenermaßen im Palais d'Orléans vor aller Augen ins Becken steigen. Er mag noch so murren gegen unsere Brunnenhähne und Sturzbäche von Tränen vergießen, um unser Mitleid ob seiner Mühsal zu erregen, die Undankbarkeit heutzutage ist so gewaltig, daß die Durstigen über ihn maulen und eine Anzahl von Spitzbuben kommen, um sich von ihm unter Verweis auf Brief und Steuersiegel die Eimer füllen zu lassen. Und alle Welt sieht entzückt zu, wie er unter sich pißt. Einer sagt, es zeuge von sehr ungehobeltem Benehmen, so hastig dahergelaufen zu kommen, bei den Bürgern Wohnung zu nehmen, um ihnen in den Mund zu pissen. Ein anderer, es sei vermessen, mit solchem Pomp aufzutreten, nur um in Paris klares Wasser zu lassen. Die hier meinen, es sei eine gehörige Unverschämtheit, in der Absicht, uns auf die Nase zu spucken, schon aus solcher Entfernung den Hals zu recken. Die dort, daß er recht krank sein müsse, wenn er sein Wasser nicht halten könne. Kurz, es sind nicht nur diejenigen, die vorgeben, ihn zu küssen, die ihm die Zähne zeigen. Ich für mein Teil wasche meine Hände in Unschuld, weil ich genügend Beispiele von bestraften Säufern, die ihn fliehen, vor Augen habe. Die Natur selbst, die Mutter dieses schönen Sohnes, hat in ihrer Angst, etwas könnte fehlen, ihn würdig zu empfangen, alle Menschen mit einem Palatium ausgestattet, aber der Schöne mißbraucht die Ehren, die man ihm erweist, keineswegs. Im Gegenteil, infolge der Ermattung nach dem zu langen Weg und weil er sich am Ende fühlt und dem Tode nah, läuft er, kaum ist er in Paris, zum heiligen Kosmas, Benedikt und Severin, um ihren Segen zu erhalten.

Das ist alles, was ich zum Lobpreis dieses schönen Aquäduktes und seines Gastes, meinem lieben Freund, sagen kann. Wohlan denn, herbei, wer Wasser möchte! Möchtet Ihr, meine Herren, dann garantiere ich es Euch quellfrisch Euer Leben lang, und im übrigen bin ich, wie Ihr wißt,

Euer Diener

Über den Schatten der Bäume im Wasser

Monsieur,

bäuchlings auf der Uferwiese eines Flusses, den Rücken hingestreckt unter den Zweigen einer Weide, die ihr Spiegelbild im Fluß betrachtet, sehe ich, wie sich an den Bäumen die Geschichte des Narziß wiederholt. Hundert Pappeln stürzen hundert andere Pappeln ins Wasser, und diese Wasserbäume sind durch ihren Sturz so verängstigt, daß sie noch täglich vor dem Wind erzittern, der sie doch gar nicht berührt. Ich bilde mir ein, die Sonne tauche alle Gegenstände, die die Nacht eingeschwärzt hat, ins Wasser, um sie zu waschen. Was aber soll ich über diesen flüssigen Spiegel sagen, diese verkehrte Welt im kleinen, in der die Eichen unter dem Moos stehen und der Himmel tiefer liegt als die Eichen? Gehören sie nicht zu den Jungfrauen, die einst in Bäume verwandelt wurden, als sie ihre Sittsamkeit wieder einmal von den Küssen Apollons verletzt sahen und sich verzweifelt kopfüber in diesen Fluß stürzten? Oder hat etwa der beleidigte Apoll, weil sie es wagten, ihre Unschuld vor ihm zu schützen, sie an den Füßen aufgehängt? Heute streifen Fische in den Zweigen herum; und ganze Wälder stehen mitten im Wasser, ohne naß zu werden. Eine der alten Rüstern würde Euch zum Lachen reizen. Sie hat sich beinahe bis ans andere Ufer geneigt, so daß sie zusammen mit ihrer Spiegelung in der gleichen Haltung, mit dem Stamm und seinem Spiegelbild einen Angelhaken für die Fische bildet. Die Flut, nicht unempfänglich für den Besuch, den ihr diese Weiden abstatten, hat das Universum durchschaubar gemacht, und aus Angst, der Schlamm in ihrem Bett könnte ihnen die Zweige verschmutzen, und nicht zufrieden damit, aus Morast Kristallglas geformt zu haben, hat sie auch Himmel und Sterne darunter gewölbt, damit es nicht heiße, ihre Besucher vermißten das Tageslicht, das sie ihretwegen verlassen hatten. Jetzt können wir die Augen zum Himmel niederschlagen und der Tag, so schwach er ist um vier Uhr morgens, kann sich der Kraft rühmen, den Himmel dennoch in die Tiefe zu stürzen. Wir sollten aber auch bewundern, welche Herrschaft die unteren Regionen der Seele über die oberen ausüben. Nach der Entdeckung, daß dies ganze Wunder eine Sinnestäuschung ist, kann ich meine Augen wiederum nicht davor bewahren, zumindest dieses unwirkliche Firmament für einen großen See zu halten, auf dem die Erde schwimmt. Die Nachtigall betrachtet sich darin von einem Ast aus und glaubt, sie sei in den Fluß gefallen. Sie sitzt im Wipfel einer Eiche und hat trotzdem Angst zu ertrinken. Nachdem sie sich mit den Augen und den Füßen versichert hat, läßt ihr Schreck nach, ihr Abbild erscheint ihr nur mehr als ein Rivale, den es zu bekämpfen gilt, sie zwitschert, trillert und singt sich den Hals ab, und die andere Nachtigall trällert sich scheinbar genauso heiser, ohne das Schweigen zu brechen, und täuscht den Sinn mit solcher Anmut, daß man sich einbildet, sie singe nur, um sich unseren Augen hörbar zu machen; ich glaube sogar, ihr Zwitschern ist nur Gebärde, und sie läßt keinen Ton ans Ohr dringen, um ihrem Feind zu antworten, aber gleichzeitig auch, um die Gesetze des Landes, in dem sie lebt, nicht zu verletzen, weil dessen Bewohner stumm sind. Barsch, Brasse und Forelle, die sie sehen, wissen nicht, ob das ein Fisch im Federkleid ist oder ein körperloser Vogel: Sie scharen sich um sie, halten sie für ein Ungeheuer, und der Hecht (der Tyrann der Gewässer), eifersüchtig, einen Fremden auf seinem Thron zu finden, verfolgt ihn, stößt, wenn er ihn findet, auf ihn zu und hat keine Fühlung, setzt ihm nach, trifft ihn mitten hinein und wundert sich, daß er ihn so viele Male durchstoßen hat, ohne ihn zu verletzen. Ich selbst bin davon dermaßen verwirrt, daß ich mich von diesem Schauspiel abwenden muß. Ich bitte Euch, seine Verurteilung auszusetzen, da es schwierig ist, über einen Schatten zu urteilen. Denn sollte ich den Ruf haben, leidenschaftlich aufgeklärt zu sein, dann ist es nicht unmöglich, daß die Erleuchtung dieses Bildes nur gering ist, da es im Schatten gewonnen wurde; und was könnte ich diesem illuminierten Bilde noch hinzufügen, außer daß es ein sichtbares Nichts ist, ein geistiges Chamäleon; eine Nacht, die die Nacht selbst auslöscht; ein Streit zwischen Augen und Vernunft, Mangel an Licht, den das Licht selbst an den Tag bringt. Kurz: ein Sklave, dem es nicht weniger an Materie gebricht als dem Ende meiner Briefe,

Euer Diener, usw.

Über eine Zypresse

Monsieur,

ich hatte Lust, Euch die Beschreibung einer Zypresse zu schicken, die ich aber nur flüchtig aufs Papier geworfen habe, weil sie so spitzfindig ist, daß sogar der Geist nicht wüßte, wie er sich darauf niederlassen sollte. Ihre Farbe und Gestalt erinnern mich an eine aufgehängte Eidechse, die in den Himmel sticht und in die Erde beißt. Sollte es unter den Bäumen wie unter den Menschen verschiedene Berufsstände geben, dann scheint sie mir – von Ahlen statt Blättern bedeckt – der Schuster unter den Bäumen zu sein. Ich wage gewissermaßen nicht einmal, meine Phantasie ihren Nadeln zu nähern, aus Angst, hochgestochen zu werden. Aus zwanzigtausend Lanzen hat sie eine einzige gemacht, ohne sie zu verbinden. Man könnte von einem Pfeil reden, den das aufbegehrende Universum gegen den Himmel schießt, oder von einem großen Nagel, mit dem die Natur das Reich der Lebenden an das der Toten heftet. Dieser Obelisk, dieser Drachen-Baum, mit dem Schwanz am Kopfende, erscheint mir eine viel wohnlichere Pyramide als das Mausoleum, denn anstatt die Verstorbenen da hineinzubringen, schafft man jenen zur Bestattung der Verstorbenen. Aber ich entweihe das Los des jungen Kyparissos, des Geliebten Apollons, wenn ich ihn in diesem Grabmal mit Personen in Verbindung bringe, die seiner unwürdig sind. Dieser arme Verwandelte erinnert sich noch des Sonnengottes, sprengt sein Grabmal und spitzt sich im Aufsteigen zu, um den Himmel zu durchstoßen und sich so bald wie möglich mit seinem Freund zu vereinigen; er wäre schon bei ihm angelangt, doch seine Mutter, die Erde, hat ihn bei den Füßen gepackt. Zum Ausgleich dafür macht

Phöbus ihn zu einem seiner Gewächse, dem alle Jahreszeiten ihren Respekt erweisen. Die Sommerhitze wagt ihn als den Liebling ihres Herrn nicht zu belästigen, der Winterreif fürchtet ihn als die unheilvollste Sache der Welt, so daß er, selbst ohne die Stirn der Liebenden oder der Sieger zu bekränzen, ebenso wie der Lorbeer und die Myrthe sein Haupt nicht entblößen muß, wenn das Jahr von ihm Abschied nimmt. Die Alten, denen dieser Baum als der Sitz der Parzen galt, trugen ihn zu den Totenfeiern, um den Tod durch den Gedanken abzuschrecken, er könnte seine Insignien verlieren. Das also kann ich Euch vom Stamm und den Ästen dieses Baumes berichten. Gern hätte ich mit dem Wipfel aufgehört, um auf eine Pointe zu enden, bin aber so ungeschickt, wiese man mich zum Flusse, so würde ich kein Wasser finden. Ich sitze über einer Pointe, kann sie aber nicht sichten, weil sie mir möglicherweise die Augen ausgestochen hat. Bedenkt bitte: Wie um meinem Denken zu entwischen, verschwindet sie, indem sie sich formt, verkleinert sich, indem sie wächst, und ich würde sagen, sie ist ein starrer Fluß in der Luft, verengte sie sich nicht in dem Maße, wie sie dahinfließt; ist es nicht wahrscheinlicher, daß sie ein angezündeter Spieß mit einer grünen Flamme ist? Dadurch zwinge ich die Zypresse, diesen unseligen Baum, dem es nur im Schatten von Gräbern gefällt, das Feuer darzustellen, wodurch er wenigstens einmal von guter Vorbedeutung wäre und mich alle Tage, wenn ich ihn sehe, erinnert, daß er mir das Thema zu einem Brief lieferte, also der Grund war, daß ich, um zum Ende zu kommen, die Ehre habe, mich, Monsieur, Euren Diener zu nennen

D. B.

Über einen Sturm

Monsieur,

obwohl ich hier weich gebettet bin, fühle ich mich nicht sehr behaglich, je mehr man mich wiegt, desto weniger schlafe ich. Um uns herum ächzen die Küsten unter dem Ansturm des Orkans. Das Meer erbleicht vor Wut, der Wind saust in unseren Tauen, das Wasser bespritzt unser Deck mit Salz, und doch ist der Anker gelichtet und die Segel sind gesetzt. Schon verbinden sich die Stoßgebete der Reisenden mit den Flüchen der Matrosen. Unsere Gebete werden unterbrochen von Schluckauf, sicherer Vorbote von quälend Erbrochenem. Guter Gott, die gesamte Natur greift uns an, und nicht nur unser Magen revoltiert gegen uns, auch das Meer speit uns an, und wir speien ins Meer. Bisweilen überrollt uns eine Welle so zur Gänze, daß einer, der uns vom Ufer her zusähe, unser Schiff für ein Glashaus hielte, in das wir eingeschlossen sind. Das Wasser scheint absichtlich Buckel zu machen, um uns ein Friedhofsbild zu bieten, und wenn ich aufmerksam hinhöre, bilde ich mir ein, in dem gräßlichen Brüllen der Wellen einige Verse aus der Totenmesse zu hören, als kämen sie vom Grunde des Ozeans. Überdies ist uns nicht nur das Wasser feindlich: Der Himmel hat solche Angst, wir könnten entwischen, daß er gegen uns ein ganzes Bataillon Meteore aufstellt, und es gibt kein Atom in der Luft, das nicht mit einer Kanonenkugel aus Hagel versehen ist. Die Kometen dienen als Totenfackeln zur Feier unserer Bestattung. Der ganze Horizont ist nur noch ein großes, rotglühendes Eisenstück. Die Donnerschläge martern das Gehör mit dem gellenden Geräusch eines zerreißenden Stücks Kamelott, und angesichts der blutroten, trächtigen Wolkendecke muß man befürchten, daß sie nicht mit Blitzen, sondern mit dem ganzen Ätna über uns hereinbrechen wird. O Gott, sind wir von solcher Art, daß die Elemente eifersüchtig zanken, wer uns zuerst vernichte? Deshalb also steigt das Wasser bis zu Jupiters Fäusten empor, will die Flamme der Blitze löschen, um dem Feuer die Ehre streitig zu machen, uns verbrannt zu haben! Nicht zufrieden damit, daß wir von den Abgründen verschlungen werden, die es in seinem Schoß aufreißt, wirft es sich, wenn es sieht, daß unser Schiff beinahe an einer Klippe zerschellt, schnell unter den Bug und hebt uns wieder hoch, fürchtet es doch, dieses andere Element würde des Ruhmes teilhaftig, den es für sich allein beansprucht. Demnach bleibt uns der Jammer, unsere Feinde um die Ehre einer Niederlage streiten zu sehen, bei der unser Leben die Beute sein wird. Manchmal nimmt sich das unverschämte Element die Kühnheit heraus, mit seiner Gischt das Blau des Firmaments zu besudeln und uns so hoch zwischen die Sterne zu tragen, daß Jason glauben mag, es sei die Argo, die eine neue Reise beginnt. Dann, bis zum Sand seines Bettes hinabgeschleudert, schnellen wir im Handumdrehn wieder zum Licht empor, so schleunig, daß kein einziger unter uns ist, der nicht glaubte, unser Schiff, das wieder aufgestiegen ist, habe die ganze Erdmasse durchquert und sei auf dem Meer der anderen Seite angekommen. Ach wehe, wo sind wir bloß, die Schamlosigkeit des Sturms verschont nicht einmal das Nest der Alkyonen: Die Wale sind in ihrem eigenen Element erstickt. Das Meer versucht, uns aus unserer Schaluppe einen Hut zu machen. Einzig die Sonne mischt sich nicht in diesen Mordanschlag. Die Natur hat sie mit einem großen Wolkenwisch verdeckt, aus Angst, sie könnte es sehen, oder besser: Weil die Sonne an dieser Niedertracht nicht teilhat und sie nicht verhindern kann, sitzt sie am Ufer dieser Wolkenströme und wäscht sich die Hände in Unschuld. O, mögt Ihr immerhin, dem ich schreibe, wissen, daß ich den bitteren Kelch meines Irrtums leere, wenn ich ertrinke, denn ich wäre ja noch bei bester Gesundheit in Paris, wenn ich, als Ihr empfahlt, den festen Boden unter den Füßen nie aufzugeben,

Euer gehorsamer Diener gewesen wäre

Für eine rothaarige Dame

Madame,

ich weiß wohl, wir leben in einem Land, in dem die Ansichten des gemeinen Volkes so unvernünftig sind, daß die rote Farbe, deren sich das schönste Haupthaar rühmen darf, nichts als heftige Geringschätzung erfährt. Ich weiß aber auch, daß diese Dummköpfe, die sich nur aufregen lassen von den Nichtigkeiten vernünftiger Seelen, über Außerordentliches nicht gebührend zu urteilen wissen, und zwar aufgrund der Kluft zwischen der Niedertracht ihres Geistes und der Erhabenheit der Werke, über die sie urteilen, ohne sie zu kennen. Aber welcher Art die schändliche Meinung dieses Ungeheuers mit hundert Köpfen auch sei: Erlaubt mir, von Eurem unvergleichlichen Haar als Mann von Geist zu sprechen. Leuchtender Ausfluß der Substanz des schönsten aller sichtbaren Wesen! Kluge Widerspiegelung des feurigen Grundstoffes der Natur! Herrlich gearbeitetes Abbild der Sonne! Ich bin nicht so roh, daß ich die Tochter desjenigen, den meine Väter für ihren Gott hielten, nicht als meine Königin anerkennen würde. Athen beweinte seine Krone, die unter den zerstörten Tempel Apollons gefallen war: Roms Herrschaft über den ganzen Erdkreis kam zum Ende, als es den Weihrauch für seine Flamme zurückwies, und Byzanz erlangte die Macht, die ganze Menschheit in Ketten zu legen, sobald es die Insignien der Schwester des Sonnengottes angenommen hatte. Solange die alten Perser dem Funken dieses universellen Geistes, der davon ausging, Ehre erwiesen, reichten viertausend Jahre nicht aus, die Jugendkraft ihrer Monarchie zu schwächen. Aber just als der Gott sah, wie seine Abbilder zerbrochen wurden, floh er vor Babylons Schandtaten nach Peking. Er scheint jetzt nur widerwillig andere Länder als die der Chinesen zu wärmen. Und ich fürchte, er richtet sich eines Tages in ihrer Hemisphäre ein, wenn er ihnen, ohne zu uns zu kommen, die vier Jahreszeiten bringen kann. Frankreich hat jedenfalls mit Eurem Antlitz, Madame, die Vorhand, die nicht weniger stark ist als die Hand Josuas, um ihn in Fesseln zu schlagen. Eure Triumphe sind wie die Siege dieses Helden zu berühmt, um im dunkeln zu bleiben. Eher würde er den Menschen gegenüber wortbrüchig, als daß er sich nicht immer an dem Ort aufhielte, von dem aus er ganz gemächlich das vollkommenste seiner Werke bewundern kann. Seht nur, wie er vergangenen Sommer durch seine Liebe die Sternzeichen mit einer so langen und heftigen Hitze erwärmte, daß er fast die Hälfte seiner Häuser verbrannt hätte. Ohne im Kalender nachzusehen, konnten wir den Winter wegen seiner Milde nicht vom Herbst unterscheiden, weil der Gott aus Ungeduld, Euch wiederzusehen, sich nicht entschließen konnte, seine Reise bis zum Wendekreis fortzusetzen. Glaubt nicht, meine Darstellung sei eine Übertreibung. Wenn Climenes Schönheit ihn einst vom Himmel herabsteigen ließ, ist M...s Schönheit erheblich genug, ihn ein wenig vom Weg abzubringen. Die Gleichheit des Alters, die Übereinstimmung der Körper, vielleicht auch die Ähnlichkeit des Wesens könnten in ihm dies herrliche Feuer von neuem entfachen. Wenn Ihr aber die Tochter des Sonnengottes seid, himmlische Alexia, behaupte ich zu Unrecht, Euer Vater sei in Euch verliebt. Er liebt Euch wahrhaftig, und die Leidenschaft, die ihn für Euch umtreibt, ist die gleiche, die ihn das Unglück seines Phaëton und dessen Schwestern beseufzen ließ, nicht jene, wegen der er Tränen beim Tode seiner Daphne vergoß. Diese Hitze, mit der er für Euch brennt, ist die Hitze, mit der er einst für die ganze Welt brannte, nicht jene, die ihn einst selbst verbrannte. Euch betrachtet er täglich mit dem Schauer und der Zärtlichkeit, die ihm die Erinnerung an das Unglück seines ältesten Sohnes eingibt. Er sieht auf dieser Welt nur Euch, in der er sich wiedererkennt. Wenn er Euch schreiten sieht, dann sagt er, das ist die Unbekümmertheit, mit der ich auf den Drachen Python losging. Wenn er Euch über feinsinnige Themen sprechen hört, sagt er sich, so rede ich mit meinen Schwestern auf dem Parnaß. Kurz, der arme Vater weiß sich vor Freude gar nicht zu lassen bei dem Gedanken, Euch gezeugt zu haben. Er ist jung wie Ihr, und Ihr seid schön wie er. Sein Temperament und das Eure sind ganz Feuer. Er gibt den Menschen Leben und Tod, und Eure Augen wie die seinen sind von nämlicher Art. Wie er habt Ihr rotes Haar.

Bis hierher, liebenswerte M…, war ich in meinem Brief gelangt, als ein Zensor mir wider alle Vernunft die Feder aus der Hand riß und sagte, es sei von Übel, eine Lobrede auf eine junge, schöne Person zu beginnen, weil sie rothaarig sei. Ich konnte diesen Dünkel nicht empfindlicher strafen als durch Schweigen. Ich griff zu einer anderen Feder und fuhr fort: Ein hübsches Gesicht unter einem roten Haarschopf ist nichts anderes als die Sonne im Kreis ihrer Strahlen, oder die Sonne selber ist nichts weiter als ein großes Auge unter dem Schopf einer Rothaarigen: Wenn indessen alle Welt darüber geringschätzig urteilt, dann deswegen, weil nur wenige sich rühmen dürfen, rothaarig zu sein. Unter hundert Frauen vielleicht gerade eine, denn da sie vom Himmel gesandt ist, um zu herrschen, sind mehr Untertanen als Herren vonnöten. Ist denn nicht ersichtlich, daß alle Dinge in der Natur mehr oder weniger edel sind in dem Maße, wie sie mehr oder weniger rot sind? Unter den Elementen hat das Feuer dank seiner roten Farbe die meiste Substanz und die geringste Materie. Dem Gold kommt wegen seiner schönen, rötlichen Tönung der Ruhm und die Ehre zu, über die Metalle zu herrschen, und von allen Gestirnen ist die Sonne nur deshalb das bedeutendste, weil es das röteste ist. Sind die Haarkometen, die man beim Tode namhafter Männer am Himmel umherschweifen sieht, nicht die roten Schnurrbärte der Götter, die sie sich vor Kummer ausreißen? Können Kastor und Pollux, diese beiden kleinen Sterne, die den Matrosen das Ende eines Unwetters ankündigen, denn etwas anderes sein als Junos rote Haare, die sie dem Neptun als Zeichen ihrer Liebe sendet? Schließlich, hätten nicht Menschen den Wunsch gehabt, das Vlies eines rotgoldenen Widders zu besitzen, würde der Ruhm von dreißig Halbgöttern im Schoß der Dinge, die niemals geboren werden, ruhen, und Amerigo hätte uns (da Schiffe damals etwas waren, das erst in der Vorstellung bestand) nicht berichten können, daß die Erde vier Teile hat. Apollo, Venus und Amor: Die schönsten Gottheiten des Pantheon sind karmesinrot, und Jupiter ist nur braun wegen des Rauchs seiner Blitze, der ihn eingeschwärzt hat. Wenn aber die Beispiele aus der Mythologie die Starrköpfe nicht zufriedenstellen, sollen sie sich die Geschichte ansehen. Hatte nicht Samson, dessen ganze Kraft in seinen Haaren lag, die Energie seines wundermächtigen Wesens der roten Farbenpracht seines Haupthaares zu verdanken? Hatten die Schicksalsgöttinnen den Bestand des athenischen Reiches nicht an ein einziges rotes Haar des Nisos gehängt? Und hätte Gott nicht das Licht des Glaubens zu den Äthiopiern gesandt, wenn er unter ihnen auch nur einen Rotkopf gefunden hätte? Man zweifelte nicht an der Vortrefflichkeit dieser Personen, wenn man erwöge, daß alle Menschen, die nicht von Menschenhand stammen und zu deren Erschaffung Gott selbst das Material ausgewählt und geformt hat, rothaarig gewesen sind. Adam, von Gottes Hand selbst geschaffen und der vollendetste der Menschen, war rothaarig, und jede wahre Philosophie muß lehren, daß die Natur, die dem Vollkommenen nachstrebt, bei ihren Versuchen, einen Menschen zu formen, stets einen Rotkopf schafft; desgleichen versucht sie, Gold zu machen, wenn sie Quecksilber herstellt. Denn obwohl ihr das selten gelingt, so gilt doch auch ein Bogenschütze nicht als ungeschickt, der bei dreißig Pfeilen, die er abschießt, mit fünfen oder sechsen ins Schwarze trifft: Wie das ausgewogenste Temperament die Mitte zwischen Trägheit und Melancholie trifft, muß man genau einen unteilbaren Punkt treffen, wozu viel Glück gehört: Auf dieser Seite sind die Blonden, auf der anderen Seite die Dunkelhaarigen, will sagen die Flatterhaften und die Halsstarrigen. Zwischen beiden in der Mitte hat die Weisheit zugunsten der Rotköpfe die Tugend plaziert. Auch ist ihr Fleisch sehr viel zarter, das Blut dünner, die Lebensgeister geläuterter und der Verstand infolge der vollkommenen Mischung dieser vier Eigenschaften ausgereifter. Die Vernunft bewirkt auch, daß die Rotköpfe später ergrauen als die Dunkelhaarigen, als ob die Natur sich ärgerte, zu zerstören, was sie aus Freude geschaffen hat. In der Tat sehe ich nie blondes Haupthaar, das mich nicht an ein schlecht frisiertes Büschel Flachs erinnerte. Zwar gebe ich zu, daß die blonden Frauen in ihrer Jugend gefällig sind, doch offenbar werden ihre Wangen schon bald rauh, ihr Fleisch wird faserig, und sie setzen einen Bart an. Nicht zu reden von schwarzen Bärten, denn es ist wohl bekannt, daß der des Teufels, wenn er einen trägt, nur sehr dunkel sein kann. Wenn wir schon alle Sklaven der Schönheit werden müssen, ist es denn dann nicht viel besser, unserer Freiheit in Goldketten als in Hanfstricken oder in Eisenfesseln beraubt zu sein? Ich meinerseits, o meine schöne M…, habe nur den einen Wunsch, wenn ich meine Freiheit durch die kleinen Goldlabyrinthe spazierenführe, die Euch als Haare dienen, sie dort alsobald zu verlieren, und verlange nichts sehnlicher, als sie niemals wiederzuerlangen, wenn ich sie einmal verloren habe. Würdet Ihr mir wohl versprechen, daß mein Leben nicht länger währen soll als meine Knechtschaft? Und daß Ihr nicht verärgert seid, wenn ich sage, Madame, ich sei bis zu meinem Tode

Euer Ich-weiß-nicht-was

Aus einem Landhaus

Monsieur,

ich habe den Garten Eden entdeckt, das Goldene Zeitalter habe ich gefunden, die ewige Jugend, kurz: die Natur in ihren Strampelhosen. Hier lacht man aus vollem Herzen; der Schweinehirt im Dorf und ich, wir sind Vettern, und die ganze Gemeinde versichert mir, wenn ich mir ein wenig Mühe gäbe, hätte ich das Zeug dazu, eines Tages einen passablen Vorsänger in der Kirche abzugeben. O ihr Götter! Kann ein Philosoph wie Ihr die Nichtigkeit, den Verdruß und das Gewühle des Hoflebens einem solch wohltuenden Zufluchtsort vorziehen? Ach Monsieur, wenn Ihr wüßtet, daß ein Landedelmann, der vom König nur einmal im Jahr durch Hörensagen erfährt und ihn nur durch seine weitverzweigte Sippschaft kennt, ein heimlicher Fürst ist! Und wären Eure Augen scharf genug, um vom Hofe aus, an dem Ihr Euch aufhaltet, bis hierher zu blicken, dann solltet Ihr den kräftigen Burschen hier sehen, der Eure Truthähne hütet, wie er bäuchlings im Gras friedlich schnarchend ein Schläfchen von zehn Stunden an einem Stück hält, sein starkes Fieber kuriert, indem er ein Viertel alten Speck hinunterschlingt, und Ihr würdet zugeben, daß die Annehmlichkeit eines ruhigen Lebens nicht unter goldener Deckentäfelung zu genießen ist. So kehrt doch, ich bitte Euch, in Eure Abgeschiedenheit zurück: Mir scheint, Ihr habt sie aus dem Gedächtnis verloren, ja, Ihr müßt sie ganz ohne Zweifel aus dem Gedächtnis verloren haben. Ist in Euch denn aber tatsächlich noch eine dunkle Erinnerung an diesen verwunschenen Palast lebendig, aus dem Ihr Euch selbst verbannt habt? Ah! Ich sehe, Ihr erinnert Euch nicht mehr, und ich muß Euch in meinem Brief einen Bilderbogen davon senden. So lauscht denn, hier ist er, es sind nämlich sprechende Bilder. Vor dem Tor des Hauses liegt ein Kreuzpunkt von fünf Alleen. An den Eichen, die sie säumen, bewundert man, wenn sich der Blick von der Wurzel bis zu ihrer Spitze erhebt, verzückt die ungeheure Höhe ihrer Wipfel. Wenn er sich dann von der Höhe wieder zu den Füßen senkt, gerät man in Zweifel, ob die Erde sie trage oder ob sie nicht ihrerseits die Erde an ihren Wurzeln hängend tragen. Man könnte meinen, ihre stolze Stirn sei gerunzelt wie unter dem Gewicht der Gestirne, deren Last sie nur unter Ächzen tragen. Ihre Arme recken sie zum Himmel empor, scheinen ihn zu umfangen und die Gestirne um die reine Güte ihres Einflusses zu bitten und empfangen ihn auch, bevor die Sterne in der Umarmung der Elemente etwas von ihrer Unschuld verloren haben. Da verströmen die Blumen, ohne jemals einen anderen Gärtner gehabt zu haben als die Natur, einen wilden Duft, der den Geruchssinn reizt und befriedigt. Die Schlichtheit einer Rose auf einem wilden Rosenstock und das strahlende Blau eines Veilchens unter einem Brombeerstrauch lassen keine freie Wahl, drängen das Urteil auf, daß alle beide, das eine wie die andere die Schönsten sind. Da erschafft der Frühling alle Jahreszeiten zusammen, da keimt kein giftiges Kraut, dessen Geburt nicht alsobald seiner Erhaltung schadet; da erzählen die Bäche den Kieseln von ihren Reisen; tausend kleine gefiederte Stimmen lassen den Wald vom Klang ihrer Lieder widerhallen, und die flatternde Versammlung dieser melodischen Kehlchen ist so groß, daß scheinbar jedes Blatt an den Bäumen die Gestalt und die Stimme der Nachtigall angenommen hat. Bald hört man sie ein Konzert tickeln, bald ziehen sie die Töne in die Länge zu schmachtender Musik, dann wieder reißen sie eine Elegie durch erstickte Seufzer zur Leidenschaft hin und dämpfen den hellen Klang ihrer Stimmen, um noch zärtlicher Mitleid zu erregen, schließlich leben ihre

Harmonien wieder auf, und inmitten von Läufen, Trillern, Fugen und Geschmetter hauchen sie Seele und Stimme zugleich aus. Selbst das Echo findet daran solchen Gefallen, daß es ihre Melodien nur zu wiederholen scheint, weil es sie lernen will. Und die Bäche sind eifersüchtig auf ihre Musik, sie grummeln im Davoneilen, verärgert, weil sie es ihnen nicht gleichtun können. Neben dem Schloß öffnen sich zwei Wandelgänge auf eine grüne Rasenfläche wie auf einen Smaragd, so weit das Auge reicht. Das verwirrende Farbenspiel, mit dem der Frühling Hunderte von kleinen Blumen versieht, verwischt den Unterschied zwischen ihnen, und ihr Anblick ist so rein, daß man tatsächlich glaubt, sie drängen sich so eng aneinander, um den verliebten Küssen der Winde zu entgehen, die sie kosen. Jetzt hielte man diese Aue für ein tief ruhendes Meer, aber bei den leisesten Zephiren, die herbeieilen, um ihren Mutwillen zu treiben, ist alles nur noch ein herrlicher Ozean, zerteilt von Wellen und Wogen, der mit hochmütig gerunzeltem Gesicht diese kleinen Frechlinge zu verschlingen droht. Weil dies Meer aber nirgendwo ein Ufer hat, schickt das verschreckte Auge, das so weit schweifte, ohne eine Küste zu entdecken, rasch den Gedanken aus, und der Gedanke, noch im Zweifel darüber, ob diese Grenzlinie seiner Sicht auch das Ende der Welt sei, redet sich gleichsam ein, dieser zauberhafte Ort werde den Himmel gezwungen haben, sich mit der Erde zu vereinigen. Inmitten dieses weiten, makellosen Teppichs eilt eine Quelle mit Silberbläschen dahin. Den Rand ihres Bettes findet sie übersät mit Jasmin, Orangenbäumen und Myrthen. Und die kleinen Blumen, die sich überall ringsum drängeln, scheinen sich zu streiten, wer sich zuerst im Wasser spiegeln darf. In Anbetracht ihres jungen, zarten Gesichts ohne die kleinste Falte kann man wohl annehmen, daß sie sich noch im Schoß ihrer Mutter befindet, und die großen Ringe, in die sie sich dreht und verheddert, in denen sie immer wieder zu sich selbst zurückkehrt, sind Zeugen dafür, wie sehr es ihr zuleid ist, ihr Geburtshaus verlassen zu müssen. Vor allem aber staune ich über ihre Schamhaftigkeit, drängt sie doch beschämt, in solcher Nähe der Mutter liebkost zu werden, unter Murmeln die kühnen Hände zurück, die sie berühren. Den Wanderer, der dorthin kommt, um sich zu erfrischen, und seinen Kopf unter das Wasser hält, wundert das helle Tageslicht über seinem Horizont, während er die Sonne bei den Antipoden erblickt. Er beugt sich niemals über den Rand, fürchtet er doch, ins Firmament zu fallen. Ich würde mich mit dieser Quelle in den Bauch des Teiches treiben lassen, der sie verschluckt, aber er ist so weit und so tief, daß ich zweifle, ob meine Phantasie sich schwimmend retten könnte. Die anderen Besonderheiten Eures kleinen Fontainebleau übergehe ich, denn einst wart Ihr von ihnen bezaubert wie ich, und Ihr kennt sie ja noch besser. Ihr mögt aber wissen, daß ich Euch da etwas gänzlich Neues zeigen werde, neu selbst im Vergleich mit den Erfindungen Eures Malers. Entschließt Euch doch einmal, Euch aus dem ganzen Gewühle in Paris herauszuwinden. Euer Kastellan liebt Euch so sehr, daß er schwört, seine große Sau erst zu schlachten, wenn Ihr zurück seid. Er erhofft sich, daß er Euch soweit bringt, die Gemessenheit abzulegen, deren Ihr Euch den Leuten gegenüber bei Euren illustren Tätigkeiten bedient. Gestern abend erzählte er uns bei Tisch, nachdem wir ein wenig angestoßen hatten, daß er Euch, wenn Ihr ihn duztet, mit Du antworten würde, und zweifelt nicht an seinen Worten, hatte er doch die Stirn, mich einen Einfaltspinsel zu nennen, weil ich, ohne in Eurem Sold zu stehen, versichere, Monsieur, ich sei

Euer gehorsamer Diener

Zugunsten der Hexer

Monsieur,

seit ich nicht mehr die Ehre hatte, Euch zu sehen, ist mir ein solch sonderbares Abenteuer widerfahren, daß man, um ihm Glauben zu schenken, davon viel mehr braucht als jener, der durch die Kraft des seinigen Berge versetzte. Um also mit meiner Geschichte zu beginnen: Ihr müßt wissen, daß ich mich gestern von meinem Bett zu einem Spaziergang erhob, müde der Aufmerksamkeit, die ich jenem albernen Buch gewidmet hatte, das Ihr mir vormals so sehr gerühmt, um die düsteren und lachhaften Phantasien zu verscheuchen, mit denen das finstere Geschwätz seiner Lehre mich erfüllt hatte. Und wie ich bestrebt war, meine Gedanken von der Erinnerung an jene dunklen Märchen freizumachen und mich nach einer Viertelstunde Wegs, wie mir scheint, tief in Eurem kleinen Gehölze befand, bemerkte ich einen Besenstiel, der zwischen meine Beine fuhr, und fühlte mich rittlings, ob ich nun wollte oder nicht, durch den grenzenlosen Raum der Lüfte davonfliegen. Ohne mich nun des Wegs meiner Entrückung zu entsinnen, fand ich mich auf meinen Füßen wieder inmitten einer Wildnis ohne Weg und Steg; wohl hundertmal ging ich auf meiner Fährte zurück, aber diese Einöde war eine neue Welt für mich. Ich entschloß mich, weiter vorzudringen, mochte aber, ohne indes ein Hindernis wahrzunehmen, noch so sehr gegen die Luft andrängen – alle meine Bemühungen führten nur dazu, daß ich überall die Unmöglichkeit erkannte, vorwärtszukommen; endlich sank ich ermattet in die Knie, und was mich noch mehr verwunderte, war, daß ich in einem Augenblick von Mittag nach Mitternacht gelangt war; ich sah die Sterne am Himmel glänzen mit funkensprühendem Feuer; es war Vollmond, aber sein Schein war viel bleicher als gewöhnlich. Er verfinsterte sich dreimal, und dreimal verließ er seine Bahn; die Winde waren erstorben, die Quellen verstummt, und die Vögel hatten ihr Zwitschern vergessen; die Fische glaubten sich in Glas eingeschlossen; in allen Tieren war gerade noch soviel Leben, wie sie zum Zittern brauchten. Das Grauen einer entsetzlichen Stille lag über allem, und alle Natur schien in ungewisser Erwartung einer seltsamen Begebenheit zu verharren. Mein Schrecken vermengte sich mit jenem, der augenscheinlich das Band des Horizonts in Wallung versetzte, als ich im Schein des Mondes einen großen, ehrwürdigen Greis aus der Tiefe einer Höhle hervortreten sah, ganz in Weiß gekleidet, von dunkelbraunem Gesicht, mit buschigen, aufgerichteten Brauen, furchterregenden Blicks, den Bart über die Schultern zurückgeworfen. Auf dem Haupt trug er einen Hut aus Eisenhart, um die Schultern einen in Tressen geflochtenen Kranz aus Walpurgiskraut. Über dem Herzen war an sein Gewand eine halbtote Fledermaus geheftet, und um seinen Hals hing eine Kette mit sieben verschiedenen Edelsteinen, deren jeder das Zeichen des Planeten trug, der ihn beherrschte. Solcherart geheimnisvoll gekleidet, hielt er in der linken Hand ein dreieckiges Glasgefäß, gefüllt mit Tau, und in der Rechten eine frische Holundergerte, deren eines Ende einen Beschlag aus einer Mischung aller Metalle trug, das andere einem kleinen Räucherfäßchen als Griff diente. Er küßte den Boden am Eingang seiner Grotte, und nachdem er sich seiner Schuhe entledigt, stieß er aus tiefster Brust einige gegrummelte Worte, näherte sich rückwärts gewandt dem Blätterdach einer alten Eiche und zog vier Schritte davon entfernt drei Kreise in den Boden, den einen in den anderen, und die Erde, den Befehlen des Hexenmeisters gehorchend, bildete von selbst unter Schaudern die Formen, die er da ziehen wollte. Er schrieb dort die Namen von Luftgeistern ein, derjenigen des Jahrhunderts, des Jahres, der Jahreszeit, des Monats, der Woche, des Tages und der Stunde, ebenso wie die ihrer Herrscher mit ihren verschiedenen Geheimzeichen, jeden an seinen ihm bestimmten Ort, und beräucherte sie alle, jeden mit seinen ihm eigenen Zeremonien. Nachdem er dies vollzogen, setzte er sein Glasgefäß in die Mitte der Kreise, deckte es auf, steckte die Spitze seines Stabes zwischen die Zähne, legte sich mit dem Gesicht gen Morgen und schlief dann ein. Etwa zur Hälfte seines Schlummers sah ich fünf Farnkörner in das Gefäß fallen. Als er erwacht war, ergriff er sie alle, steckte sich zwei davon in die Ohren, eines in den Mund, das andere tauchte er wieder ins Wasser, und das fünfte warf er aus dem Kreis hinaus. Dieses hatte aber kaum seine Hand verlassen, als ich es von tausendmal tausend unheilverkündenden Tieren umgeben sah, sowohl Insekten als Kriech- und Säugetieren. Er berührte mit seinem Stab eine Nachteule, einen Fuchs und einen Maulwurf, die sogleich mit lautem Schrei in die Kreise kamen. Mit einem Bronzemesser schlitzte er ihnen den Bauch auf und riß ihnen das Herz heraus, deren jedes er in drei Lorbeerblätter wickelte und verschlang. Er trennte die Leber heraus, preßte sie in ein sechseckiges Gefäß aus und begann wieder mit dem Beräuchern. Er mischte den Tau und das Blut in einem Becken und tunkte einen Handschuh aus Pergament hinein, den er an seine rechte Hand zog, und nach fünf- oder sechsmaligem schrecklichen Geheul schloß er die Augen und begann mit den Anrufungen.

Er bewegte kaum noch die Lippen, dennoch hörte ich in seiner Kehle ein Brausen wie von zahlreichen miteinander vermengten Stimmen. Er wurde vom Erdboden in die Höhe einer Palme emporgehoben und heftete von Zeit zu Zeit sehr aufmerksam seinen Blick auf den Nagel des Zeigefingers seiner rechten Hand. Sein Gesicht war entbrannt, und er wand sich heftig hin und her. Nach mehreren entsetzlichen Verrenkungen fiel er stöhnend auf die Knie. Sobald er aber drei Worte eines bestimmten Gebets ausgesprochen und übermenschliche Kräfte erhalten, ertrug er ohne zu wanken das fürchterliche Rütteln eines schrecklichen Sturmes, der gegen ihn anblies. Bald durch Böen, bald durch Wirbelwinde schien jener zu versuchen, ihn zum Verlassen der Kreise zu bringen. Nach diesem Zeichen begannen die drei Kreisflächen sich unter ihm zu drehen. Dem folgte ein Hagel rot wie Blut, und dieser wich einem vierten, noch viel schrecklicheren Zeichen. Es war ein Feuerstrom, der sich brausend drehte und in Feuerkugeln aufteilte, deren jede mit einem Knall barst, gefolgt von einem starken Donnerschlag.

Damit war alles vorüber, denn ein schönes, weißes, helles Licht löste jene düsteren Lufterscheinungen auf. In seiner Mitte erschien ein Jüngling mit dem rechten Fuß auf einem Adler und dem anderen auf einem Luchs, welcher dem Zauberer drei kleine Kugelflaschen übergab mit ich weiß nicht welcher Flüssigkeit. Der Zauberer bot ihm drei Haare, eines von der Stirnseite, die beiden anderen von den Schläfen, er erhielt mit einem kleinen Stab, den das Trugbild in Händen hielt, einen Schlag auf die Schulter, und dann verschwand alles. Dies geschah, als die verblassenden Sterne beim Heraufkommen der Sonne in der Farbe des Himmels aufgingen. Ich machte mich wieder auf den Weg, mein Dorf zu finden, mittlerweile aber war der Hexer meiner ansichtig geworden und näherte sich dem Platz, wo ich mich befand. Obgleich er langsamen Schritts wandelte, war er schneller bei mir, als ich ihn gehen sah. Er legte eine so kalte Hand in die meine, daß sie noch sehr lange taub blieb. Er öffnete weder Mund noch Augen und geleitete mich in tiefem Schweigen durch alte Gemäuer zu den furchtbaren Ruinen eines unbewohnten alten Schlosses, wo die Jahrhunderte seit tausend Jahren daran wirkten, die Zimmer zu Kellerräumen verfallen zu lassen. Sobald wir eingetreten waren, wandte er sich mir zu und sagte: »Rühme dich, den Hexenmeister Agrippa von Angesicht zu Angesicht geschaut zu haben, dessen Seele (durch Metempsychose) jene ist, die einst den weisen Zoroaster belebte, den Fürsten der Baktrier. Seit nahezu einem Jahrhundert, da ich aus der Gemeinschaft der Menschen verschwand, erhalte ich mich hier durch flüssiges Gold in einer Gesundheit, die nie auch nur eine Krankheit beeinträchtigte. Alle zwanzig Jahre nehme ich eine Gabe dieser Universalmedizin zu mir, die mich verjüngt und meinem Körper das wiedergibt, was er an Kräften verloren hat. Wenn du die drei Kugelfläschchen gesehen hast, die mir der Herrscher der Feuergeister überreichte, so ist das erste damit gefüllt, das zweite mit Projektionspulver und das dritte mit Talköl. Im übrigen bist du mir sehr verpflichtet, da ich unter allen Sterblichen dich auserwählt habe, den Mysterien beizuwohnen, die ich nur einmal alle zwanzig Jahre begehe. Durch meine Zauberkräfte werden ausgesandt, wann immer es mir gefällt, Dürre oder Überfluß. Ich zettle Kriege an, indem ich zwischen den Schutzgeistern, die die Könige lenken, Zwist entfache. Ich lehre die Hirten das Wolfs-Paternoster. Die Wahrsager lehre ich, wie man das Sieb dreht. Ich lasse die Irrwische über Moor und Flüsse laufen, um die Reisenden zu ertränken. Ich reize die Elfen, im Mondenschein zu tanzen. Ich dränge die Spieler, das vierblättrige Kleeblatt unterm Galgen zu suchen. Ich schicke um Mitternacht die Geister vom Friedhof aus, in ein Laken gehüllt, bei ihren Erben die Erfüllung der Gelübde zu verlangen, die sie dem Tod gemacht haben. Den Dämonen trage ich auf, verlassene Burgen heimzusuchen, um den Reisenden, die dort Unterkunft suchen, die Kehle durchzuschneiden, bis ein Mutiger sie zwingt, ihm den Schatz zu zeigen. Ich lasse die Elenden, die ich reich machen will, Alraunwurzeln finden. Die Diebe lasse ich Kerzen aus dem Fett Gehenkter abbrennen, um die Wirte einzuschläfern, während sie ihrem Gewerbe nachgehen. Ich verschenke den fliegenden Taler, der in die Tasche zurückspringt, wenn man ihn gebraucht hat. Den Lakaien gebe ich die Ringe, mit deren Hilfe sie den Hin- und Rückweg von Paris nach Orléans in einem Tag zurücklegen. Von Poltergeistern lasse ich in einem Haus das Unterste zuoberst kehren, die Flaschen, Gläser und Platten durcheinanderwerfen, und doch zerbricht nichts, nichts läuft aus, und man sieht keine Menschenseele. Den alten Weibern zeige ich, wie man Fieber bespricht. Ich wecke die Dörfler in der Johannisnacht, daß sie das Johanniskraut nüchtern und schweigend pflücken.

Die Hexer unterrichte ich darin, Werwölfe zu werden. Ich zwinge sie, Kinder am Wege zu fressen, und lasse sie dann im Stich, wenn ihnen irgendein Edelmann die Pfote abschneidet (die sich dann als menschliche Hand herausstellt), worauf sie erkannt und in die Gewalt der Justiz überliefert werden. Den Bekümmerten schicke ich einen großen schwarzen Mann, der ihnen verspricht, sie reich zu machen, wenn sie sich ihm verschreiben. Ich schlage jene mit Blindheit, die eine Schuldverschreibung unterzeichnen, dergestalt, daß ich sie, fordern sie eine Frist von dreißig Jahren, die Drei vor der Null sehen lasse, welche ich aber dahinter gesetzt habe. Ich drehe denen das Genick um, die beim Lesen im Zauberbuch mich, ohne es zu wissen, herbeirufen und mir nichts geben. Ich begebe mich still wieder hinweg von denen, die mich gerufen haben und mir nur einen alten Schlappen, ein Haar oder einen Strohhalm geben. Ich trage aus Kirchen, die man einweiht, jene Steine hinweg, die nicht bezahlt wurden. Den zum Hexensabbat Geladenen, die auf ihrem Weg Hexern begegnen, lasse ich diese als eine Schar Katzen mit ihrem Fürsten Marcou erscheinen. Ich schicke alle Hexenbündler zum Opfer und gebe ihnen den Hintern des Bockes zum Küssen, der auf einem Schemel sitzt. Ich bewirte sie köstlich, aber mit ungesalzenem Fleisch. Ich lasse alles vergehen, wenn irgendein Fremder, der in die Gebräuche nicht eingeweiht ist, das Dankgebet spricht, und lasse ihn in einer Wüste zurück, inmitten von Dornsträuchern, dreihundert Meilen fern von seinem Land. Ich lasse im Bett der Hurer und Huren die Frauen das Nachtmännchen treffen und die Männer das Nachtweibchen. Ich schicke den Alp in Form eines langen Stücks Marmor mit denen schlafen, die sich beim Schlafengehen nicht bekreuzigt haben. Ich lehre die Schwarzkünstler, sich ihrer Feinde zu entledigen, indem sie ein Wachsbild formen, das sie mit Nadeln stechen oder ins Feuer werfen, um das Original fühlen zu lassen, was sie die Nachbildung leiden ließen. Ich nehme den Hexenmeistern das Gefühl an den Stellen, wo sie der Bock mit seinem Zeichen versehen hat. Ich versehe das Nolite fieri, wenn es widersinnig hergesagt wird, mit einer geheimen Kraft, die verhindert, daß die Butter fest wird. Ich unterweise die Bauern, unter die Schwelle der Schafhürde, die sie zugrunde richten wollen, mit drei Verwünschungen ein Haarbüschel oder eine Kröte zu legen, um die Schafe, die darüber laufen, an der Schwindsucht eingehen zu lassen. Ich unterweise die Schäfer im Vernesteln des Hosenlatzes am Hochzeitstag, wenn der Priester sein Coniungo vos spricht. Ich verschenke Geld, das sich hinterher in Eichenblätter verwandelt. Ich leihe den Zauberern einen Hausgeist, der sie begleitet und ihnen verbietet, etwas zu unternehmen ohne die Erlaubnis ihres Fürsten Marcou. Ich lehre, um das Los eines verzauberten Menschen zu beenden, ihn am Fest des heiligen Leu den dreieckigen Kuchen zu kneten und ihn dem ersten Armen, den er findet, als Almosen zu geben. Ich heile jene, die an der Werwolfkrankheit leiden, indem ich ihnen mit der großen Gabel einen Stoß genau zwischen die Augen versetze. Ich lasse die Hexenmeister Schläge verspüren, vorausgesetzt man prügelt sie mit einem Holunderstock. Im Advent vor Weihnachten lasse ich den Pelznickel los, heiße ihn, wie ein Faß zu rollen oder um Mitternacht in den Straßen mit Ketten zu klirren und jedem den Hals umzudrehen, der den Kopf aus dem Fenster steckt. Ich unterweise in der Verfertigung von Zauberformeln, Behexungen, Zaubermitteln, Sigillen, Talismanen, Zauberspiegeln und astrologischen Figuren. Ich lehre sie am Neujahrstag die Mistel zu finden, das Irrkraut, die Gamahez, das Haftpflaster, ich schicke den Bruder Rausch, das eisenbeschlagene Maultier, den Filourdi, den König Hugon, den Konnetabel, die Schwarzen Männer, die Weißen Frauen, die Lemuren, die Züsler, die Larven, die Lamies, die Schatten, die Manen, die Gespenster, die Fantome, schließlich bin ich der Teufel von Vauvert, der Ewige Jude und der große Jäger aus dem Wald von Fontainebleau.«

Mit diesen Worten verschwand der Zauberer, die Farben der Dinge wichen, ein dichter schwarzer Dunst bedeckte den Erdkreis, und ich fand mich mit immer noch klopfendem Herzen und von der Seelenarbeit zerdrücktem Körper auf meinem Bette wieder. In solch großer Ermattung, daß ich in Erinnerung daran nicht glaube, die Kraft zu besitzen, unter meinen Brief zu schreiben, ich bin, Monsieur,

Euer Diener

Wider die Hexer

Monsieur,

sagt mir aufrichtig, hat Euch mein letzter Brief nicht erschreckt? Sagt, was Ihr wollt, ich denke, der große Schwarze Mann wird einigen Schauder hervorgerufen haben, wenn nicht in Eurem Gemüt, dann wenigstens in irgendeinem Eurer Sinne. Das geschieht Euch dafür, daß Ihr mir ehedem Angst vor Geistern einjagen wolltet, sie hatten ihre Vergeltung, und ich habe mich boshafterweise für die Zudringlichkeit gerächt, mit der Ihr mich so viele Male bestürmtet, doch die Wahrheiten der Zauberkunst anzuerkennen. Gleichwohl bedaure ich das Fieber, das Euch, wie man mir schrieb, jene schreckliche Ausmalung verursacht habe; um aber meinen Fehler gutzumachen, will ich sie nun ihrerseits wegwischen und Euch auf derselben Leinwand den Lug und Trug ihrer Farben, Umrisse und Schatten vorführen. Haltet Euch doch vor Augen, obgleich allüberall so viele Hexer verbrannt wurden, die des Paktes mit dem Teufel überführt waren, so viele Elende auf dem Scheiterhaufen bekannten, beim Hexensabbat gewesen zu sein, und einige sogar den Richtern beim Verhör gestanden, sie hätten bei ihren Gastereien Kinder gegessen, die aber nach dem Tod der Verurteilten gesund und munter waren und gar nicht wußten, was man von ihnen wollte, wenn man ihnen davon sprach – daß man nicht alles glauben darf, was ein Mensch sagt, weil ein Mensch alles sagen kann. Denn mag eine Seele mit einer besonderen Erlaubnis Gottes auch auf die Erde zurückkehren können und jemanden um den Beistand seiner Gebete bitten – soll das etwa heißen, daß Geister oder Luftwesen, wenn es sie gibt, so töricht seien, sich den Hirngespinsten eines unwissenden Dörflers verbindlich zu machen und an jeder Wald- und Wiesenecke zu erscheinen, je nachdem, ob die Wunderlichkeit mehr oder weniger stark ist im närrischen Kopf eines lächerlichen Schäfers; oder daß sie zum Federspiel kommen wie ein Falke auf die Faust des Bürschners, der ihn ruft, und nach den Launen dieses Schelms die Guimbarde tanzen oder sonst welche Gauklertänze? Nein, ich glaube an keine Hexer, obgleich mehrere große Persönlichkeiten nicht meiner Meinung sind, und ich unterwerfe mich keiner Autorität, wenn sie nicht mit der Vernunft einhergeht oder wenn sie nicht von Gott kommt. Gott allein muß man glauben, was er sagt, weil er es sagt. Weder der Name des Aristoteles, der gelehrter war, als ich es bin, noch jener Platos oder der des Sokrates überzeugen mich, wenn mein Verstand nicht überwiesen ist von dem, was sie sagen: Die Vernunft allein ist meine Königin, der ich aus freiem Willen die Hand reiche, zudem ich aus Erfahrung weiß, daß sich gerade die erhabensten Geister aufs derbste geirrt haben; da sie aus größerer Höhe fallen, tun sie tiefere Stürze; schließlich und endlich – unsere Väter irrten vormals, ihre Nachkommen irren heute, die unseren werden sich einst irren. Laßt uns doch also keine Meinung übernehmen, nur weil viele sie vertreten oder weil es der Gedanke eines großen Philosophen ist, sondern einzig, weil wir eine größere Wahrscheinlichkeit darin erkennen, daß es so sei als anders. Ich für mein Teil lache über die Schulfüchse, die zum Beweis dessen, was sie sagen, keine stärkeren Argumente besitzen, als anzuführen, es sei eine Maxime, so als ob ihre Maximen gesicherter wären als ihre übrigen Behauptungen. Ich würde ihnen indes Glauben schenken, wenn sie mir eine Philosophie wiesen, deren Grundsätze nicht in Zweifel gezogen werden können, mit denen die ganze Natur übereinstimmt oder die uns von oben offenbart wurden; andernfalls lache ich darüber, denn es ist einfach, alles zu beweisen, was man will, wenn man die Grundsätze den Lehrsätzen anpaßt und nicht die Lehrsätze den Grundsätzen. Wenn es überdem richtig wäre, der Autorität jener großen Männer beizustimmen, und wenn ich genötigt wäre zuzugeben, daß die ersten Philosophen jene Grundsätze aufgestellt hätten, nötigte ich sie meinerseits zuzugeben, daß diese Alten ebensowenig wie wir immer geschrieben haben, was sie glaubten: Oft haben die Gesetze und die Religion ihrer Länder sie gezwungen, ihre Regeln dem Nutzen und Frommen der Politik anzupassen. Deshalb darf man einem Menschen nur glauben, was menschlich, will sagen, möglich und alltäglich ist; kurzum, ich lasse Hexer nicht gelten, man bewiese mir denn ihre Existenz. Wenn einer durch begründete und zwingendere Argumente als die meinen es mir erweisen kann, dann zweifelt nicht daran, daß ich zu ihm sage: »Seid mir willkommen, Monsieur, Euch habe ich erwartet, ich begebe mich meiner Ansichten und übernehme die Euren.« Was hätte sonst auch der Verständige dem Einfaltspinsel voraus, wenn er dächte, was der Einfältige denkt. Es muß dem Pöbel genügen, daß eine große Seele so tut, als ginge sie auf die Denkungsart der Mehrzahl ein, um nicht gegen den Strom zu schwimmen – ohne aber ihrer Vernunft Schellen anzulegen: Ein Philosoph hingegen muß über das gemeine Volk urteilen, aber nicht wie das gemeine Volk urteilen. Ich handle indessen nicht so unbillig, daß ich nun, nachdem ich mich der Tyrannei der Autorität entzogen habe, meine eigene ohne Beweis an die Stelle setzen wollte. Daher mögt Ihr erlauben, daß ich Euch die Gründe zu wissen gebe, die mich bewogen, so viele seltsame Wirkungen, die man den Geistern zuschreibt, zu bezweifeln. Ich denke viele gewichtige Dinge beobachtet zu haben, um mich dieser Hirngespinste zu entledigen. Zuerst also hat man mir so gut wie nie irgendeine Hexergeschichte erzählt, bei der ich nicht wohl beachtet hatte, daß sie sich für gewöhnlich drei- oder vierhundert Meilen von da entfernt zugetragen hatte, wo sie mir erzählt wurde. Diese Entfernung erregte in mir den

Verdacht, daß man Neugierigen die Lust und die Möglichkeit nehmen wollte, sich danach zu erkundigen. Dazu kommt noch, daß solch ein Trupp als Katzen gekleideter Menschen sich mitten auf dem Land ohne Zeugen fand. Der Glaube einer Person allein muß in solch wundersamer Angelegenheit als verdächtig gelten. Nahe bei einem Dorf war es leichter, die Einfaltspinsel damit zu täuschen. Es war da eine arme Alte; sie war hinfällig: das Alter schwächt den Verstand; das Alter macht geschwätzig: sie hat die Geschichte zur Unterhaltung ihrer Nachbarinnen erfunden; das Alter schwächt die Sicht: sie hielt einen Hasen für eine Katze; das Alter macht furchtsam: sie glaubte fünfzig anstelle einer einzigen zu sehen. Denn schließlich ist es leichter zu verstehen, daß sich etwas ereignet, das man alle Tage zu sehen bekommt, als etwas Übernatürliches ohne Sinn und Beispiel. Aber habt die Güte, und laßt uns diese ergriffenen Hexer genauer untersuchen.

Ihr werdet finden, daß es sich um einen höchst groben Bauern handelt, der nicht genug Witz besitzt, sich aus den Netzen herauszuhelfen, die man über ihn geworfen hat, und dem die Größe der Gefahr so auf den Verstand schlägt, daß er nicht mehr die innere Fassung besitzt, sich zu rechtfertigen, und nicht mehr wagt, füglich zu antworten aus Angst, die Voreingenommenen schlössen daraus, der Teufel spreche aus seinem Munde. Wenn er indessen kein Wort sagt, schreit jeder, er sei durch sein Bedenken überführt, und schon wirft man ihn ins Feuer. Aber ist denn der Teufel so närrisch, er, der ihn vormals in eine Katze verwandeln konnte, kann er ihn jetzt nicht in eine Fliege verwandeln, daß er wegflöge? Nein (heißt es), die Hexer hätten überhaupt keine Macht mehr, sobald sie sich in den Händen der Gerichtsbarkeit befinden. O meiner Treu, das ist fein ausgedacht; Maître Jean Gillot, dessen Vater seinem Mündel Hab und Gut gestohlen, hat sich mit 20 000 unterschlagenen Talern, die sein Richteramt gekostet hat, die Macht erworben, den Teufeln zu gebieten; wahrhaftig, die Teufel bringen Dieben große Ehrerbietung entgegen. Diese Teufel hätten aber zum wenigsten den armen Unglücklichen, ihren sehr ergebenen Diener, hinwegheben müssen, als sie erfuhren, daß man ausgerückt war, ihn zu ergreifen. Denn es ermutigt niemanden, ihnen zu dienen, wenn sie die Ihren dergestalt im Stich lassen; für Wesen, die nur Geist sind, schießen sie grobe Böcke. Auch habe ich festgestellt, daß alle diese vorgeblichen Zaubermeister so bettelarm sind wie Diogenes. Bei allen Himmeln, ist es denn wahrscheinlich, daß sich ein Mensch dem Höllenfeuer aussetzt, angesichts der Erwartung, arm zu bleiben, verhaßt, hungerleiderisch und in immerwährender Furcht, sich auf öffentlichem Platz geröstet zu sehen? Satan sollte ihm keine Eichenblätter, sondern Taler von Gewicht verschaffen zum Kauf von Ämtern, die ihn vor der Gerichtsbarkeit beschirmen. Ihr werdet aber sehen, daß die Dämonen heutigentags im höchsten Grade einfältig sind und nicht genügend Geist besitzen, so viele Listen zu ersinnen. Jener Tölpel von Schäfer, den Ihr in Euren Gefängnissen haltet, am Vorabend bevor er gesiedet wird, auf Grund welcher Beweise verurteilt Ihr ihn? Man hat ihn ertappt, wie er das Wolfs-Paternoster hersagte? Ach, habt die Güte, daß er es wiederhole, Ihr werdet darin nur große Albernheiten finden und weniger Böses, als in einem Teufelsamulett ist, wofür man indessen niemanden sterben ließe. Überdies habe er Herden verhext, sagt man? Entweder geschah dies mit Worten oder durch die verborgene Kraft irgendwelcher natürlichen Gifte? Durch Worte: Ich glaube nicht, daß die vierundzwanzig Buchstaben des Alphabets in der Grammatik die verborgene Bösartigkeit eines so schnellwirkenden Giftes hegen, noch, daß das Maul aufreißen, die Zähne fletschen, die Zunge gegen den Gaumen drücken auf die eine oder andere Weise die Kraft besitzt, Schafe zu vergiften oder zu heilen. Und wenn Ihr mir entgegnet, dies sei aufgrund des Paktes, so habe ich in der Chronologie noch nichts über die Zeit gelesen, zu welcher der Teufel mit dem Menschengeschlecht abstimmte, daß er, wenn man gewisse Worte ausspreche, die vertraglich bezeichnet gewesen sein müssen, tötete, bei anderen heilte und bei anderen wiederum komme, mit uns zu sprechen. Ich will einräumen, daß er darüber mit einem einzelnen ein Abkommen getroffen haben mag: Jener einzelne besäße aber nicht die Beistimmung aller anderen, um uns zu diesem Abkommen zu nötigen. Auf irgendwelche Silben jedoch, die ein Tölpel, ohne daran zu denken, ausgesprochen hat, fliegt er unverzüglich herbei, ihn zu erschrecken, wird aber jemandem Mächtigen, Verderbten, Berühmten, Geistreichen, der sich ihm von Herzen gern verdingt und dessen Beispiel Ursache für den Verderb von hunderttausend Seelen ist, nicht den kleinsten Besuch abstatten. Jetzt gestehet Ihr mir vielleicht zu, daß die Zaubersprüche überhaupt keine Macht haben, sondern unter ihren barbarischen Worten die bösen Kräfte der Heilkräuter bergen, mit deren Hilfe alle Zauberer das Vieh vergiften. Nun denn, warum also schickt Ihr sie nicht in den Tod als Giftmischer anstatt als Hexer? Sie gestehen (werdet Ihr nun einwenden), am Hexensabbat teilgenommen zu haben, irgendwelchen Leuten Teufel in den Leib gehext zu haben, die dann tatsächlich besessen gewesen sind. Was die Reisen zum Hexensabbat anbelangt, so ist mein Glaube daran dieser: Wegen der einschläfernden Öle, mit denen sie sich einreiben, und aufgrund ihrer Nachtwachen bilden sie sich ein, alsobald rittlings auf einem Besen durch den Kamin aufzufahren und in einen Saal getragen zu werden, wo man schmaust und zecht, tanzt, liebt und dem Ziegenbock den Hintern küßt; ihre von solchen Schemen heftig heimgesuchte Phantasie gaukelt ihnen genau diese Dinge im Schlaf vor, wie den Besen zwischen den Beinen, Gefilde, die sie überfliegen, einen Bock, ein Gelage, Damen; daher glauben sie beim Aufwachen gesehen zu haben, was sie nur träumten. Was nun die Besessenheit angeht, sage ich Euch mit der gleichen Offenheit dazu auch meine Ansicht. Zum ersten finden sich zehntausend Frauen auf einen Mann. Der Teufel wäre ja ein Hurenjäger, wenn er mit solchem Eifer die Begattung mit den Frauen suchte. Nein, nein, aber ich errate die Ursache davon: Eine Frau ist von leichtfertigerer Art als ein Mann und infolgedessen beherzter, Komödien solcher Art aufzuführen. Sie hofft, wenn sie nur im geringsten Latein radebreche, Gesichter schneide, Sprünge vollführe, herumtolle, sich in gewisse Posituren setze, halte man solches für weit über die Schamhaftigkeit und die Kraft eines Mädchens hinausgehend. Und schließlich hält sie sich für so stark in ihrer Schwäche, daß man bei einer Entdeckung des Betrugs ihre Narrheiten irgendwelchem Aufsteigen der Gebärmutter zuschreibe oder schlimmstenfalls der Schwachheit ihres Geschlechts verzeihe. Ihr werdet vielleicht antworten, nur weil sich unter ihnen Betrüger fänden, beweise das nichts gegen jene, die wirklich besessen seien. Wenn das aber Euer Gordischer Knoten ist, will ich sogleich sein Alexander sein. So laßt uns zusehen, ohne daß es uns scheren soll, der Volksmeinung zu mißfallen, ob es vorzeiten Besessene gegeben habe und ob es sie heute gibt. Daß es sie vorzeiten gab, bezweifle ich nicht, weil die Bücher der Heiligen Schrift versichern, daß eine Chaldäerin durch Zauberkunst einen Dämon in den Leichnam des Propheten Samuel fahren ließ und ihn zum Sprechen brachte. Daß David mit seiner Harfe jenen austrieb, von dem Saul besessen war. Und daß unser Erlöser, Jesus Christus, die Teufel aus den Leibern gewisser Hebräer austrieb und sie in Schweine fahren ließ. Es ist uns aber zur Pflicht gemacht, zu glauben, daß Satans Reich unterging, als Gott zur Welt kam. Daß die Orakel unter der Krippe des Messias erstickt wurden und daß Satan die Sprache verlor in Bethlehem; das kühle Licht des Sterns der Drei Könige hat ihm dabei wohl den Pips gegeben. Deshalb lache ich über alle

Teufelsbesessenheiten von heute und werde mich darüber so lange lustig machen, bis die Kirche mir befiehlt, daran zu glauben. Denn mir vorzustellen, daß jenes Beichtkind von Goffridy, jene Nonne von Loudon und jenes Mädchen von Evreux vom Teufel besessen seien, weil sie Purzelbäume schlagen, Fratzen schneiden und Luftsprünge vollführen – Scaramouche, Colle und Cardelin würden ihnen das Maul stopfen. Wie bitte? Sie sprechen nicht einmal Latein! Luzifer trägt doch recht wenig Sorge für seine Teufel, sie nicht einmal aufs Kolleg zu schicken. Einige antworten recht treffend, wenn der Exorzist ein Gebet aus dem Brevier hersagt, das sie durch häufiges Hersagen auf welche Art auch immer sinngemäß radebrechen; wofern sie nicht die Rasenden spielen und bei allem, was man ihnen predigt, eine ständige Geistesabwesenheit vorschützen; und dennoch ertappte ich dabei welche, die bedacht darauf waren, im Vorübergehn irgendein Verslein des Officiums aufzuschnappen, um zur rechten Zeit zu antworten – wie jene, die zur Vesper singen möchten und sie nicht kennen, dabei auf das Gloria patri lauern, um sich dann den Hals abzuschreien. Was ich überdies auch sehr ergötzlich finde, sind die Ungebührlichkeiten, in die sie sich verwickeln, wenn es um gehorchen oder nicht gehorchen geht. Der Beschwörer befahl einer von ihnen, den Fußboden zu küssen, sooft er den heiligen Namen Gottes ausspreche; jener Teufel des Gehorsams handelte sehr ergeben. Wenn er ihm aber von neuem dasselbe in anderen Ausdrücken als denen befahl, deren er sich üblicherweise bediente (denn er befahl ihm im Namen des Gleichewigen Sohnes des Göttlichen Wesens), da blieb der Teufelsnovize, der kein Theologe war, ganz unschlüssig, errötete und brach in Beschimpfungen aus. Bis daß der Exorzist ihn in gewöhnlichen Worten begütigt hatte und er wieder vernünftig zu reden begann. Ich beobachtete überdies, daß, sobald der Priester die Stimme hob, der Teufel seinen Zorn ansteigen ließ; oft mit Worten ohne irgendein Gewicht, weil er sie nur lauter aussprach, und daß ihm im Gegenteil Exorzismen sanft eingingen, die zum Grausen waren, weil er, des Schreiens müde, sie mit leiser Stimme ausgesprochen hatte. Aber es wurde kurze Zeit danach viel schlimmer, als ein Abbé sie beschwor. Sie waren mit seiner Art nicht vertraut, und dies war der Grund, daß die, welche antworten wollten, so widersinnig antworteten, daß jene armen Teufel, die noch ein wenig Scham kannten, alle verlegen wurden, und danach war es den ganzen Tag unmöglich, ihnen auch nur ein böses Wort zu entlocken. Tatsächlich schrien sie sehr lange, sie röchen die Anwesenheit Ungläubiger, derentwegen sie nichts an Wunderbarem verrichten wollten, aus Angst, sie zu bekehren. Aber diese Finte schien mir allzu grob; denn wenn es stimmte, warum sie dann vorher warnen? Sie müßten im Gegenteil, um uns in unserer Ungläubigkeit zu verstocken, sich in jenen Körpern verbergen und nichts tun, das uns die Augen öffnen könnte. Ihr werdet entgegnen, Gott zwinge sie dazu, um den Glauben zu offenbaren. Ja, aber ich bin davon nicht überzeugt, noch bin ich geneigt zu glauben, daß dies der Teufel sei, der alle solche Possen treibe, da sie ein Mensch doch ganz natürlicherweise vollführen kann. Sich das Gesicht auf die Schultern drehen habe ich Zigeuner tun sehen. Bocksprünge machen, wer tut es nicht außer den Gliederlahmen? Fluchen, das trifft man nur allzu häufig an. Die Haut mit Zauberformeln zeichnen? Entweder Farbsäuren oder Ätzsteine färben solcherart ohne jedes Wunder unsere Haut. Wenn die Teufel gezwungen sind, wie Ihr sagt, Wunder zu wirken, um uns zu erleuchten, dann sollen sie doch überzeugender wirken, sollen sie doch die Türme von Notre-Dame in Paris nehmen, wo es genügend Ungläubige gibt, und sie nach Saint-Denis aufs Land tragen, eine spanische Sarabande tanzen. Dann wären wir überzeugt. Ich wurde dabei auch gewahr, daß der Teufel, von dem es heißt, er sei solch ein Lästermaul, diese Besessenen niemals verleitet, einander zu verlästern. Im Gegenteil, sie hegen große Ehrerbietung füreinander und nehmen sich sehr in acht, sich anders zu betragen, denn die erste Beleidigte würde das ganze Mysterium enthüllen. Warum, Ehrwürdiger Vater, leitet man nicht Euren Prozeß ein infolge der Verbrechen, deren Euch der Teufel anklagt? Der Teufel ist, sagt Ihr, der Vater der Lüge, warum ließt Ihr dann anderntags diesen Zauberer verbrennen, der nur durch den Teufel angeklagt worden war? Weil, ich antworte wie Ihr, der Teufel der Vater der Lüge ist. Gesteht nur, gesteht, Ehrwürdigster, daß der Teufel die Wahrheit sagt oder lügt, ganz wie es Eurer arglistigen Väterlichkeit zupaß kommt. Aber gute Götter, ich sehe diesen Teufel erschaudern, wenn man ihn mit Weihwasser besprengt; ist dies also etwas so Heiliges, daß er es nicht ohne Entsetzen erträgt? In Wahrheit macht mich solches erstaunen, wie er wagen konnte, sich in den menschlichen Körper einzuschließen, den Gott doch zu seinem Ebenbilde gemacht hat, fähig, den Allerhöchsten zu schauen, den er als sein Kind erkannte durch die Wiedergeburt in der Taufe, mit heiligem Öl gezeichnet. Der Tempel des Heiligen Geistes und der Tabernakel der heiligen Hostie. Wie konnte er nur die Dreistigkeit besitzen, in etwas einzudringen, das ihm viel verehrungswürdiger sein muß als Wasser, über dem man nur einfach ein paar Gebete gesprochen hat. Aber wir haben einen schönen Ausweg; ich sehe den Besessenen, der schrecklich tobt beim Anblick des Kreuzes, das man ihm vorhält! O Monsieur Exorzist, wie einfältig Ihr seid, wißt Ihr denn nicht, daß es keine Stelle in der Natur gibt, wo keine Kreuze wären? Denn überall in der Materie gibt es Längen und Breiten, und das Kreuz ist nichts anderes als eine Länge, gesehen mit einer Breite. So daß also dieses Kreuz, welches Ihr haltet, kein Kreuz ist, weil es aus Ebenholz besteht, jenes andere ist nicht eines, weil es aus Silber ist, sondern das eine wie das andere sind Kreuze, weil über einem Längsbalken ein

Querbalken liegt, der jenen kreuzt. Wenn diese Besessene also selbst tausend Längsachsen und tausend Querachsen besitzt, warum ihr dann noch andere herbeibringen? Indes seht Ihr diese Frau, die die Bestürzte spielt, weil sie es gezwungenerweise mit den Lippen berührte, so daß sie nicht sprechen kann. O, was für ein falsches Spiel! So nehmt doch nur eine Handvoll Ruten und peitscht sie mir herzhaft durch. Denn ich gebe Euch mein Wort, wenn man alle Besessenen, die durch hundert Peitschenhiebe täglich nicht geheilt werden könnten, dazu verurteilte, ins Wasser geworfen zu werden, würde niemand ertränkt. Es ist nicht an dem, wie ich Euch schon sagte, daß ich an der Macht des Schöpfers über seine Geschöpfe zweifle: Wofern ich aber nicht durch die Autorität der Kirche überzeugt werde, der wir blindlings zu gehorchen haben, werde ich all diese Zauberwirkungen den Klatsch von Dummköpfen oder das Credo der Gutgläubigen nennen. Ich merke wohl, daß mein Brief ein wenig zu lang geraten ist. Es ist der Gegenstand, der mich über meine Absicht vergessen ließ, aber Ihr werdet diese Ungehörigkeit jemandem vergeben, der das Gelübde ablegt, bis zu Eurem und Eurer geistreichen Geschichten Tode zu sein, Monsieur

Euer sehr ergebener Diener

AN MONSIEUR GERZAN

Über sein Buch »Der Triumph der Damen«

Monsieur,

nach den Lobliedern, die Ihr den Damen singt, habe ich mich entschlossen, nicht länger Mann zu bleiben. Ich gehe stehenden Fußes dem Pater Bernard meine Kerze opfern, um aus der Hand dieses barmherzigen Heiligen zu empfangen, was Kaiser Heliogabal vom Schermesser seiner Quacksalber erlangte. Da die Wunder, die diese kostbare Mumie täglich ausströmt, so zahlreich sind, daß sie über die Mauern der Charité bis zu Eurem Parnaß drängen, ist es gar nicht unmöglich, daß ein Seliger für mich tut, was die Feder eines unseligen Dichters dem Teiresias zum Segen bescherte. Wie auch immer, das Teil, das mich veranlaßt, Hosen zu tragen, muß mit einem Hieb des Gartenmessers abgehauen werden. Es ist in der Tat ein albern Ding, sich nur im Karneval zu verkleiden; ich hätte es wahrhaftig nicht geglaubt, wenn Ihr mir nicht Euer Buch übersandt hättet. Ach, wie gut wußte unser Herr, was Ihr diesbezüglich eines Tages sagen würdet über die Verwirrung des Menschen. Er wollte von einer Frau geboren werden, weil er wohl die Würde ihres Geschlechts kannte. Auch ist es ein sichtbares Zeichen ganz besonderer Wertschätzung, daß Gott die Frauen dazu ausersehen hat, uns auszutragen, weil er sich auf uns in unserer Jugend nicht verlassen wollte. Aber auch die Natur hat uns bei der Verteilung ihrer Gaben zu erkennen gegeben, daß sie zum Schaden der Erstgeborenen die Jüngere vorzieht, der sie Schönheit verlieh, deren Züge jeder für sich eine ganze Armee darstellen, die nach Belieben Throne stürzt, Diademe auseinanderreißt und die überheblichen Mächte dieser Erde in die Sklaverei schleift. Wenn sie nicht wie wir umherschweifen, um Menschen zu töten, wenn sie sich davor entsetzen, an ihrer Seite das zu tragen, weswegen wir den Henker verabscheuen, dann deswegen, weil es eine Schande wäre, wenn die, die uns das Licht der Welt erblicken lassen, etwas trügen, um es uns zu rauben, und weil es sehr viel ehrenvoller ist, für die Erhaltung der eigenen Gattung Schweiß zu vergießen als für ihre Vernichtung. Was das Gesicht angeht, sind wir also bettelarm, und im allgemeinen sind sie, meiner Treu, an allen Reichtümern der Erde viel reicher als wir. Sollte nämlich das Haar den Hauptunterschied zwischen dem unvernünftigen Vieh und dem vernunftbegabten Wesen ausmachen, sind die Männer mindestens von Bauch, Wangen und Kinn her tierischer als die Frauen. Ungeachtet all dieser stummen, aber überzeugenden Ermahnungen Gottes und der Natur wäre indessen dies bejammernswerte Geschlecht ohne Euch dem unseren demütig unterworfen. Gebrechlich schon und bereit, diese Welt zu verlassen, habt Ihr Hunderttausende von Damen, die keine Unterstützung hatten, wiederaufgerichtet. Mögt Ihr Euch also rühmen, ihnen das Leben gegeben zu haben! Und hätten sie Euch selbst unter größeren Schmerzen geboren als die Mutter des Herkules, so stünden sie immer noch hoch in Eurer Schuld, der Ihr sie doch allesamt nicht nur auf die Welt brachtet, sondern sie bei ihrer Geburt zum Triumph führtet. In der Tat hat eine Frau Euch neun Monate getragen, Ihr aber habt alle diese Frauen weit über die Köpfe ihrer Feinde hinausgetragen. Zweitausend Jahre lang hatten jene gekämpft, zweitausend weitere gesiegt, und Ihr habt ihnen seit erst vier Monaten den Triumph zuerkannt. O ja, Monsieur, jedes Satzgefüge Eures Buches ist ein Triumphwagen, auf dem sie prächtiger einherziehen als die Scipionen und die Cäsaren je in Rom. Aus der ganzen Welt habt Ihr ein Amazonenreich gemacht und uns unter die Weiberherrschaft gezwungen. Schließlich kann man sagen, vor Euch waren alle Frauen nur wie die Bauern im Schach, die Ihr nun zur Dame gemacht habt. Mittlerweile sehen wir, daß Ihr uns verratet, dem männlichen Geschlecht den Rücken zukehrt, um die Partei der anderen Seite zu ergreifen. Wie aber soll man Euch für diese Verfehlung strafen? Wie sich entschließen, jemanden zu beschimpfen, der unsere Mütter und Schwestern auf seine Seite gebracht hat? Außerdem könnte man Euch weder der Feigheit zeihen, da Ihr Euch auf die schwächere Seite geschlagen habt, noch Eure Feder des Eigeninteresses bezichtigen, da Ihr das Frauenlob in einem Alter begannet, in dem es Euch nicht mehr möglich ist, Gunstbeweise dafür entgegenzunehmen. Gesteht indes nur, daß dieses Geschlecht, nachdem Ihr es zum Triumph geführt und sogar über seinen Triumph triumphiert habt, ohne unsere Hilfe niemals siegreich gewesen wäre. Mich wundert in der Tat, daß Ihr ihm zu unserer Vernichtung nicht gewöhnliche Waffen in die Hände gegeben habt: Ihr habt ihm keine Sterne in die Augen geheftet, noch Schneehügel an die Stelle des Busens gehäuft, Gold, Elfenbein, Lapislazuli, Koralle, Rosen und Lilien dienten nicht als Bausteine zu Eurem Gebäude, während alle unseren modernen Autoren, die trotz des Eifers, mit dem sich die Sonne zeitig zurückzieht, die Schamlosigkeit besitzen, sie am hellichten Tage zu enthüllen, genauso wie die Sterne, die ich allerdings nicht bemitleide, das wird ihnen eine Lehre sein, nachts nicht so viel herumzustreifen. Aber weder Feuer noch Flamme haben Euch kühle Eingebungen verschafft: Ihr habt Ausfälle gemacht, auf die wir keine Parade kennen. Nie stand ein Mann so hoch über den Frauen. Mit einem Wort: Ich finde in diesem Buch so göttlich abgefaßte Dinge, daß ich Mühe habe zu glauben, der Heilige Geist habe sich in Rom aufgehalten, als Ihr es verfaßtet. Nie sind die Damen in besserer Haltung unter der Druckerpresse hervorgekommen, und nie war ich fester entschlossen, nicht mehr zu Pater Bernards Grab zu gehen, um ein Wunder zu sehen, seit Monsieur de Gerzan an der Kirchentür ausliegt. O Götter, noch einmal: Welch schöner Gegenstand sind Eure Damen! Ach, Monsieur, Ihr habt Euch durch diese Lobrede das schöne Geschlecht in solchem Maße verpflichtet, daß es heute schon genügt, um die Zuneigung einer Königin zu erringen,

Euer Diener zu sein

Der Duellant

Monsieur,

obgleich ich mich fühle wie jemand, der vor Gesundheit strotzt, bin ich nichtsdestoweniger seit drei Wochen krank, als nämlich meine Philosophie auf Gnade oder Ungnade in die Hände von Gladiatoren geriet. Ich quäle mich unablässig mit Terz und Quart herum, die mir zu schaffen machen wie das Tertian- und das Quartanfieber, und ich wüßte schon nicht mehr, was Papier ist, würden darauf nicht die Kartelle geschrieben. Schon unterscheide ich nicht mehr zwischen Tinte und Stiefelwichse und wäre endlich beinahe genötigt gewesen, Euch meinen Antwortbrief mit dem Degen zu schreiben, so achtbar ist es unter Leuten, deren Federn nie zugeschnitten werden, nur mit Mühe schreiben zu können. Wollte der Herrgott meinen Händeln ein Ende machen, dann müßte er wohl, denke ich, etwas so Wunderbares in Erfüllung gehen lassen wie den Wunsch des Caligula. Wenn das ganze Menschengeschlecht nur einen einzigen Kopf hätte, wenn von allen Lebenden ein einziger übrig wäre: dann gäbe es noch ein Duell, das ich bestehen müßte. Ihr hättet in der Tat Unrecht, mich jetzt den Ersten von allen zu nennen, weil ich seit einem Monat der Duell-Sekundant von jedermann bin. Eure Abreise muß wohl ganz Paris zur Einöde gemacht haben; in allen Straßen ist Gras gewachsen, denn wohin ich auch gehe, immer fühle ich mich wie auf dem freien Feld. Es ist jedoch nicht ungefährlich, daß mein Porträt, welches Ihr anfertigen ließt, so hübsch gelungen erschien, denn möglicherweise bekommt dadurch der Tod Lust auf das Original. In dieser Absicht zankt und streitet er endlos mit mir herum. Ich komme mir schon vor, als sei ich zum Stachelschwein geworden, weil sich mir niemand nähert, ohne rundum pikiert zu werden. Man weiß auch sehr wohl, daß mir wieder etwas zu schaffen machen wird, wenn jemand zu seinem Feind sagt, ihm müsse gehörig der Zinken gestochen werden. Seht Ihr denn nicht auch mehr dunkle Schatten an unserem Horizont als bei Eurer Abreise? Der Grund dafür ist, daß seit dieser Zeit die Hölle durch meine Hand so übervölkert wurde, daß sie wieder auf die Erde gespien werden. In Wahrheit gereicht es mir sehr zum Troste, gehaßt zu werden, denn dann werde ich geliebt; überall stoße ich auf Feinde, weil ich überall Freunde habe, und dergestalt verwandelt sich mein Unglück in mein Glück. Ich befürchte nur, daß diese Ruhmsucht mich noch dahin bringt, meinen Namen ins Paradies zu tragen. Um daher diesen gefährlichen Prophezeiungen aus dem Weg zu gehen, beschwöre ich Euch, eiligst zurückzukehren und meiner Seele wieder zu ihrer philosophischen Fassung zu verhelfen. Es würde mich nämlich sehr ärgern, wenn Ihr mich bei Eurer Rückkehr statt in meinem Arbeitszimmer in einer Kirche fändet: Hier ruht, Monsieur,

Euer Diener

Zu einer Genesung

Monsieur,

Ihr gestattet mir doch wohl, jetzt über Euer Fieber zu scherzen, da es nun Fersengeld gegeben hat. Meiner Treu! Ich wundere mich, wie jenes es überhaupt wagen konnte, einem so kühnen Kavalier wie Euch den Fehdehandschuh hinzuwerfen. Trotz einiger Heldentaten, deren es sich am Anfang seiner Laufbahn rühmen konnte, habe ich seine schmähliche Niederlage vorausgesehen; indessen glaubte Euch jedermann schon im Elysium und einige, die nicht zu Euren besten Freunden zählen, streuten aus, Ihr seiet bereits in der abscheulichen Stadt eingetroffen, deren Vororte Ihr noch nicht einmal erreicht hattet. Es wundert mich in der Tat, daß Ihr, ein Mann, der immer den leichtesten Weg einschlägt, mit solcher Überstürzung die Flucht ergrifft, als Ihr nur einen Schritt zu machen hattet von Eurem Zimmer zur Kapelle, in der Eure Vorfahren ruhen. Gleichwohl werde ich Eurem kühnen Herzen zum Trotz behaupten, daß Ihr klug und umsichtig gehandelt habt: Das Quartier ist nicht gut, der Wirt dort wechselt die Bettlaken nicht, und obwohl das Bett da so fest steht, daß es nur von einem Erdbeben erzittert, ist das Zimmer kalt; man holt sich ein Gliederreißen, ein immerwährendes Fasten wird eingehalten, und obgleich einem nach flämischer Art das Bier bis über die Augen steht, wird da nur Weihwasser getrunken. Zu guter Letzt hätten Sie da keine vernünftige Menschenseele vorgefunden, weder vom einen noch vom anderen Geschlecht, denn es werden Männer nur aufgenommen, wenn sie ihren Geist aufgegeben haben. Und die Frauen, obwohl sie an diesem Ort eine gute Eigenschaft besitzen, die ihnen hier abgeht, nämlich die

Schweigsamkeit, sind dafür so häßlich, daß die Schönste unter ihnen noch stumpfnasig ist. Wie hochherzig wir Euch auch einschätzen, laßt es Euch doch nicht gereuen, das Privileg der Normandie so füglich genutzt zu haben. Die Schatten dort sind nicht so zauberhaft wie die in Euren überwachsenen Alleen, und ich versichere Euch, daß Ihr in weniger als einem Augenblick eine so lange Reise gemacht hättet, daß Ihr vor der Auferstehung nicht wieder zurück gewesen wärt. Ich selbst aber hätte hierzulande niemanden gefunden, der es übernommen hätte, Euch von mir auszurichten, ich sei, Monsieur,

Euer Diener

DIE SATIRISCHEN BRIEFE
DES
HERRN CYRANO DE BERGERAC

Wider einen Feigling

Monsieur,

ich weiß, Ihr seid zu klug, um jemals zu einem Duell zu raten, deswegen erbitte ich Eure Ansicht zu meinem Entschluß, ein solches auszutragen, denn schließlich wäscht man die befleckte Ehre (wie Sie wissen) nur mit Blut rein. Gestern wurde ich Schafskopf genannt, und man erdreistete sich, mir höchstselbst eine Maulschelle zu verpassen. Wahr ist auch, daß es in einer sehr ehrenwerten Gesellschaft stattfand. Gewisse Dummköpfe in Sachen Händeleien meinen nun, ich müsse sterben oder mich rächen. Mein Herr, sagt mir, Ihr als mein bester Freund, den ich für zu klug halte, mich zu irgendeiner grausamen Handlung anzustiften: Bin ich denn nicht schon zur Genüge von der Zunge und der Hand dieses Feiglings mißhandelt worden, um nicht auch noch seinen Degen reizen zu müssen? Denn obgleich ich betrübt bin, daß man mich einen Schafskopf genannt hat, wäre ich doch noch ärgerlicher, würfe man mir vor, verstorben zu sein. Wäre ich in einem Grab eingeschlossen, könnte er nach Gutdünken und ruhigen Gewissens meinen Mut schmähen. Tue ich nicht besser daran, am Leben zu bleiben, damit ich immer gegenwärtig bin und ihn züchtigen kann, wenn mir seine Dreistigkeit Grund dazu gibt? Diejenigen, die mir zur Tragödie raten, übersehen unweigerlich, daß er sich über meine Kühnheit lustig machen wird, wenn ich darin die Katastrophe darstelle. Töte ich dagegen ihn, wird man glauben, ich hätte ihn aus dem Leben gejagt, weil ich nicht wagte, zu bleiben, solange er auch hier herumläuft. Wenn ich ihm seinen Raufdegen wegnehme, wird es heißen, ich fürchtete, er bliebe bewaffnet; und wenn es unentschieden ausgeht, wozu soll man sich dann der Gefahr des Todes, dem größten aller Unglücksfälle, aussetzen, um doch zu keiner Entscheidung zu gelangen? Und hätte ich selbst von Mars Brief und Siegel darauf, aus diesem Kampf ehrenvoll hervorzugehen, könnte sich dieser Mensch zumindest rühmen, mich zu einer ausnehmenden Torheit veranlaßt zu haben. O nein, ich ziehe nicht vom Leder. Wer sich seines Gegners durch den Tod entledigt oder sich mit dessen Hilfe selbst von ihm entfernt, der fürchtet ihn. Was mich angeht, so ist mir nicht bang, wenn er dort weilt, wo ich bin. Er hält sich zugute, niemals die Parzen gefürchtet zu haben; wenn ihm daran liegt, daß ich das glaube, dann soll er sich doch umbringen. Ich werde sechzig oder achtzig Jahre lang alle Weisen aufsuchen, um zu erfahren, ob er gut daran tat, und wenn man es mir bestätigt, werde ich versuchen, um so länger zu leben, weil ich für den Rest meiner Tage Buße tun will für meine Feigheit. Vielleicht findet Ihr dies Betragen recht sonderbar bei einem so beherzten Mann, wie ich es bin. Aber, Monsieur, rundheraus gesagt, ich finde dies Leben so herrlich, daß ich mich lieber an meine Karten halte, als sie neu zu mischen und ein schlechteres Blatt zu bekommen. Dieser Meister Großmaul möchte vielleicht bald sterben, um es frühzeitig los zu sein, ich aber bin furchtloser, ich versuche lange zu leben, auf die Gefahr hin, lange in der Erwartung des Todes zu stehen. Glaubt er denn, sich sehr zu empfehlen, wenn er seinen Verdruß darüber zu erkennen gibt, nicht erneut in die Nacht, seine erste Heimstatt, eingehen zu können? Hat er Angst vor der Sonne? Ach, der arme Ochsenkopf, wüßte er, welch häßliche Sache das Sterben ist, wäre er nicht in solcher Hast. Ein Mann, der sein Leben vor dem dreißigsten Jahr in Gefahr bringt, vollbringt keine Großtat, weil er damit nur zeigt, daß er es nicht kennt. Wenn er es aber ab diesem Alter aufs Spiel setzt, behaupte ich, ist er versessen darauf, es zu tun, weil er es kennengelernt hat. Was mich angeht, so finde ich das Tageslicht sehr schön und möchte gar nicht unter der Erde ruhen, weil man da nicht einen Funken sieht. Er soll sich indes über diese Zurückweisung nicht in die Brust werfen, denn ich möchte ihn gerne wissen lassen, daß mir ein Todesstoß geläufig ist, der selbst einen Zauberriesen fällt, weswegen ich mich nicht schlagen möchte, fürchte ich doch, man möchte ihn mir ablernen. Es gibt aber noch hundert andere Gründe, die mich vor dem Duell zurückschrecken lassen. Sollte ich mich aufs freie Feld begeben, um, niedergemäht wie die anderen Gräser, mich möglicherweise von da für die Fahrt in jene andere Welt einzuschiffen? Ach nein! Darauf warten doch meine Gläubiger nur, um mich des Bankrotts zu bezichtigen. Oder glaubt der etwa gar, er könne mich zu Kreuze kriechen lassen, wenn er mir nur erst das Leben genommen hätte? Im Gegenteil, ich würde noch viel schrecklicher werden und bin sicher, vierzehn Tage später könnte er mich nicht anschauen, ohne daß ich ihm Angst einjagte. Wenn er jedoch auf den Ruhm hofft, mich mit bewaffneter Hand umgebracht zu haben, dann erlaube ich ihm – vorausgesetzt, ich befinde mich wohlauf –, sich überall zu rühmen, mein Henker zu sein; ohnehin wäre der Ruhm, wenn er mich getötet hätte, nicht sehr groß, eine Handvoll Gift hätte es genausogut getan. Vielleicht glaubt er, ich sei von der Natur sehr benachteiligt, weil sie mir Mut vorenthielt. Dann soll er wissen, daß uns die Natur nicht übler mitspielen kann, als das Geschick gegen uns ins Feld zu führen, und daß der kleinste lebendige Floh mehr wiegt als Alexander der Große im Tode und daß ich mich zu guter Letzt unwürdig fühle der traurig triefenden Weihefackeln über meinem Grabeswappen. Ich mag wahrhaftig, daß man mir mit allen Vorzügen eines Schöngeistes schmeichelt, ausgenommen dem eines glücklichen Angedenkens, was mir aus gewissen Gründen unerträglich ist. Noch ein anderer Grund verbietet mir den Kampf: Ich habe meinen Grabspruch verfaßt, dessen Pointe sehr gut ist, vorausgesetzt, ich lebe hundert Jahre, und ich würde den glücklichen Einfall zerstören, wenn ich wagte, jünger zu sterben. Hinzu kommt, daß ich jegliche Art von Krankheit hasse, und nichts ist der Gesundheit abträglicher als der Tod. Ist es denn nicht sehr viel mehr wert, sich zum Feigling zu mausern und nicht etwa zur Ursache von soviel Unheil zu werden? So sieht man uns also (stark in unserer Schwäche) nie erblassen, nie zittern, es sei denn aus Angst vor zu viel Mut. Dir aber, heilsame Feigheit, Dir weihe ich einen Altar und gelobe, Dir mit solcher Andacht zu dienen, daß ich - um heute noch zu beginnen - diesen Brief dem Mutlosen widme, dem gefestigtsten Deiner Kinder, aus Sorge, ein Mutiger, der ihn von mir erhielte, würde nur denken können, daß ich ihm zu Diensten sei, wegen der vier verächtlichen Worte, die man gezwungenermaßen ans Ende aller Briefe setzt: Ich bin, Monsieur,

Euer Diener

Wider einen Verleumder

Monsieur,

ich weiß wohl, daß eine niedrige Seele wie die Eure sich von Natur aus der Verleumdung nicht enthalten kann, daher ist es auch nicht Enthaltsamkeit, zu der ich Euch verurteilen will. Die einzige Gefälligkeit, die ich Euch abfordere, ist, mich so sanft zu zerreißen, daß ich mich stellen kann, als fühlte ich es nicht. Ihr mögt im übrigen erfahren, daß mir die ›Gazette des Lateinerviertels‹ zugetragen wird. Dankt Gott, daß er mir genügend Vernunft mitgegeben hat, weswegen ich nicht jedermann alles glaube, weil jedermann alles sagen kann, andernfalls ich Eurer Milzsucht ein wirksameres und kräftigeres Antidot gewußt hätte als langes Reden. Nicht, daß ich je menschenfreundliches Verhalten erwartet hätte von jemandem, der jede Menschlichkeit aufgegeben hat, ich konnte nur nicht glauben, daß Euer Hirn so insgemein auf den Sandbänken der Rhetorik gestrandet ist, daß Ihr es in der Philosophie zu einem Menschen ohne Kopf brachtet. Offen gesagt hätte man es sonderbar gefunden, daß sich in solch einem weiträumigen Leib Euer winziger Verstand nicht verliere, er hat aber ohnehin nicht lange überlebt. Auch habe ich sagen hören, daß Ihr schon seit geraumer Zeit nicht aus dem Leben scheiden könntet, ehe nicht Euer Hinscheiden im Ruf der Übernatürlichkeit Euch eine Heiligsprechung verschaffe. O ja, verlaßt nur diese Welt, wann immer es Euch gefällt, Ihr könnt einer Anrufung in unseren Litaneien sicher sein, wenn das Consistorium erfährt, daß Ihr gestorben seid, ohne den Geist aufgegeben zu haben. Doch tröstet Euch, dies bedeutet gleichwohl keine Verkürzung Eures Lebens. Die Hirsche und die Raben, deren Verstand vom Zuschnitt des Euren ist, leben vierhundert Jahre, und wenn Mangel an Geist der Grund für ihr langes Leben ist, dann müßt Ihr noch der Menschheit die Grabrede halten. Es ist wohl diesem rohen Trieb Eurer Natur zuzuschreiben, daß Ihr Euch Gold und Geschmeide wählt, um es mit Eurem Gift zu besudeln. Erlaubt mir denn, obgleich Ihr Anspruch darauf macht, von der Gewalt ausgenommen zu sein, die Gott den Menschen über die Tiere gegeben hat, daß ich Euch gebiete, Schmutzigeres zu bespeien als meinen Namen und Euch zu erinnern (denn ich glaube, Tiere Euresgleichen besitzen so etwas wie Erinnerung), daß der Schöpfer Eurer Spezies die Zunge nur zum Hinunterschlingen und nicht zum Sprechen gegeben hat. Merkt Euch das. Es ist der beste Rat, den Ihr bekommen könnt, denn trotz Eurer Mitleid erregenden Schwäche verpflichtet einen jene der Flöhe und Läuse, die uns zusetzen, auch nicht zur Nachsicht. Hör endlich auf zu beißen, Du Abbild der Gehässigkeit, denn obgleich gegen Schmähungen nicht überempfindlich, bin ich doch streng, wenn es dazu kommt, sie zu bestrafen. Nichts hemmt die Wirksamkeit des Helleborus, den man auf gut französisch Knüppel nennt, mit dem ich Euch, um Euch zu zeigen, daß ich Philosoph bin, was Ihr mir nicht glaubt, so frei von Groll züchtigen würde, daß ich, den Hut in der einen Hand und den Prügelstock in der anderen, Euch beim Zerhauen Eurer Knochen entböte, ich sei, Monsieur,

Euer untertänigster...

AN MADEMOISELLE *****

Mademoiselle,

wäre jedermann so wie ich gezwungen, Geld zu senden, um die Lektüre seiner Briefe zu erleichtern, dann hätten Balzac und seinesgleichen niemals geschrieben und die Blinden könnten lesen. Wie denn? Wenn die meinen nicht erhellt werden vom Widerschein einiger Goldlouisdor, dann seht Ihr da nur rätselhafte Zauberkringel, und obwohl ich sie aus dem Polexandre zog, kann ich sicher sein, für Euch Hebräisch geschrieben zu haben. Den Mund öffnen und die Lippen bewegen nach der Erfordernis unserer Sprache: Da versteht Ihr nur Arabisch. Um Französisch mit Euch zu reden, muß man nur die Hand aufmachen, daher wird meine Börse das einzige meiner Organe, mit dem ich Euch die schwierigen Bibelstellen erläutern und die Verse des Nostradamus so leicht verständlich machen kann wie das Paternoster. Kurzum: Mademoiselle, von Euch allein könnte man mit vollem Recht sagen: keine Kreuzer, keine Schweizer. Indes tröste ich mich leichthin über Eure Laune, denn solange Ihr Euch nicht ändert, bin ich ganz sicher imstande, den Teufel der Habgier aus Eurem Leib eher mit dem Kreuz einiger Pistolen als mit Weihwasser und Exorzismus zu vertreiben. Aber solche Niedertracht werfe ich Euch zu Unrecht vor, denn Ihr handelt solcherart ja ganz im Gegenteil aus edlen Motiven. Denn wenn Ihr häufiger unter dem Kreuz fallt als die Übeltäter Judäas, dann nur, weil Ihr in aller Frömmigkeit glaubt, daß die Gerechten Euch nie ungerechterweise um etwas bitten könnten und daß das Gold, dieses Symbol der Reinheit, Euch nur in lauterster Absicht gereicht wird. Ich glaube gar, daß Ihr nicht nur eine gute Christin, sondern eine noch bessere

Französin seid, da Ihr Euch vor allen niederlaßt, die Euch die Konterfeis unserer Könige vorweisen, und daß Ihr selbst mit der Euch eigenen beispielhaften Redlichkeit, die niemandem einen Gram zufügen möchte, so gewissenhaft bei der Zuteilung Eurer Gunst seid, daß Eure Küsse für zehn Pistolen inniger sind als die für neun. Diese Haushälterei mißfällt mir ganz und gar nicht, kann ich dabei doch sichergehen, mit meiner Börse in der einen Hand Euer Herz in der anderen zu halten. Mich ärgert indessen, daß Ihr dieses teure Bildnis, von dem Ihr früher schwörtet, es sei so tief in Euer Herz eingeprägt, mit Kopf und Kragen vor die Tür setzt, sobald es drei Tage sein Nachtlager nicht bezahlt. Was mich angeht, denke ich, habt Ihr die Definition des Menschen aus dem Auge verloren, denn all Eure Handlungen zeigen mir, daß Ihr mich nur für einen Geldesel haltet, glaubte ich doch nach Meinung des Aristoteles ein vernunftbegabtes Lebewesen zu sein. Aber ich sehe schon, ich muß mich damit abfinden, nicht mehr derjenige zu sein, der ich bin, sobald ich aufhöre, in meiner Tasche zu kramen. Ich bitte, ändert diese Laune, die Eurer Jugend so wenig zu Gesicht steht wie Eurer Großzügigkeit, mit der Ihr Euch rechtfertigt, denn es ist beschämend für Euch, mir um Lohn zu Diensten zu sein, Mademoiselle, bin ich doch

Euer Diener

Ein anderer

Monsieur,

mit der Zuneigung, die ich Euch entgegenbrachte und derer Ihr unwürdig seid, erwarb ich Euch das Verdienst, mein Feind zu sein: Hätten einst die Philister nicht durch Samsons Hand ihr Leben gelassen, wüßten wir heute nicht, daß es Philister auf Erden gab; sie verdanken ihrem Tod ihr Leben. Und hätten sie zehn Jahre später gelebt, wären sie dreitausend Jahre eher tot gewesen. Desgleichen erntet Ihr mir zum Ärger für Eure Niedertracht solchen Ruhm, habt Ihr mich doch gezwungen, Euch dafür zu bestrafen. Ich weiß wohl, daß man sagen wird, durch die Vernichtung eines Zwerges würde ich die Summe meines Lebens nicht gerade um den Stoff zu einem illustren Epitaph bereichern. Wenn man aber die Kehrseite des Paradoxon vorbehaltlos ansieht: Jener Marius, der in drei Schlachten drei Völkern eine Grabstatt bereitete, wurde nicht Feigling gescholten, als er auf die Frösche in dem Sumpf einhieb, in den er sich geworfen hatte. Und Sokrates galt nicht weniger als überragender Geist des Universums, als er die Flöhe zerquetschte, die ihn in seinem Kerker bissen. O nein, Zwerglein, glaubt nur nicht, Ihr wärt etwas anderes, versucht als das Nichts, das Ihr seid, demütig zu sein. Wenn Ihr heute noch so klein seid wie am Tage Eurer Geburt, so hat der Himmel das nur zugelassen – und das ist so wahr wie das Evangelium –, um zu verhindern, daß aus einem kleinen Übel ein großes werde. Schließlich und endlich: Ihr seid kein Mensch, was aber zum Teufel seid Ihr dann? Vielleicht eine Mumie, die irgendein Kobold in der Medizinischen Hochschule entwendet hat, um damit die Welt zu erschrecken. Was im übrigen nicht allzu unwahrscheinlich ist, denn wenn die Augen Spiegel der Seele sind, dann ist Eure Seele doch etwas sehr Häßliches. Dennoch brüstet Ihr Euch mit meiner Freundschaft: O Himmel, Du Rächer allen Irrglaubens, züchtige doch diesen mit Blitz und Donner. Ich hätte Euch also geliebt? Hätte Euch mein Herz dargebracht? Dann haltet Ihr mich für so verrückt, aus Nächstenliebe dem Teufel meine Seele zu schenken. Aber nicht nur mich allein habt Ihr verlästert. Die schmeichelhaftesten Lobreden aus Eurem Mund sind Satiren; und Gott selbst wäre Euch nicht entkommen, hättet Ihr ihn gekannt. Alles, was Atem holt und am Untergang von Ungeheuern Anteil nimmt, versuchte schon, von mir die Gunst zu erlangen, Euch zu töten, man ließ aber davon ab in der Gewißheit, Ihr fändet in mir allein

Eure Gegenpartei, Euren Richter
und Euren Henker

Gegen Soucidas

He! Tod und Teufel, Meister Galgenstrick, ich finde es reichlich unverschämt von Euch, am Leben zu bleiben, nachdem Ihr mich beleidigt habt: Ihr, der in dieser Welt für gar nichts steht, der höchstens Krätze ist am Steiß der Natur, der so tief fallen wird, wenn ich ihm meine Unterstützung entziehe, daß ein Floh auf der Erde ihn nicht vom Pflaster unterscheidet, Ihr seid so stinkend und schmutzig, daß man sich bei Eurem Anblick fragt, ob Eure Mutter Euch nicht durch den Hintern geboren hat. Wenn Ihr wenigstens geschickt hättet, mich um Zeit für ein Pater peccavi zu bitten, aber ohne Euch zu scheren, ob ich es billige, daß Ihr den morgigen Tag noch erlebt oder schon heute sterbt, besitzt Ihr die Dreistigkeit, zu essen und zu trinken, als wärt Ihr nicht schon tot. Ha! Ich verspreche Euch, Euch so mit Stumpf und Stiel auszurotten, daß es schon nicht mehr wahr sein wird, zu behaupten, Ihr hättet je gelebt. Ihr hofft wohl darauf, mich milder zu stimmen durch die Widmung einiger leidiger, gereimter Possen. Nein, nein, ich bin unerbittlich! Ich will, daß Ihr sterbt, und zwar auf der Stelle. Dann werde ich Euch, je nachdem, ob meine gute Laune mich barmherzig stimmt, wieder vom Tode auferwecken, damit Ihr meinen Brief lest. Und auch wenn Ihr mir eine Farce widmetet, um mein Wohlwollen zurückzugewinnen, so weiß ich doch, daß Dummheiten nicht zum Lachen reizen, wiewohl Ihr, um etwas wirklich Lachhaftes zu schaffen, nur ernsthaft sein müßtet. Eure Dichtung klingt zu sehr nach Fischmarkt, und das ist, wie ich glaube, der Grund, warum Euer Urteil des Paris keinen Absatz findet. Rettet Euch also, wenn Ihr auf mich hören wollt, vor

Pegasus' Hufschlägen hinter die Schranken des Gerichts, wo Ihr einen unbestechlichen Richter abgeben werdet, da Euer Urteil nicht verkäuflich ist. Im übrigen habe ich nicht nur von Eurem Buchhändler gehört, daß Ihr Verse knittelt. Das dachte ich mir schon, und es wäre auch ein großes Wunder gewesen, wenn aus solch verderbtem Menschen nicht völlig ungereimtes Gewäsch gekommen wäre. Allein schon bei Eurem Atem glaubt man, daß Ihr mit dem Tod unter einer Decke steckt, um Pestdünste zu verströmen. Auch die Moschuskügelchen verhindern nicht, daß Ihr bei aller Welt in sehr schlechtem Ruche steht. Ich errege mich gar nicht über diese Fäulnis, denn sie geht zu Lasten Eurer aussätzigen Eltern. Auch ist Euer Fleisch nichts anderes als unter der Sonne schrundig gewordene Erde, die dermaßen mit Mist gedüngt ist, daß Ihr heute, hätte alles, was da gesät wurde, Wurzeln geschlagen, einen Hochwald auf den Schultern trügt. Nach alldem wundere ich mich nicht mehr, daß Ihr dartut, man habe Euch noch nicht kennengelernt: Dem Versuch, Euch zu sehen, stehen in der Tat vier Fuß Dreck entgegen. Ihr seid mit solchem Anstand unter einem Misthaufen begraben, daß Ihr ein Ebenbild des armen Hiob darstelltet, fehlte Euch nicht eine Tonscherbe zum Kratzen. Meiner Treu, Ihr straft alle Philosophen Lügen, die sich über die Schöpfung lustig machen. Wenn es solche überhaupt noch gibt, so wünschte ich, daß sie Euch träfen, denn ich bin davon überzeugt, daß sie nach Eurem Anblick mühelos einsähen, daß der Mensch aus Dreck erschaffen wurde. Sie werden Euch predigen und sich Eurer eigenen Person als Exempel bedienen, um Euch von diesem unseligen Atheismus abzubringen, in dem Ihr verkommt. Wie Ihr wißt, spreche ich nicht nur so dahin, denn ich bin nicht der einzige, der Euch Gott bitten hörte, er möge Euch die Gnade erweisen, nicht mehr an ihn zu glauben. Ungläubiger Wicht, Gott würde sich nicht unterfangen, eine Tür geschlossen zu halten, wenn Ihr vor

Prügeln flieht, dann sollte er dafür auch nicht von Euch geleugnet werden! Ihr beginnt nur von neuem an ihn zu glauben, wenn Ihr etwas braucht, auf das Ihr fluchen könnt, wenn Eure gezinkten Würfel nicht Eurer Habgier entsprechend fallen. Ich gebe zu, Euer Schicksal ist nicht von der Art, daß Ihr einen Verlust geduldig hinnehmen könntet, denn Ihr seid bettelarm wie Diogenes, und das gesamte Schöpfungschaos würde kaum hinreichen, Euch satt zu machen, weshalb Ihr genötigt seid, so viele Menschen zu betrügen. Ihr findet in der ganzen Stadt keine Straße mehr, in der Ihr nicht auf Gläubiger träft; es sei denn, der König ließe Paris in die Luft bauen. Dieser Tage machte man Herrn von Turenne im Kriegsrat den Vorschlag, Euch in einen Mörser zu stecken und wie eine Bombe nach Sainte-Menehould zu schießen, um die Einwohner in weniger als drei Tagen durch Hunger zur Übergabe zu zwingen. Ja wirklich, ich glaube, diese Kriegslist wäre erfolgreich, weil ja selbst Eure Nase, die gewöhnlich nicht aus Vernunft handelt, diese arme Nase – Zufluchtsort und Opferaltar für Nasenstüber –, sich nur gen Himmel richtet, um Eurem ausgehungerten Mund zu entkommen. Und Eure Zähne? Alle guten Götter! Worauf lasse ich mich jetzt bloß ein – sie sind ja noch angsteinflößender als Eure Arme. Sie sind so lang und verfault, daß mich schaudert. Nun mag mir einer zwar vorhalten, ich würde einen Mann, der mich angeblich sehr schätzt, allzusehr foppen. Dann also, lustiges Äffchen, fleischgewordene Marionette, dann also wäre solches möglich? Aber, aber, Ihr fahrt auf bei diesem Spitznamen, wie ich sehe? Ach, fragt nur alle anderen, wie Ihr ihnen vorkommt, und Ihr werdet sehen, ob nicht alle Welt bestätigt, daß Ihr nur soviel mit dem Menschen gemein habt wie ein Pavian. Ich vergleiche Euch mit diesem kleinen Vierfüßer, nicht etwa, weil ich glaube, daß Ihr ebenso vernünftig denkt wie ein Affe. Nein, nein, Meister Hampelmann, denn wenn ich Euch betrachte, vom Fleische gefallen wie Ihr seid, dann kann ich mir vorstellen, daß Eure Sehnen hart genug sind, um bei jeder Eurer Bewegungen das Geknarre hervorzubringen, das Ihr Sprechen nennt, was auch untrüglich der Grund für Euer unaufhörliches Schwatzen und Zappeln ist. Aber da es sich ja nun einmal um Sprechen handelt, so habt doch die Güte, mir zu verraten, ob Ihr vermittels der Bewegung sprecht oder ob Ihr Euch vermittels des Sprechens bewegt. Das ist es, was die Vermutung nahelegt, daß all das Gelärme, das Ihr verursacht, nicht von Eurer Zunge kommt, denn eine Zunge allein könnte nicht einen Bruchteil von dem hervorbringen, was Ihr schwätzt, und da das meiste von Eurem Gerede so weit entfernt von aller Vernunft ist, müßt Ihr offensichtlich von einer Stelle Eures Körpers aus sprechen, die Eurem Gehirn nicht allzu nah ist. Kurzum, kleiner Gnom, Ihr seid so ganz und gar Maulwerk, daß ich annähme (wäre es nicht gottlos, Heiliges auf Weltliches anzuwenden), die Prophezeiung des heiligen Johannes galt Euch, als er schrieb, das Wort sei Fleisch geworden. Und in der Tat, wenn ich soviel schreiben sollte wie Ihr redet, dann müßte ich zur Schreibfeder werden, da dies aber nicht möglich ist, erlaube ich mir, Euch Lebewohl zu sagen. Adieu denn, Kamerad, ganz ohne Umstand, es würde Euch ohnehin keine Folge geleistet, wäre ich

Euer Diener

AN MONSIEUR DE V*****

Monsieur,

so viel verlorene Gunst des Schicksals durch den Verlust Eurer Freundschaft bringt mich schließlich dahin, zu bereuen, daß ich zu diesem Verlust so sehr beitrug, und bin ich in Ungnade gefallen, dann gestehe ich, daß ich es verdiene, weil ich nicht größere Sorge trug, mir sowohl Wertschätzung als auch Anblick eines Mannes zu erhalten, der noch die Geringsten seiner Besucher zu Grafen oder Marquis erhebt. Ihr macht Euch gewißlich, Monsieur, zum Vater vieler hoher Herren, die sich gar nicht dafür hielten, und ich merke langsam, daß ich unrecht daran tat, solcherart mein Glück zu versäumen, denn ich wäre möglicherweise bei diesem Spiel zu einem Fürstentum gekommen. Manche mißbilligen diese Eure verschwenderische Art, wissen aber nicht, daß der leidenschaftliche Wunsch nach einer Vermehrung des Adelsstandes Euch zu solch großmütigen Handlungen hinreißt. Und da Ihr keine Adligen im Fleische zur Welt bringen könnt, wollt Ihr es zumindest im Geiste. Die Euch bekannten Romanautoren vergeben ja wohl ganze Königreiche an solche, die oft noch nicht einmal zwei Morgen Land besaßen. Euer Talent ist dem Talente jener so ähnlich, daß Euch dasselbe Privileg zusteht. Es ist wohlbekannt, daß alle diese großen Autoren sich nicht besser als Ihr ausdrücken, weil Ihr ja ganz wie diese redet. In jedem Augenblick spuckt Ihr entweder Cassandre oder Polexandre aus, so unverdaut, daß man glaubt, in Eurem Mund unter den Worten das Papier hervorschauen zu sehen. Die Kritiker munkeln, daß der große Lärm, den Ihr überall erzeugt, kein Zeichen großen Geistes sei, daß leere Gefäße lauter hallten als volle und daß vielleicht aufgrund der Hohlrundung Eures Hirns, das mit lauter Nichts gefüllt ist, Euer Mund nach dem Beispiel der Grotte ohne Unterschied all der Töne, die ihn treffen, das Echo wiedergibt. Einerlei, tröstet Euch, der muß erst noch geboren werden, der das Mittel kennt, den Neid daran zu hindern, daß er die Tugend beißt, denn zugegeben, Ihr seid kein großes Genie, wie alle sagen, aber Ihr seid nichtsdestoweniger ein großer Mann. Wie denn? Ihr seid in der Lage, allein durch Euren Schatten ein ganzes Ballspielhaus zu verdunkeln, und es gibt niemanden, der von Eurer Größe sprechen hört und nicht glaubte, man erzähle eine Geschichte von einer Zeder oder einer Tanne. Andere, die Euch genauer kennen, schwören, daß Ihr von einem Menschen nichts als den Klang der Stimme hättet, und versichern, dem Hörensagen nach seiet Ihr eine hierher verpflanzte Eiche aus dem Hain von Dodona. Nicht auf meinen Rat hin urteilen sie so, ganz im Gegenteil, denn ich habe ihnen hundert Mal erklärt, daß es keinen äußeren Anhaltspunkt dafür gibt, daß Ihr eine Eiche seiet, weil auch die Klügsten zustimmen, daß Ihr nur ein Holzklotz seid. Ich meinerseits, der ich Euch länger kenne, behaupte, daß es völlig abwegig ist, sich Euch als Baum vorzustellen. Obwohl der überragende Teil Eurer ganzen Erscheinung (den man aufgrund seiner Lage Euren Kopf nennt) weder dem Verstand noch selbst der Wahrnehmung dient, glaube ich indessen nicht, daß er aus Holz ist, aber ich denke doch, daß er jeglichen Gebrauchs seiner Sinne beraubt wurde; und da eine menschliche Seele nicht groß genug ist, einen solchen Koloß von einem Ende zum anderen zu beleben, war die Natur gezwungen, die Höhenregion brachliegen zu lassen. Und gibt es irgendwo jemanden, dem unbekannt wäre, daß die Natur bei Unterbringung dessen, was man bei anderen Geist nennt, ihn in Eurem unmäßig großen Körper ziehen und längen mußte und es ihr dennoch nicht gelang, ihn bis zu Eurem Hirn reichen zu lassen? Eure Gliedmaßen selbst sind so gewaltig, daß man beim Hinschauen glaubt, Ihr hättet statt der Schenkel zwei Riesen unten am Bauch hängen, und Euer Mund ist so breit, daß ich bisweilen fürchte, Euer Kopf könnte hineinfallen. Wirklich, wäre es denn ein Glaubenssatz, daß Ihr ein Mensch seid, hätte ich guten Grund zu argwöhnen, um Euren Körper zu beleben, müßte man ihm die Weltseele eingeben. Ihr müßt in der Tat etwas sehr Umfassendes sein, wenn die ganze Gemeinde der Kleidertrödler damit beschäftigt ist, Euch einzukleiden. Oder aber, weil diese Leute auf Verkauf aus sind und nicht alle Straßen von Paris zum Markt führen können, so haben sie Euch mit ihrem Plunder beladen, damit der Markt durch alle Straßen von Paris spaziert. Übrigens braucht Euch solcher Vorwurf nicht zu beleidigen, ist er doch im Gegenteil schmeichelhaft für Euch, denn er macht deutlich, daß Ihr eine Person des öffentlichen Interesses seid, da die Öffentlichkeit Euch auf ihre Kosten einkleidet. Im übrigen verleihen Euch noch andere Dinge Gewicht. Ich sage sogar, ohne es auch noch in Rechnung zu bringen: So wie die Ägypter nach der Nilüberschwemmung aus der Dicke seines Schlamms auf die Höhe der Ernteerträge schlossen, so kann man von Eurer Leibesfülle auf die Anzahl außerehelicher Umarmungen in Eurer Vorstadt schließen. Und schließlich heißt es hinsichtlich des Baumes, mit dem ich Euch vorhin verglich, Ihr seiet ein solch fruchtbarer, daß kein Tag verginge, an dem Ihr nicht sprießtet. Ich weiß aber, daß diese Art Lästereien Euch überhaupt nicht erreichen und daß Eure Verleumder es gar nicht gewagt hätten, Euch diese Beleidigungen ins Gesicht zu sagen zu Zeiten, als die dritte Karte im Spiel noch Euer Portrait trug. Damals führtet Ihr eine Klinge, die Euch an diesen Lästerern gerächt hätte. Jedenfalls hätten sie Euch nicht wie heute der Schamlosigkeit beschuldigt in einer Lage, in der Ihr so oft die Farben wechseltet. Das sind, Monsieur, so gut wie alles Ammenmärchen, mit denen sie Eurem beklagenswerten Ansehen zu Leibe rücken: Ich hätte diesbezüglich eine längere Rechtfertigung verfaßt, aber das Ende des Papiers zwingt mich, zum Schluß zu kommen. Erlaubt mir also, daß ich hier ohne die gewöhnlichen Umstände Abschied nehme, weil die Herren, welche Ihr so geringschätzt und an deren Hochschätzung mir sehr liegt, denken könnten, ich sei der Lakai des Lakais des öffentlichen Ausrufers, wenn ich an den Schluß meines Briefes setzte, ich sei, Monsieur,

Euer Diener

Trost für einen seiner Freunde wegen des ewigen Lebens seines Schwiegervaters

Monsieur,

viel besser als ich es kann, wird Euch eines Tags die medizinische Fakultät vom Leben dieser Person befreien. Laßt sie immer gewähren, sie führt Streiche, die niemand pariert: Ihr antwortet mir jetzt wohl, er habe schon zehnfach den Zeitpunkt seines Todes verpaßt, die Parze erinnere sich seiner nicht mehr und sei seither schon so weit gelaufen, daß sie beschämt sei und zu faul, zurückzulaufen und ihn von so weit her abzuholen. Nein, nein, Monsieur, seid guter Hoffnung, bis er seine neunhundert Jahre, das Alter Methusalems, erreicht hat; aber wenn Ihr mit ihm sprecht, schimpft unablässig. Schreit, flucht, tobt bei ihm zu Hause, breitet Euch überall vor seinen Augen aus, und tut es auf eine Weise, daß er seines Lebens überdrüssig wird; ist es denn nicht auch Zeit, daß er anderen Platz macht? Wie denn? Artephius und die Kumäische Sybille haben ja verglichen mit ihm nur so getan, als lebten sie. Er wurde noch vor Erschaffung des Todes geboren, deshalb würde der Tod nicht wagen, auf ihn zu feuern aus Angst, er tötete seinen eigenen Vater. Und selbst wenn dies Bedenken ihn nicht hinderte, erlebt er ihn doch so altersschwach, daß seine Beine gar nicht die Kraft besäßen, ihn bis in die andere Welt zu tragen. Ich glaube, noch ein weiterer Grund hält ihn aufrecht: Der Tod, der kein Lebenszeichen mehr an ihm wahrnimmt, hält ihn eher für eine Bildsäule als für einen Lebenden und denkt, es werde die Pflicht sein oder die Zeit oder das Schicksal, die die Statue zu Fall bringen. Nach all dem, Monsieur, bin ich doch sehr erstaunt, Euch sagen zu hören, er sei dabei, den Reigen seiner Tage zu beschließen, wieder am Ausgangspunkt anzukommen und wieder Kind zu werden. Ach, Ihr macht Euch lustig! Kann ich mir doch nicht einmal vorstellen, daß er jemals ein Kind gewesen ist. Wie? Er ein kleiner Junge? Nein, nein, das war er nie, oder aber Moses hat sich in seiner Berechnung der Schöpfungsgeschichte geirrt. Wenn man indes alles so nennt, was gerade die körperlichen Verrichtungen eines Kindes vornimmt, stimme ich mit Euch überein, weil er ja in der Tat noch unwissender als selbst eine Pflanze sein muß, wenn er nicht zu sterben weiß, wozu ja alles Lebendige auch ohne Erzieher in der Lage ist. Ach, daß er dem Aristoteles nicht bekannt gewesen ist! Dieser Philosoph hätte den Menschen nicht als vernunftbegabtes Lebewesen definiert. Die Anhänger des Epikur, die darlegen, daß den Tieren Vernunft gegeben sei, müssen dieses hier ausnehmen. Wenn er wenigstens tatsächlich ein Tier wäre. Leider steht er aber in der Rangordnung der belebten Dinge nur wenig über der Artischocke und ein wenig unter der Schalenauster, so daß ich vermeinte, falls Ihr ihn nicht des Aussatzes verdächtigt, er sei das, was man das Sinnkraut nennt. Gebt also nur zu, daß Ihr zu Unrecht verdrossen seid über sein langes Leben, denn er hat ja noch gar nicht gelebt, er schlief nur, und so wartet doch zumindest, bis er sein Schläfchen beendet hat. Seid Ihr denn sicher, daß niemand ihm erzählt hat, der Schlaf und der Tod seien Brüder? Vielleicht macht er sich ein Gewissen daraus, nachdem er sich des einen (guten Gewissens) erfreut hat, auch noch mit dem anderen zu schaffen zu haben? Schließt indessen nicht daraus, ich wollte durch diese lange Reihe von Ausführungen nachweisen, daß die in Rede stehende Person ein einfältiger Mensch sei. Ganz und gar nicht, er ist nichts weniger als ein Mensch, außer daß er wie wir getauft ist, ein Privileg, das er mit den Glocken seiner Gemeindekirche teilt. Ich würde ja von diesem Leben bis zu meinem seligen Ende sprechen, um Euren Verdruß zu mildern, allein der Schlaf beginnt, meine Hand solchermaßen zu schwächen, daß mein Kopf Gesellschaft halber aufs Ohr fällt. Ah, meiner Treu, ich weiß schon nicht mehr, was ich schreibe: Adieu, guten Abend, Monsieur,

Euer Diener

Wider einen Gedankendieb

Monsieur,

daß unser Freund unsere Gedanken ausbeutet, ist ein Zeichen seiner Wertschätzung, denn er eignete sie sich nicht an, wenn er sie nicht für gut hielte. Wir sind nachgerade im Unrecht, darüber ungehalten zu sein, wenn er in Ermangelung eigener Kinder die unsrigen adoptiert. Insonderheit kränkt mich (Ihr wißt ja, ich bin von rachsüchtiger Natur und neige sehr zur ausgleichenden Gerechtigkeit), daß er seiner kümmerlichen Phantasie die guten Dienste zuschreibt, die ihm sein Erinnerungsvermögen leistet, und sich als Vater von tausend hochfliegenden Ideen bezeichnet, denen er im besten Fall als Hebamme diente. So wollen wir uns denn rühmen, Monsieur, besser als er zu schreiben, da er ja ganz so schreibt wie wir. Und lachen wir darüber, daß er in seinem Alter noch einen Schreiblehrer hat, denn schließlich fügt er uns kein anderes Leid zu, als daß er unsere Werke lesbarer macht! Wir sollten im Gegenteil mit allem Respekt so viele weise Morallehren annehmen, mit denen er dem Ungestüm unserer Jugend versucht Einhalt zu gebieten. O ja, sicher sollten wir dem mehr Glauben schenken und genausowenig daran zweifeln wie am Evangelium, weil jedermann weiß, daß dies alles Dinge sind, die er nicht erfunden hat. Wirklich, wer einen solchen Freund besitzt, unterhält gewissermaßen eine billige Druckerei. Ich stelle mir vor, wenn eines Tages nach seinem Tod seine Bücher inventarisiert werden, das heißt diejenigen, die seinem Genie zuzuschreiben sind, dann werden all seine Bücher nach Abzug dessen, was nicht aus seiner Feder stammt, trotz all seiner umfangreichen Manuskripte eine Bibliothek aus leeren

Blättern bilden. Unaufhörlich versucht er, sich die Nachlässe von Toten anzueignen, und glaubt zu erfinden, woran er sich nur erinnert. Auf diese Art liefert er aber nur einen billigen Nachweis für die edle Herkunft seiner Gedanken, schöpft er doch die ganze Antike nur aus einem einzigen Menschen, der noch am Leben ist. Er will dadurch aber auf Seelenwanderung schließen und zeigen, daß er die Gedanken des Sokrates nicht stehle, wenn er sich ihrer bediene, war er doch einst selbst dieser Sokrates, der sie dachte. Und ist sein Gedächtnis denn nicht gut genug, um über diesen Reichtum allein zu verfügen? Wie? Sein Gedächtnis ist so gut, daß er sich erinnert, was dreitausend Jahre vor seiner Geburt gesagt wurde. Was mich angeht, der ich ein bißchen besser wegkomme als die Toten: Erlangt doch von ihm die Erlaubnis, daß ich meine Gedanken datiere, damit die Nachwelt nicht im Zweifel sei. Einst gab es die Göttin Echo, dieser hier ist wahrscheinlich der Gott dazu, denn genauso wie sie sagt er nur, was andere gesagt haben, und wiederholt es so wortwörtlich, daß er anderntags beim Abschreiben eines meiner Briefe (er nennt das Verfassen) die allergrößte Mühe hatte, nicht »Euer Diener Beaulieu« ans Ende zu setzen, weil am Schluß des Briefes stand

Euer Diener de Bergerac

Zum selben Thema

Monsieur,

müssen wir nicht fürchten, nachdem wir diesen Menschen in Wallung gebracht haben, der ja die Trägheit selbst ist, daß man uns nächstens gar beschuldigt, das Meer auszuschöpfen? Dieser verwässerte Verstand murmelt unentwegt wie eine Quelle, ohne daß man verstünde, was er sagt. Ach, Monsieur, dieser Mensch läßt mich für das Ende der Zeiten gar Merkwürdiges voraussehen. Wenn er nämlich erst dann stirbt, wenn sein Gedächtnis am Ende ist, kommen die Posaunen der Auferstehung nicht mehr zum Schweigen. Diese einzige Begabung, die er besitzt, läßt für keine andere mehr Platz übrig. Dem gesunden Menschenverstand jagt er so hinterher, daß mir die Vermutung kommt, das Urteil am Jüngsten Tag sei uns nur verheißen worden, um Leuten wie ihm, die selber keine Urteilskraft besaßen, ein wenig davon zukommen zu lassen. Und um ganz aufrichtig zu sein, wer immer ihn in die andere Welt befördert, tut unrecht, denn sein Hinscheiden wird ohne Sinn und Verstand sein. Er redet aber so viel wie alle Bücher zusammen, und alle Bücher scheinen nur für ihn geredet zu haben. Er öffnet nie den Mund, ohne daß wir einen Diebstahl darin entdecken, und ist so daran gewöhnt, seine Plündereien ans Tageslicht zu befördern, daß man, selbst wenn er nichts sagt, den Eindruck hat, er raube den Stummen ihr Schweigen. Indessen sind wir rechte Prahlhänse, wir teilen uns ungerechterweise die Oberhand in diesem Kampf, da unser Geist dem seinen drei Begabungen entgegenzusetzen hat, wo er nur über eine verfügt. Deshalb herrscht in seinem Kopf eine große Leere, was man ihm nachsehen muß, denn es war der Natur nicht möglich, ihn mit dem Drittel einer vernunftbegabten Seele auszufüllen. Dafür läßt er ihn auch nicht ruhen, sondern hält ihn unentwegt damit beschäftigt, zu plündern. Und die großen Philosophen, die glaubten, sich durch die Armut, die sie öffentlich lehrten, vor Steuern und Abgaben geschützt zu haben, schulden ihm, bis hinab zum Ärmsten, jeder eine Rente von zehn Gedanken am Tag; und dieser Ideeneintreiber läßt keinen einzigen entwischen, dem er nicht, gemäß der Höhe seiner Einkünfte, die Wohlstandssteuer auferlegte. Mögen sie sich im Obskuren verstecken, er weiß sie zu finden und bringt ihnen Französisch bei. Dazu haben sie oft noch den Verdruß, ihre Werke zur Gänze beschlagnahmt zu sehen, wenn sie ihre Steuer nicht zu bezahlen vermögen. Er aber fährt in aller Ruhe fort mit seinen Räubereien, denn er weiß, daß Griechenland und Italien anderen Fürsten als dem unseren lehnspflichtig sind und er in Frankreich nicht gesucht wird für die Räubereien, die er bei ihnen beging. Ja, ich vermute sogar, er glaubt, bei den Heiden, weil sie unsere Feinde sind, nichts zu erbeuten, das ihnen nicht in einem gerechten Krieg genommen wurde. Das ist der Grund, Monsieur, warum uns jede Seite seiner Briefe wie eine Grabstätte der Lebenden und der Toten erscheint. Zweifelt daher nicht, daß am Ende aller Tage, wenn jeder wieder an sich nimmt, was ihm gehört, bei der Aufteilung seiner Schriften der letzte Streit unter den Menschen ausbrechen wird. Nachdem er fünf oder sechs Tage in unserer Gesellschaft auf der Lauer nach Gedanken lag, wird er sie, bestückt mit Geistesspitzen wie ein Stachelschwein, in seine Epigramme und Sonette stecken wie Nadeln in ein Nadelkissen. Gleichwohl brüstet er sich, es gäbe nichts in seinen Schriften, das ihm billigerweise nicht genauso gehöre wie Papier und Tinte, für die er bezahlt habe, daß die vierundzwanzig Buchstaben des Alphabets ihm wie uns gehörten und folglich auch ihre Verwendung, und da Aristoteles tot sei, könne er sich sehr wohl seiner Bücher bemächtigen, da ja seine Ländereien und Liegenschaften jetzt auch anderen gehörten. Wenn schließlich aber der Mantel auf seinen Schultern entdeckt wird, gibt er ihn als seinen eigenen aus und behauptet, nie andere als seine eigenen Einfälle in seinem Gedächtnis beherbergt zu haben. Deshalb ist es schon möglich, daß seine Schriften das Armenhaus sind, in das er meine aufnimmt. Solltet Ihr mich nun fragen, wie ich diesen Mann definiere, antwortete ich Euch, er sei ein Echo, das kurzatmig denkt und das stumm geblieben wäre, hätte ich nie gesprochen. Ich dagegen bin ein bemitleidenswerter Vater, der den Verlust seiner Kinder beweint. Und von seinen Reichtümern macht er wahrlich ganz großzügig Gebrauch, weil sie eher mir als ihm gehören. Wahr ist überdies, daß ich, wenn Feuer daran gelegt würde, beim Löschen nur mein eigen Gut rettete, weswegen ich auch meine Vorwürfe gegen ihn zurücknehme. Welchen Fehlers kann ich denn letzten Endes einen Unschuldigen bezichtigen, der nichts verbrochen hat oder, was auch immer er getan hat, es nur mir nachtat. Also tadle ich ihn nicht mehr, wir sind zu sehr befreundet, und ich war ihm jederzeit so verbunden, daß man nicht behaupten wird, er habe je an etwas gearbeitet, auf das ich kein Augenmerk gehabt hätte. Seine Werke waren einzig meine Gedanken, und wenn ich mit Nachsinnen beschäftigt war, erdachte ich, was er dann schrieb. Bitte seid also versichert: Alles, was ich oben dem Anschein nach seiner Bettelei zum Vorwurf machte, war nur auf die Bitte gerichtet, er möge seine lächerlichen Vergleiche unserer Väter unterlassen, weil das nicht der Weg ist, wie er vielleicht hofft, ein unvergleichlicher Schriftsteller zu werden, und weil es ja einen Hang zum Dieben verrät, wenn man bis auf die letzten Fetzen alles stiehlt und für alle Erlesenheit des Stils nur einige Wies, Ebensos und Dergleichen zur Verfügung hat. Wie? Sollte der Blitz in der Mittleren Luftregion nicht außerhalb seiner Reichweite, sollten die Wildbäche Thrakiens nicht schnell genug sein, um zu verhindern, daß er sie bis in unser Königreich ableitet und sie gewaltsam mit seinen Vergleichen verknüpft? Einziger Beweggrund für diese üble Beute scheint mir die Furcht dieses trägen Menschen zu sein, seine verwässerten Einfälle könnten verrinnen, weswegen er sie zu Sturzbächen zusammenzieht in der Hoffnung, sie versickerten nicht, oder er will seine kalten Bilder am Feuer von Blitzen und Donnern erwärmen. Aber schließlich wird er, ungeachtet meiner Bemerkungen, die wütigen Widerwärtigkeiten seines Planeten nicht überwinden, und da ihn der Hang zum Spitzbuben so verzehrt, sollte er doch zum wenigsten bei den guten Autoren stoppeln gehen. Welche Beute gedenkt er denn bei einem armen Schlucker wie mir zu machen? Er lädt sich doch nur Lappalien auf und verbringt dennoch Tag und Nacht damit, mich von Kopf bis Fuß zu fleddern, und das entspricht so den Tatsachen, daß ich Euch in all seinen Briefen Anfang und Ende der meinigen zeigen werde. Ich bin, Monsieur,

Euer
Diener

Wider einen Dicken

Schließlich und endlich, Dicker, habe ich Euch gesehen. Meine Augen haben große Wegstrecken auf Euch zurückgelegt, und an dem Tag, als Ihr in Eurem Fleische auf mich zustürztet, hatte ich Zeit, Eure Hemisphäre zu durchstreifen oder, um bei der Wahrheit zu bleiben, einige Bezirke davon zu entdecken. Erlaubt mir, da meine Augen nicht die Augen der Allgemeinheit sind, Euer Abbild der Nachwelt zu überliefern, die eines Tages froh sein wird, zu wissen, wie Ihr aussaht. Man soll also zuvörderst wissen, daß die Natur, die Euch einen Kopf auf den Rumpf gesetzt hat, nicht ausgesprochen einen Hals daran setzen wollte, wohl um ihn den Wechselfällen Eures Horoskops zu entziehen, daß Eure Seele so aufgebläht ist, daß sie einem ein wenig Dünneren gut und gern als Körper diente, und daß Ihr, was man bei Menschen Gesicht nennt, so tief unter den Schultern tragt und das, was man Schultern nennt, so hoch über dem Gesicht, daß Ihr einem heiligen Dionys gleicht, der seinen Kopf in den Händen hält. Und noch schildere ich nur die Hälfte dessen, was ich sehe, denn wenn ich meinen Blick auf Euren Wanst senke, dann kommt es mir vor, als erblickte ich in der Vorhölle alle Gläubigen im Schoße Abrahams, die heilige Ursula, die elftausend Jungfrauen in ihren Mantel hüllend, oder das Trojanische Pferd, gefüllt mit vierzigtausend Männern. Aber nein, ich täusche mich, Ihr seid noch etwas viel Größeres, ich habe mehr als genug Grund zu der Annahme, daß Ihr eine Geschwulst in den Eingeweiden der Natur seid und ein Zwillingsgestirn der Erde. Ach! Ihr öffnet nie den Mund, ohne daß man sich an die Sage von Phaëthon erinnert, in der die Erdkugel redet.

O ja, die Erdkugel. Und ist die Erde ein Tier, dann halte ich dafür, da Ihr gleich ihr kugelrund seid, Ihr seid ihr männliches Gegenstück, und sie sei gerade kürzlich mit Amerika niedergekommen, mit dem Ihr sie geschwängert hättet. Na? Also, was sagt Ihr zu dem Porträt? Ist es ähnlich geworden, obwohl es nur ein Entwurf ist? Habe ich nicht unseren Nachkommen durch die Beschreibung Eurer Fleischkugelgestalt, deren Glieder alle so rund sind, daß jedes einen Kreis bildet, und durch die allumfassende Rundheit Eures Schmerwanstes angezeigt, daß Ihr keiner seid, der krumme Wege geht, da Ihr so gleichmäßig dahinwalzt? Wären die, die Euch mit Armut drohen, besser der Lüge zu überführen, als wenn man ihnen vor Augen führt, daß Ihr immer fortwälzen werdet? Und wäre es endlich möglich, einsichtiger zu verkünden, Ihr seiet ein Wunder, halten doch die Leute, die Ihr seht, Euch wegen Eures Fettbauches für eine Kalbslende, die auf ihren Speckschnitten einherstolziert. Vermutlich werdet Ihr mir einwenden, weder eine Kugel, ein Erdball noch ein Fleischbatzen seien in der Lage, Theaterstücke zu verfassen, und Ihr hättet mit der schönen Dido auf Venedigs Bühnen triumphiert. Aber unter uns: Ihr wißt ja, wo der Hase im Pfeffer liegt, niemand in Italien, dem unbekannt wäre, daß es mit dieser Tragödie geht wie mit den fremden Federn, mit denen man sich schmückt, denn Ihr kanntet sie schon auswendig, bevor Ihr sie verfaßtet, da sie aus der Aminta, Guarinis Pastor fido, vom Cavaliere Marini und von hundert anderen stammt. Man kann sie das Stück der Stücke nennen, und so wäret Ihr nicht nur ein Erdball, eine Kugel und ein Batzen Fleisch, sondern auch ein Spiegel, der alles aufnimmt, was man ihm vorhält, nur daß Ihr zu wenig zeigt, wem Ihr verpflichtet seid. Nur munter! Gesteht, und ich werde nicht mehr davon sprechen. Ganz im Gegenteil, zu Eurer Entschuldigung werde ich aller Welt bekanntgeben, daß Eure Königin von Karthago ein aus allen möglichen Wesen zusammengesetzter Korpus sein muß, weil sie aus Afrika stammt, woher alle Ungeheuer kommen. Und hinzufügen würde ich noch, daß dieses Stück den Adligen jener Republik so gefiel, daß alle Welt es nach dem Beispiel der Schauspieler spielte. Vielleicht werden ein paar Ungebildete wegen der Gedankenarmut darin schließen, Ihr hättet bei seiner Verfertigung an nichts gedacht. Alle Gebildeten aber verstehen, daß Ihr, um Unklarheiten zu vermeiden, all die schönen Dinge darin recht ins helle Licht gerückt und nichtsdestotrotz dargetan habt, daß von der Nessel bis zur Tanne, will sagen von Tasso bis zu Corneille alle Dichter mit Eurem Kind niedergekommen sind. Daraus könnten sie nur folgern, daß eine gewöhnliche Seele nicht groß genug war, um Eure Masse von einem Ende zum anderen zu beleben, weswegen Ihr von der Seele der ganzen Welt erfüllt wurdet und heute durch das Gehirn aller Menschen denkt und schafft. Dennoch gestehen jene Euch bei weitem nicht zu, daß Ihr geistig tätig seid, sie behaupten sogar, es sei nicht möglich, daß Ihr der Sprache mächtig seid, und wenn Ihr sprächt, dann wie die Sibylle in ihrer Höhle: Sie sprach, ohne davon zu wissen. Aber obwohl die Dünste, die aus Eurem Munde aufsteigen, oder besser aus Eurem Spundloch, genauso betäubend sein können wie jene, die aus der Grotte aufstiegen, erblicke ich nichts Prophetisches darin. Deswegen vermute ich, Ihr seid höchstens die Höhle der Siebenschläfer, die durch Euren Mund schnarchen. Aber gute Götter! Was sehe ich! Ihr erscheint mir noch mehr aufgebläht als gemeinhin. Dient Euch der Zorn als Klistierspritze? Schon gehen Eure Beine und Euer Kopf durch Aufblähung in den Umfang Eures Globus ein, daß Ihr nur mehr ein Ballon seid. Vielleicht denkt Ihr, daß ich mich lustig mache. Meiner Treu: Ihr habt es erraten, und das Wunder, daß eine Kugel die Zielmarke erreicht hat, ist so groß nicht. Ich kann Euch sogar versichern, wenn Stockschläge schriftlich verpaßt werden könnten, dann würdet Ihr meinen Brief mit den Schultern lesen. Und staunt nicht über meine Vorgehensweise, denn die unermeßliche Ausdehnung Eurer Rundung überzeugt mich, daß Ihr eine Länderei seid, auf der ich herzlich gern Knüppelholz anpflanzte, um zu sehen, wie es da gedeiht. Meint Ihr also, weil ein Mann Euch in vierundzwanzig Stunden nicht zur Gänze durchprügeln und Euch nicht in einem Tag ein Schulterblatt zerhauen kann, daß ich mich für Euren Tod auf den Henker verlasse? O nein. Ich werde selbst Eure Parze sein, und es wäre schon längst aus mit Euch, wenn ich von meinem Milzleiden geheilt wäre, für dessen Bekämpfung die Ärzte mir noch vier oder fünf Prisen Eurer Flegeleien verordnet haben. Sobald ich aber Schluß mache mit diesen Bagatellen und des Lachens müde bin, werde ich verhindern, seid dessen versichert, daß Ihr Euch weiter zu den belebten Dingen zählt. Gott befohlen, es ist vollbracht. Ich hätte meinen Brief in der gewöhnlichen Art und Weise beendet, aber Ihr hättet doch nicht geglaubt, Dickwanst, ich sei der ergebenste, gehorsamste und wohlaffektionierte

Diener des Strohsacks

Gegen Scarron

Monsieur,

Ihr fragt mich nach meiner Beurteilung dieses Fuchses, dem die Trauben, an die er nicht heranreicht, zu sauer erscheinen. Ich denke, so wie man zur Erkenntnis einer Ursache durch ihre Wirkungen gelangt, so brauchen wir, um die geistige Stärke oder Schwäche dieses Mannes kennenzulernen, nur einen Blick auf seine Werke zu werfen. Ich drücke mich aber sehr mißverständlich aus, wenn ich von seinen Werken spreche, denn er hat nie etwas anderes gekonnt als zu zerstören, der beste Beweis ist der Gott der Dichter Roms, den er dieser Tage wieder kindisches Zeug faseln läßt. So gestehe ich Euch denn, da Ihr aus gegebenem Anlaß meine Ansicht wünscht, daß ich nie etwas Lächerliches ernsthafter und nie etwas Ernsthaftes lächerlicher fand als seinen Fall. Das Volk lobt ihn, daraus mögt Ihr Eure Schlüsse ziehen. Das bedeutet indes nicht, daß ich seine Entscheidung, diesen spöttischen Stil zu pflegen, schätzte; wer so schreibt wie er, macht sich über jedermann lustig. Mögen seine Anhänger lauthals seinen Ruhm verbreiten: Er gehe in seiner Arbeit einen Weg, auf dem er keinen Vorgänger habe; das gestehe ich ihnen zu, aber Hand aufs Herz: Ist es denn in Wirklichkeit nicht leichter, eine Äneis von Vergil im Stile Scarrons zu schreiben als eine Äneis von Scarron im Stile Vergils? Ich jedenfalls meine, eine verärgerte Kröte am Fuße des Parnaß quaken zu hören, wenn er sich daran macht, Apollons heilige Kunst zu schänden. Jetzt werdet Ihr mir vorhalten, ich behandle diesen Schriftsteller ein wenig zu hart, wenn ich ihn zum Insekt herabwürdige. Da Ihr mich aber nötigt, sein Bild zu zeichnen, wüßte ich nicht, da ich ihn nie gesehen habe, wie ich anders verfahren sollte, um ihn zu malen, als der Darstellung zu folgen, die mir alle seine Freunde gegeben haben. Nicht einer unter ihnen, der nicht zustimmte, daß er, ohne gestorben zu sein, kein Mensch mehr und nur noch äußere Form ist. Woran aber sollten wir ihn erkennen? Alles an ihm läuft dem gesunden Menschenverstand zuwider, und er ist an einem Punkt der Unvernunft angelangt, wo er Wort- und Sprachwitz aus den Werken verbannen möchte. Wenn er beim Lesen durch einen unglücklichen Umstand auf einen stößt, dann sollte man nach dem Entsetzen, das ihn ergreift, annehmen, er habe einem Basilisken ins Auge gesehen oder sei auf eine Natter getreten. Würde es auf Erden nur die Stachelspitzen von Disteln geben, so hätten sie ihm schon nicht mißfallen, nach der Gestalt zu urteilen, die die Natur ihm verlieh. Denn unter uns gesagt, wenn er sich stellt, als fühle er den Stich eines Witzes, kann ich nicht umhin zu glauben, er tue das nur, um uns davon zu überzeugen, er sei nicht aussätzig. Aber aussätzig oder nicht, ich ließe ihn in Ruhe, wenn er nicht der Dummheit Siegeszeichen errichtete, indem er sie durch sein Beispiel noch unterstützt. Wie denn! Dieser gute Herr möchte, daß man nur das schriebe, was man gelesen hat, als wenn wir heute nur Französisch sprächen, weil man vor Zeiten Latein gesprochen hat, und hält nur den für vernunftbegabt, der in Lettern gegossen ist! Daher sind wir der Natur sehr zu Dank verpflichtet, daß sie ihn nicht als ersten Menschen zur Welt kommen ließ, denn unzweifelhaft würde er nie gesprochen haben, wenn er zuvor Iahen gehört hätte. Wahr ist, daß er, um seine Gedanken verständlich zu machen, sich einer Art Idiom bedient, das jedermann darüber zum Erstaunen bringt, auf wie viele Arten die vierundzwanzig Buchstaben des Alphabets zusammengesetzt werden können, ohne daß es irgend etwas bedeutet. Ihr werdet mich jetzt nach meinem Urteil über diesen Mann fragen, der unaufhörlich redet, ohne etwas zu sagen. Ach, Monsieur, ich habe leider gar keines. Es sei denn, daß sein Übel recht verwurzelt sein muß, daß er nach mehr als fünfzehn Jahren Speichelfluß noch nicht davon geheilt ist. Was aber sein Gebrechen angeht, so hält man es für ein Wunder dieses heiligmäßigen Mannes, daß er erst Geist besitzt, seit er daran erkrankt ist, und hätte seine Krankheit nicht seine Gemütsverfassung durcheinandergebracht, würde er das Zeug zu einem großen Narren haben, und nichts kann Mnemosyne die Druckerschwärze wegwischen, mit der er ihr seinen Namen ins Gesicht geschmiert hat, wenn schon Quecksilber und Schwitzkur damit nicht fertig wurden. Die Spötter fügen noch hinzu, er lebe nur durch das Sterben, weil er das neapolitanische Übel, das ihn so teuer zu stehen kam und wodurch er in die Reihen der Schriftsteller aufrückte, täglich an die Buchhändler weiterverkauft. Aber sie sollen sagen, was sie wollen, er wird nie Hungers sterben, denn ich bin sicher, er kommt, vorausgesetzt, es fehlt ihm nicht an seinem Krankenstuhl, darin bis zu seinem Tode zu Stuhle. Hätte er seine Dichtungen genauso vor der Unnachsichtigkeit des Vergessens bewahrt, liefen sie nicht Gefahr, wie es der Fall ist, bald beigesetzt zu werden zwischen einem blauen Papiereinband, noch spricht die geringste Wahrscheinlichkeit dafür, daß dieses Sammelsurium von Kinder- und Ammenmärchen Scarrons Namen so viele Jahrhunderte verewigen wird wie die Geschichte des Äneas den Vergil. Mir scheint im Gegenteil, er täte besser daran, eine Verfügung vor Gericht zu erwirken, die allen Fischweibern geböte, immer das gleiche Kauderwelsch beizubehalten, weil zu befürchten steht, daß durch Einführung neuer Zweideutigkeiten anstelle der alten schon in weniger als vier Monaten nicht mehr klar wäre, in welcher Sprache er geschrieben hat. Aber, ach! Wer kann sich hienieden für seine Unvergänglichkeit im Andenken der Menschen verbürgen, wenn sie von der Wandelbarkeit ihrer Redensarten abhängt? Ich versichere Euch, diese Überlegung brachte mich mehrmals zu der Ansicht, daß die Pferde, die den Wagen seines Ruhmes ziehen, einige scharfe Worte und spitze Witze nötig hätten, um ihn zu befördern, wo nicht, sieht es mit seinem Ansehen so aus, als komme es nicht sehr weit, wenn es sich genauso schleppend wie er fortbewegt. Wie! Die Griechen verweilten kürzere Zeit vor Troja im Lager als er auf seinem. Wenn man ihn so ohne Arme und Beine sieht, würde man ihn (stünde nur seine Zunge still) für eine Herme auf dem Vorplatz des Todestempels halten. Er tut gut daran, zu reden, sonst hielte man es nicht für möglich, daß er am Leben ist, und ich müßte mich sehr täuschen, wenn nicht alle Welt sagte, nachdem man ihn unter dem Bogen so hat schreien hören, er sei eine hübsche Geige. Nun denkt nicht, Monsieur, daß ich ihm derart zu Leibe gehe, um mich mit dem Doppelsinn von Geige oder ähnlichem herumzuschlagen. Bei eingehender Betrachtung des Gerippes dieser Mumie kann ich Ihnen versichern: Sollte die Parze jemals Lust bekommen, eine Sarabande zu tanzen, nähme sie anstelle von Kastagnetten ein Paar Scarrons in die Hände oder sie legte sich zumindest ihre Zungen zwischen die Finger, um sie zu benutzen wie die Aussätzigen ihre Handklappern. Meiner Treu, da wir schon so weit gegangen sind, können wir geradesogut sein Porträt zu Ende führen. Ich stelle mir also vor (denn die Tiere, die man nicht für Geld gezeigt bekommt, muß man sich wohl vorstellen), sofern sich seine Gedanken in seinem Schädel formen, muß dieser sehr flach und seine Augen dürften riesengroß sein, wenn die Natur ihnen die gleiche Größe gegeben hat wie dem Riß, den sie ihm ins Hirn machte. Zu seiner Beschreibung gehört auch, daß ihm die Parze vor mehr als zehn Jahren den Hals umgedreht hat, ohne ihn erdrosseln zu können, und dieser Tage versicherte mir einer seiner Freunde, nachdem er seine verdrehten und an den Hüften versteinerten Arme betrachtet habe, sei er ihm vorgekommen wie ein Galgen, an dem der Teufel eine arme Seele gehenkt habe, und sei sogar zu der Vorstellung gelangt, daß es sehr wohl hätte sein können, daß der Himmel diesen stinkenden und verrotteten Kadaver belebt habe, um ihn für Verbrechen zu strafen, die er noch nicht begangen hatte, und seine Seele im voraus auf den Schindanger zu werfen. Im übrigen, Monsieur, mögt Ihr ihm bitte von mir zuraten, sich nicht über all diese Schmeicheleien zu erregen, durch die ich versuche, seine Gedanken von den grausamen Schmerzen, die ihn quälen, loszureißen. Es geschieht nicht in der Absicht, seinen Kummer noch zu verstärken. Aber es ist ja nicht leicht, alle die drängenden Wahrheiten im Herzen zu bezwingen. Schließlich, da ich eine Skizze seines unschön geformten Gesichts wiedergegeben habe, ist es denn nicht für jeden offensichtlich, daß er ein ziemlich hohler Mensch sein muß nach all der Zeit, in der die Ärzte damit beschäftigt waren, sein Gerippe zu heilen? Wer weiß überdies, ob Gott ihn nicht für den Haß bestraft, den er gegen alle hegt, die edel denken, angesichts seiner Krankheit, die unheilbar geworden ist, weil er zu lange versäumte, sich in die Hände von jemandem zu begeben, der klar denken kann? Ich bin überzeugt, daß dieser rasende Zerberus aus dem Grunde auch sein Gift gegen alle Welt verspritzt. Ich habe nämlich erfahren, daß ihm jemand ein Sonett zeigte mit der Bemerkung (die auf einer falschen Auskunft beruhte), es sei von mir, worauf er ihm einen solchen Blick zuwarf, daß jener genötigt war, es ungelesen zusammenzufalten. Sein Eigensinn wundert mich aber nicht weiter, wie könnte er das Werk wohlwollend ansehen, da er selbst den Himmel nur schief ansehen kann. Geschlagen mit drei Heimsuchungen lebt er nur auf Erden als ständige Warnung für die Menschen vor Gottes Strafe. Er, der voll Raserei und Verleumdung gegen den Purpur eines Kirchenfürsten zu schäumen wagte und bestrebt ist, das Antlitz eines Helden, der unter dem Schutz Ludwigs den Ersten Staat der Christenheit so glücklich lenkte, mit Schande zu bedecken. Kurz, alles Edle, Erhabene, Große und Heilige reizt dieses Ungeheuer in solchem Maße, daß er in seiner Mißgestalt als auch in seinem wilden Zorn den Anblick eines scharlachroten Hutes nicht erträgt, ohne rasend zu werden wie ein Puter, wiewohl das glorreiche Frankreich unter diesem Hut vor seinen Feinden behütet ist. Ihr könnt nun leicht beurteilen, ob seine Verachtung mir irgend wichtig ist und daß es einem kleinen Wunder gleichgekommen wäre, wenn mein Sonett, das allgemein als zart gilt, einem Pusteligen nicht zu glatt erschienen wäre. Ich stelle aber gerade fest, daß es ein wenig zu vertraulich von mir ist, Euch mit solch gemeinen Dingen zu unterhalten. Im übrigen rate ich Euch, seid's zufrieden und verzichtet auf die allerliebste Komödie, die Ihr erlebtet, wenn Ihr ihm meinen Brief zeigen würdet. Oder, besser noch, laßt Euch in der Sprache unterrichten, die Äsop sprach, um ihm das Französische zu erklären. Das ist nun ein Teil dessen, was ich Euch zu berichten hatte: Der andere besteht in dem Zusatz *Ich bin* mit dem Bedenken, das zu unpassender Zeit anzubringen, weil er allem Denken so feind ist, daß, fiele ihm dieser Brief eines Tages in die Hände, er überall herumschwätzte, ich hätte ihn ungeschickt geendigt, sollte er herausfinden, ich hätte versehentlich nicht ans Ende gesetzt: Ich bin, Monsieur,

Euer Diener

Ein anderer

Meister Jean,

mich verwundert sehr, daß Ihr auf der Kanzel der Wahrheit ein Gauklertheater aufführt, daß Ihr, anstatt Euren Pfarrkindern das Evangelium zu predigen, ihre Ohren mit hundert Schnurrpfeifereien füllt, daß Ihr die Dreistigkeit besitzt, Sachen daherzusagen, bei denen Trivelin unter seiner Maske erröten würde, daß Ihr, die Würde Eures Titels mißbrauchend, die schmutzigsten Lüste der Ausschweifung beschreibt unter dem Vorwande, sie zu tadeln, aber unter so ins einzelne gehenden Umständen, daß sie uns an die Opfer erinnern (wie abscheulich), die einst dem Priap gebracht wurden, dessen Priester der Kuppler war. Ganz bestimmt solltet Ihr, Meister Jean, Euer Amt mit weniger Skandalen ausüben, wenn Ihr ihm auch nur dadurch verpflichtet wärt, daß es Euch aus dem Elend, in dem man Euch geboren weiß, in den geistlichen Stand erhob. Wenn Ihr nicht genügend Kraft aufbringt, Eurer possenreißerischen Veranlagung zu widerstehen, so verstellt Euch zumindest, und wenn Euer Amt Euch verpflichtet, das Evangelium zu verkünden, damit wir daran glauben, dann tut doch zumindest so, als glaubtet Ihr selbst daran. Erlaubt, uns selbst zu hintergehen und unsere Vernunft zu blenden, damit wir nicht sehen, daß Ihr der Ketzerei anrüchig und entschlossen seid, dem Werwolf zum Trotz unsere Mysterien wie eine Posse vorzutragen. Läutet also nicht mehr die Glocken, um die Leute zu Eurer Predigt zu rufen, sondern steigt herab von der Kanzel der Wahrheit und klettert auf einen Eckstein an der Straßenkreuzung, nehmt eine Handtrommel, laßt ein Äffchen auf Euren Schultern hopsen, und, um den Mummenschanz in jeder Hinsicht zu vollenden, fahrt mit der Hand unter Euer Hemd, und Ihr werdet einen Hampelmann in seinem Schnappsack finden, denn niemandem wird es ein Ärgernis sein, daß Ihr den Gaffern die Zeit vertreibt. Ihr könntet wie ein Gaukler von den Heilkräften Eures Mithridats erzählen, Rosenkränze aus Balsamholz, Seifenkügelchen für die Galle und wohlriechende Salben feilbieten. Ihr könntet Euch sogar einen Vorrat an Brandsalbe anlegen, denn die Hexer des Landes haben mir geschworen, auf dem Schuldschein, den Ihr ausgestellt habt (Ihr wißt schon wem), gelesen zu haben, daß er an Weihnachten fällig wird. Ihr mögt zwar nicht mehr an Besessenheit glauben, es wird jedoch hinreichend deutlich an den Verzerrungen, in denen Eure körperliche Qual zum Ausdruck kommt, daß Ihr den Teufel im Leib habt. Trotz all Eurer Bemühungen, Euch durch eine üppige Phantasie und durch die Orte der Ausschweifung, die Ihr aufsucht, vom Höllenübel zu kurieren: Es ist uns einerlei, vorausgesetzt, Ihr hängt Euch nur an die Alten und Unfruchtbaren, denn die Ankunft des Antichrist ängstigt uns, und Ihr kennt die Prophezeiung. Aber Ihr lacht, Meister Jean, und glaubt doch an die Apokalypse wie an die Mythologie und behauptet, die Hölle sei ein Märchen, um die Menschen in Angst und Schrecken zu versetzen, so wie man die Kinder mit der Drohung erschreckt, sie vom Mann im Mond fressen zu lassen. Gebt Ihr zu, nicht Euresgleichen zu haben? So erklärt mir doch, ich beschwöre Euch, wie könnt Ihr gottlos und bigott in einem sein und mit Eurem Lebensfaden einen Stoff aus Aberglauben und Atheismus weben? Ha! Meister Jean, mein Lieber, Ihr werdet noch einmal sterben beim Tanzen zum Geläut der Kirchenglocken. Und wirklich, wenn man sich die Teilstücke ansieht, die in ihrer Gesamtheit die Symmetrie Eurer Glieder ausmachen, dann weiß man genug und braucht kein Orakel mehr, um sicherzugehen: Eure Haare noch aufrechter als Euer Gewissen, Eure (wie die Felder

der Beauce) von Furchen durchzogene Stirn, deren Falten, wie Schatten auf dem Zifferblatt einer Sonnenuhr, scharf hervortreten, die Augen unter dem Schutz Eurer buschigen Augenbrauen, die zwei jähen Abgründen am Rande eines Gehölzes gleichen, liegen so tief, daß Ihr uns nach Verlauf eines weiteren Monats mit dem Hinterkopf ansehen müßtet. Man glaubt, rotgerändert wie sie sind, zwei blutige Kometen zu sehen, was auch ganz wahrscheinlich ist, weil man ja weiter oben in Euren Augenbrauen Fixsterne entdeckt (die manche anders bezeichnen). Euer Gesicht liegt im Schatten einer Nase, deren Fäulnis Ursache ist, daß Ihr überall in sehr üblem Ruche steht. Selbst mein Schuster versicherte mir einmal, er habe Eure Backen für schwarzes Saffianleder gehalten. Ich habe mir sogar sagen lassen, die dünnsten Eurer Schnurrbarthaare dienten in Eurer Kirche mildtätigerweise als Weihwasserwedel. Das dürfte ungefähr das hieroglyphische Bild sein, aus dem Euer Horoskop besteht. Ich würde fortfahren, aber da ich Besuch erwarte, fürchte ich, keine Gelegenheit mehr zu haben, Euch am Schluß meines Briefes zu bestellen, was man im allgemeinen nicht dorthin setzt, nämlich, ich sei, weder jetzt noch zukünftig,

E. D.

Wider einen Pedanten

Monsieur,

ich staune, daß ein Holzklotz wie Ihr, der in seinem Gewand nur ein großer Karbunkel geworden ist, noch nicht rot glüht von dem Feuer, das in Euch brennt. Denkt wenigstens daran, wenn Euer böser Geist Euch gegen mich aufbringt, daß mein Arm nicht weit von meinem Kopf entfernt ist und daß nur Eure Schwäche und mein Edelmut Euch bisher schützten. Obwohl Eure Gesamterscheinung sehr verächtlich ist, würde ich mich ihrer entledigen, wenn sie mir lästig wird. Zwingt mich also nicht, mich Eurer Existenz zu erinnern, und wenn Ihr noch einen Tag länger leben möchtet, so ruft Euch ins Gedächtnis, daß ich Euch verboten habe, mich weiterhin zum Gegenstand Eurer Verleumdungen zu machen. Mein Name füllt eine grammatische Periode nur unvollkommen, und die Dichte Eurer vierschrötigen Masse könnte sie besser abschließen. Ihr spielt den Cäsar, wenn Ihr von Eurer Pedantenkanzel herunter als Scharfrichter über einhundert Schüler Eure kleine Monarchie unter dem Holzzepter seufzen hört, doch seht Euch vor, daß dem Tyrannen nicht ein Brutus erwächst; und obwohl Ihr für vier Stunden das Weltall über den Köpfen von Kaisern darstellt, ist Eure Herrschaft doch nicht so festgefügt, daß ein Läuten der Schulglocke sie nicht zweimal täglich vernichtete. Es heißt, Ihr brüstet Euch allerorten, Euer Gewissen und Seelenheil offenzulegen. Von Eurer Frömmigkeit will ich das glauben, aber um Euer Leben dafür aufs Spiel zu setzen, seid Ihr zu feige, das weiß ich, und Ihr würdet es nicht gegen das Reich dieser Welt ausspielen. Ihr betreibt ein Komplott zu meinem Untergang, aber das sind Bissen, die Ihr anderen vorschneidet. Ihr fändet es ganz zu Eurer Gemächlichkeit, vom sicheren Ufer aus einem Schiffbruch auf hoher See zuzusehen, während ich von einem scheinheiligen Schulfuchs einer Pistolenkugel ausgeliefert werde, von einem Schulmeister in sacris, der sich eigentlich exorzieren lassen müßte, wenn zum Beispiel das Bild einer Pistole auch nur in seinem Denken Platz griffe. Unmensch von einem Schulmeister! Welchen Anlaß habe ich Euch geliefert, daß Ihr mir soviel Übles wollt? Vielleicht stöbert Ihr alle Verbrechen durch, deren Ihr selbst fähig seid, und besinnt Euch deshalb darauf, mich der Gottlosigkeit anzuklagen, die Eure eigene Erinnerung Euch zum Vorwurf macht. Aber Ihr sollt wissen, daß ich etwas kenne, das Euch unbekannt ist, und das ist Gott, und eines der gewichtigsten Argumente, nach denen des Glaubens, das mich von seiner wirklichen Existenz überzeugte, war die Erwägung, daß ohne eine höchste und grenzenlose Güte, die im Universum herrscht, Ihr in all Eurer Schwäche und Bosheit nicht so lange ungestraft hättet leben können. Überdies kam mir zu Ohren, daß Ihr Euch durch einige kleine, den Euren ein wenig überlegene Werke trotz Eurer Furchtsamkeit zu diesen Zornesausbrüchen hinreißen ließt, mit denen Ihr gegen mich wettert. Aber tatsächlich, Monsieur, hadere ich mit meiner eigenen Vorstellungskraft, daß sie meine Satire beißender machte als Eure, obwohl die Eure doch eine Frucht ist, für die schon die glänzendsten Köpfe der Antike ihren Schweiß vergossen. Ihr solltet die Schuld der Natur zuschreiben und nicht mir, da ich nichts dafür kann. Wie sollte ich ahnen, daß es Euch beleidigt, wenn jemand geistvoll ist? Außerdem wißt Ihr, daß ich nicht im Leib der Stute war, die Euch empfing, um die Glieder und das Temperament, die an Eurer Pferdenatur mitwirkten, für die Menschheit herzurichten. Ich behaupte gleichwohl nicht, daß die Wahrheiten, die ich Euch verkünde, auf den Lehrkörper der Universität (dieser glorreichen Mutter der

Wissenschaften) zurückfallen, an deren Körper Ihr, falls Ihr überhaupt ein Glied ausmacht, allenfalls die Schamteile abgebt. Gibt es denn irgend etwas an Euch, das nicht mißgestaltet ist? Sogar Eure Seele ist schwarz, weil sie Trauer trägt über den Hingang Eures Gewissens, und Euer Gewand als ihr Trauerflor ist von derselben Farbe. Tatsächlich aber kann ein armseliger Griesgram wie Ihr die Wertschätzung nicht trüben, die den gelehrten Vertretern Eures Berufsstandes entgegengebracht wird. Und wenn Ihr desungeachtet in dem lächerlichen Dünkel befangen seid, der fähigste vor allen Lehrern der Universität zu sein, dann versichere ich Euch, lieber Freund: Falls Ihr in der Akademie der Musen der Größte seid, verdankt Ihr das keiner anderen Größe als der Eurer Gliedmaßen, und die größte Persönlichkeit Eurer Lehranstalt seid Ihr mit dem gleichen Recht, wie der heilige Christophoros der größte Heilige von Notre-Dame ist. Es ist ja nicht an dem, daß Ihr nicht etwa wohlverdient – befänden sich Justitia und Fortuna nur in Übereinstimmung – der Vorsteher von vierhundert Eseln wärt, die man an Eurem Kolleg unterrichtet: O ja, und ob Ihr es verdient! Und ich kenne keinen Scharfrichter, dem die Peitsche so gut anstünde wie Euch, noch jemanden, dem sie verdienter gebührte. Unter all den vielen weiß ich auch einen, der Euch für zehn Pistolen das Fell abgezogen hätte, und wenn Ihr auf mich hört, dann nehmt Ihr ihn beim Wort, weil zehn Pistolen mehr wert sind als das Fell eines Hornochsen. Aus all dem und den anderen Sachen, die ich Euch unlängst wissen ließ, mögt Ihr den Schluß ziehen, Doktorchen, daß das Schicksal Euch durch einen Brief gebietet, sich damit zufriedenzugeben, den Verstand der Pariser Jugend auf Euren Schulbänken zugrunde zu richten, ohne aber jemanden gängeln zu wollen, der weder die Herrschaft Monets noch des Thesaurus anerkennt. Indessen verletzt Ihr mich mit Euren spitzen Hörnern, ruft Euch Euer fürchterliches Abenteuer ins

Gedächtnis zurück und verfaßt einen Roman darüber, zu dessen Helden Ihr mich macht. Wer Euch entschuldigen will, weist der Natur die Schuld zu, die Euch in einem Land hervorbrachte, dessen erstes Erbteil die Dummheit ist, und aus einer Rasse, deren Geschichte mit den sieben Todsünden begann. Dann ärgere ich mich wirklich zu Unrecht darüber, daß Ihr versucht, mir all Eure eigenen Untaten unterzuschieben, denn Ihr seid in einem Alter, in dem Ihr Euer Hab und Gut vermacht. Bisweilen geratet Ihr offenbar, wenn Ihr die Zahl der Wüstlinge unseres Jahrhunderts überschlagt, in einen solchen Freudentaumel, daß Ihr Euch selbst in ihrer Reihe vergeßt. Es ist unnötig, mich zu fragen, wer mich auf diese stupide Unbildung hingewiesen hat, die Ihr geheimzuhalten glaubtet, dabei rühmt Ihr Euch ihrer und brüllt sie so laut durch Eure Klasse, daß jeder, vom Ersten bis zum Letzten, sie hören kann. Ich rate Euch indessen, Meister Pikarde, von nun an den Text Eurer öffentlichen Reden zu verändern, denn ich möchte Euch fürderhin weder sehen noch hören oder Euch schreiben, und der Grund dafür ist, daß Gott, der mir schließlich möglicherweise meine Verfehlungen verzeiht, mir nicht verzeihen wird, Umgang mit einem Vieh gehabt zu haben.

Wider die Fastenzeit

Monsieur,

Ihr mögt das Fasten heiligsprechen, wie Ihr wollt, ich bin aber nicht in der Andacht, dieses Fest zu feiern. Für mich ist es wie eine große Wunde im Körper des Jahres, durch die der Tod Einlaß findet, oder wie ein Kannibale, der von Menschenfleisch lebt, während wir nur Wurzelgemüse essen: Nachdem der Grausame erfahren hat, daß wir vom ersten Tag seiner Herrschaft an durch Feuer zugrunde gehen müssen, befürchtet er so sehr, es mißlänge ihm, uns zu vernichten, daß er die ganze Welt in Asche legt. Und um noch die Überbleibsel der Feuersbrunst zu beseitigen, läßt er Fischfluten bis in unsere Städte dringen. Jener Türke, der dem Sultan erzählte, alle Franzosen würden zu einem bestimmten Tag im Jahr verrückt, und erst wenn ein wenig von einem bestimmten Pulver auf ihre Stirn gestreut würde, kämen sie wieder zur Besinnung, war anderer Meinung als ich, denn ich behaupte, sie seien nie verständiger als an diesem Tag. Und hält man mir ihre Vermummungen entgegen, so antworte ich, sie verkleiden sich, damit das Fasten, das sie sucht, sie nicht finde: Und wirklich, es erwischt sie nie vor dem nächsten Tag im Bett, wenn sie die Masken abgenommen haben. Die vom Geist Gottes erfüllten Heiligen sind klüger als wir. Sie verkleiden sich auch, demaskieren sich aber erst am Ostersonntag, wenn der Feind vorüber ist. Es ist nicht an dem, daß der Rohling Mitleid mit uns hätte, er zieht sich nur zurück, weil wir jetzt so verändert sind, daß er selbst uns nicht mehr wiedererkennt und glaubt, uns mit anderen verwechselt zu haben. Ihr seht, wie bereits unsere Arme vom Fleische fallen, das Kinn spitz und die Wangen hohl werden, die Augen in ihre Höhlen sinken und der Euch bekannte Dickwanst auf seine Knie sehen kann. Die menschliche Natur ist fürchterlich anzusehen. Um es kurz zu machen: Sogar die Heiligen in unseren Kirchen machten uns angst, würden sie sich nicht verbergen. Und dann bezweifelt Ihr noch, ob je Märtyrer dem Rad, dem Feuerofen und dem kochenden Öl entronnen sind, wenn wir nach sechs Wochen so viele Menschen erblicken, die sich wohl befinden, nachdem sie das Wüten von sechsundvierzig Henkern ertragen haben, deren Gegenwart allein schon furchteinflößend ist. Den Fastnachtsdienstag, diesen großen Tag der Verwandlungen, stelle ich mir auch als einen reichen Erstgeborenen vor, der sich den Bauch vollschlägt bis zum Platzen, während sechsundvierzig jüngere Geschwister Hungers sterben. Nicht daß die Fastenregel kein wohlüberlegter Kunstgriff wäre, alle Narren einer Republik auszurotten, aber ich finde, den Fastentagen ist vorzuwerfen, daß sie so viele Kälber, die man in dieser Zeit ja nicht essen darf, auf einmal töten und den Märzwinden gestatten, aus der Richtung Roms solche widrigen Wogen von Seefisch heranzutreiben, die es möglich machen, daß wir uns auch nur zur Hälfte satt essen können. Ach! Monsieur, Ihr werdet keinen einzigen Christenmenschen finden, dessen Magen kein Pfuhl voller Frösche oder ein Gemüsegarten ist. Ich glaube, über dem Leib eines in der Fastenzeit Verstorbenen sieht man rote Bete, Zuckerwurz, weiße Rüben und Möhren keimen. Aber schlimmer noch: Hört man unsere Prediger, dürften wir selbst nicht aus Fleisch sein in dieser Zeit. Wie! Dieser unerbittliche Schmalhans begnügt sich nicht damit, unseren Körper zugrunde zu richten, sondern bemüht sich auch, unsere Seele zu verderben. Er hat die guten Sitten derart verdorben, daß wir heutigentags den Frauen unsere fleischlichen Anfechtungen offenbaren, ohne daß sie daran Anstoß nehmen. Sind das denn nicht Verbrechen, für die er aus einem wohlgeordneten Staatswesen verjagt gehörte? Er herrscht aber nicht erst seit unseren Tagen mit solcher Unverfrorenheit, schon Unser Herr starb ja im ersten Jahr seiner Herrschaft. Die Maschinerie der Welt kam dabei ins Stocken, und weil die Sonne solche langen Hungerzeiten nicht gewohnt war, erlitt sie am selben Tag einen Schwächeanfall und wäre nie wieder zu Kräften gekommen, hätte man nicht schleunig das Fasten eingestellt. O dreimal und viermal glücklich, wer an einem Fastnachtsdienstag stirbt, denn er ist gewissermaßen der einzige, der sich rühmen kann, ein ganzes Jahr ohne Fasten gelebt zu haben. O ja, Monsieur, wenn ich sicher wäre, dem Irrglauben jeden Karsamstag abschwören zu können, würde ich jeden Aschermittwoch Hugenotte werden. O, unsere Reformierten Patres sollten Gott schön bitten, daß der Papst nie mein Gefangener werde, denn obwohl ich ein recht guter Katholik bin, erhielte er seine Freiheit nicht wieder, bis er uns als Lösegeld alle Fleischtage, die er uns genommen hat, zurückgegeben hätte. Des weiteren verpflichtete ich ihn, den März als den Ganelon, der uns verrät, aus der Reihe der zwölf Monate zu tilgen. Es nützt gar nichts, zu entgegnen, er sei nicht immer gänzlich gegen uns, weil er doch stets die Füße oder den Kopf in Erbsbrei getunkt habe, daß er sich vom Reißen im Kopf nur durch die Gicht befreie und daß schließlich das Fasten sein Galgen sei, an dem er jedes Jahr am Hals oder an den Füßen aufgehängt werde. Ist er doch die Hauptursache der Übel, die uns unsere Feinde zufügen, weil er es ist, der sie beherbergt, während sie uns heimsuchen, und diese Heimsuchungen sind keine eingebildeten. Würden die Toten nicht am Reden gehindert durch die Erde, die ihnen auf dem Munde liegt, wüßten sie sehr wohl, was zu berichten wäre. Ich denke auch, man hat Ostern ganz absichtlich an das Ende des Fastens gelegt, denn denjenigen, die vom Fasten getötet wurden, fehlte nichts mehr als ein Auferstehungsfest. Wundert Euch also nicht, daß so viele Leute mit ihm Schluß machen; weil es so viele Menschen getötet hat, verdient es so recht, gebrochen zu werden. Trotz alledem, Monsieur, singt Ihr ein Loblied auf das Fasten. Ihr lobpreist das, was mich am Leben hindert, und ich erleide es, ohne zu murren. Ich bin wohl, Monsieur, tatsächlich

Euer
Diener

AN DEN MONSIEUR GOCKELHAHN

*Für Mademoiselle ******

Monsieur Gockelhahn,

Euer Hennlein bat mich, Euch dieses Hühnchen von ihr zu schicken. So viele andere, die Ihr von ihrer Hand erhieltet, waren nur aus Papier, dies hier aber, mit größerer Sorgfalt großgezogen, nuckelt, kräht und atmet, weil die Henne, entgegen dem üblichen Verhalten ihrer Spezies, es neun Monate bebrütete, bevor es schlüpfte. Man könnte dieses Küken für einen bartlosen kleinen Mann halten, und die ihm sein Horoskop erstellten, sagten ihm voraus, daß er eines Tages ein großer Herr in Rom würde, denn er brach zum ersten Mal sein Schweigen mit dem Wort Papa. Ich habe dem Kleinen wärmstens empfohlen, Euch Eure Undankbarkeit vorzuhalten und Euch zu beschwören, ins Nest Eurer liebenswerten Henne zurückzukehren. Zeigt Euch, obwohl er das nur in seiner Sprache tut, nicht hartherziger als der heilige Petrus, dem einstmals dieselbe Sprache genügte, um ihn zu Umkehr und Buße zu mahnen. Hört also auf damit, flatterhafter Gockel, die Frauen Eurer Nachbarn zu verführen, kehrt in das Hühnerhaus derjenigen zurück, die Euch so lange Zeit schon ihr Herz geschenkt hat, deren Zärtlichkeiten so viele Male Euer Verlangen stillten, die mir versicherte, Euch – so undankbar Ihr auch sein mögt – mit ihren liebevollsten Gunstbeweisen zu überhäufen, wenn Ihr nur eine Spur von Reue zeigt. Aber nichts rührt Euch, frecher Gockel! Seht Ihr denn nicht, daß sogar Euer Kamm vor Scham darüber errötet, wenn Ihr, anstatt Euch demütig mit gesenkten Flügeln zu ihren Füßen zu werfen, Euch auf Euren Sporen aufrichtet, um ihr Spottlieder zu singen. Vielleicht stellt Ihr fest, solche Reden stünden einer Henne nicht an, aber ich sehe sehr wohl, daß die Weisen, die Ihr anstimmt, auch keine Kikerikis sind. Das sind wirklich schöne Bekundungen von Dankbarkeit, von Anerkennung, wenn Euch jemand großzügig sein erstes Gelege schickt. Als Ihr es anderntags anschauen kamt, habt Ihr wohl nur halb hingesehen. Betrachtet es nun näher: Dieses kleine Abbild von Euch – es gleicht Euch sehr – hat sie nach Euch verfertigt, und ich versichere Euch, daß es die schönste Frucht eines guten Christen ist, die man diesen Herbst bei ihr gepflückt hat. Aber halt, ich bin im Irrtum. Das ist keine Frucht, es ist ein Hühnchen. So bereitet diesem Hühnchen einen ebensolch freundlichen Empfang, wie sie ihn Euch bereitet hat. Wenn Euch an Raritäten gelegen ist, könntet Ihr es in ganz Paris herumzeigen als das erste Hähnchen, das je ohne Eierschale auf die Welt kam, andernfalls würde ich ohne viel Federlesens alles ableugnen und, um das Gegackere Eurer Henne zu entschuldigen, überall bekanntmachen, daß alles, was sie tat, nur eins bezweckte, Monsieur Gockel:

einen kleinen Hahnentritt

AN EINEN UNECHTEN GRAFEN

Monsieur,

ich weiß nicht, welche Laune des Schicksals es wollte, daß zur selben Zeit, als Ihr meine Gerichtsprotokolle last, man mir die Euren zeigte, in denen durch unbescholtene Zeugen erwiesen wird, daß ein Drei-Tage-Graf, ein Scherz-Graf, ein Lach-Graf, kurz ein solches Gräflein, das überhaupt keins ist, sich entgegen den heilsamen Ratschlägen seiner friedliebenden Gemütsveranlagung als Held aufspielen will. So gestählt in der Schlacht der Handkrausen und in der Annahme, ein Duell ende schlimmstenfalls im Zerreißen einer halben Elle Leinen, glaubte er, in den Unterröcken seiner Frau den Stoff für tausend Kämpfe gefunden zu haben. Er, der immer nur auf der Wiese war, um zu weiden, und der die Taufe aus demselben Grund erhielt, wie auch die Kirchenglocken getauft werden. Frisch auf denn, hübscher Junker mit den Zauberwaffen, ermannt Euch, fletscht die Zähne, kaut reuevoll an Euren Fingern, stampft auf, schwört etwas bei Eurem Tod und versucht, Euch ein Herz zu fassen. Ich rate Euch indes, nichts zu wagen, wenn Ihr nicht sicher seid, daß es Euer Herzenswunsch ist. Befühlt Euch vorher genau, damit Ihr wunschgemäß entweder die Brust dem Schwert oder den Rücken dem Knüttel bieten könnt. Aber ich sehe schon, Ihr werdet Euch letzterem unterziehen, denn Knüttel töten nur in sehr seltenen Fällen. Im übrigen ist es unwahrscheinlich, daß die Königin der Perlen, die Euch der Ehre teilhaftig werden ließ, Eure Lehen zu einer Grafschaft zu erheben, und die so viel Gutes über Euch sagt, aus Euch einen Raugrafen gemacht hat. Es ärgert mich, daß Ihr nicht besser Französisch versteht. Ihr könntet Euch bei dieser Schmeichelei leicht denken, daß man Euch Knüppelholz schneidet, und meiner Treu, Ihr hättet richtig geraten, denn ich versichere Euch, wenn Stockhiebe schriftlich versandt werden könnten, würdet Ihr meinen Brief mit den Schultern lesen und könntet dann dort einen Mann mit einem Knüppel leibhaftig hervorkommen sehen, wo ich für gewöhnlich hinschreibe, Monsieur,

Euer
Diener, *D. B.*

AN EINEN LESER VON ROMANEN

Zu mir, Monsieur,

sprecht Ihr in Romanen. He, sagt mir doch, ich bitte Euch, sind Polexandre und Alcidiane Städte, die Gassion belagern wird? Tatsächlich glaubte ich bis heute, in Paris zu sein und im Marais du Temple zu wohnen, und Euch hielt ich für einen Freiwilligen bei unseren Truppen in Flandern, der zuweilen von einem Gefreiten als Schildwache aufgestellt wird. Da Ihr mir nun aber beteuert, ich sei nicht mehr ich selbst noch Ihr jener dort, für den ich Euch hielt, bin ich als Christenmensch genötigt, es zu glauben. Dann also, Monsieur, befehligt Ihr ganze Heere. O, danken wir dem Schicksal, das sich gerade wieder mit der Wahrheit versöhnt hat. Gewiß, ich wunderte mich schon samstags, wenn ich Euren Namen in den Zeitungen suchte und ihn nicht fand. Ihr seid an der Spitze eines Heeres in Himmelsgegenden, von denen Renaudot keine Ahnung hat. Aber sagt mir auf Ehre und Gewissen, Monsieur: Heißt das handeln wie ein guter Franzose, solcherart Euer Vaterland im Stich zu lassen und durch Euren Weggang die Anhängerschaft unseres Königs zu schwächen? Ihr würdet Euch viel mehr Ruhm erwerben, scheint mir, wenn Ihr unsere Flotte in der italienischen See durch Eure eigene verstärktet, statt auf die Eroberung eines Landes Hoffnungen zu setzen, das Gott noch gar nicht erschaffen hat. Ihr fragt mich nach dem Weg dahin? Meiner Treu, ich weiß ihn nicht, glaube aber, Ihr solltet einen anderen einschlagen, denn der kürzeste Weg zu den Kanaren führt nicht durchs Tollhaus. Ich gehe jetzt also und bete für das Wohlergehen und den Erfolg Eurer Reise, opfere dem heiligen Mathurin eine Kerze und bitte ihn, daß ich Euch eines Tages gesund wiedersehe, damit Ihr recht klar erkennt, daß alles, was ich Euch in diesem Brief mitteile, Euch zeigen soll, ich sei, Monsieur,

Euer ergebener Diener

Gegen die Ärzte

Monsieur,

weil ich verurteilt bin (allerdings nur vom Arzt) – wogegen ich viel bequemer Berufung einlegen kann als gegen einen Erlaß des Kriminalgerichts –, wollt Ihr mir erlauben, da ich mich in der Hand der Henker befinde, daß ich wie die Verbrecher, die auf der Leiter zum Galgen ein letztes Wort an das Volk richten, der Jugend auch erbauliche Vorstellungen mache. Das Fieber und der Pillendreher halten mir mit solcher Unerbittlichkeit das Messer an die Kehle, daß ich hoffe, sie werden es nicht so weit kommen lassen, daß meine Erzählung Euch lästig wird. Der Herr Akademikus läßt nicht davon ab, mich zu beschwichtigen, es sei nichts, und behauptet indessen aller Welt gegenüber, ich könne nur durch ein Wunder wiederhergestellt werden. Ihre Voraussagen, wie unheilvoll sie auch sein mögen, beunruhigen mich jedoch kaum, weil ich zur Genüge weiß, daß die Gerissenheit ihrer Kunst sie nötigt, alle ihre Patienten zum Tode zu verurteilen, damit, sollte ihm irgendeiner entrinnen, die Genesung ihren wirksamen Heilmitteln zugeschrieben wird, und stirbt der Patient, dann ruft jeder, wie geschickt der Arzt doch sei, der es ja gleich vorausgesagt habe. Aber staunt nur über die Unverschämtheit meines Henkers: Je schlimmer das Übel wird, das er mir mit seinen Heilmittelchen bereitet, und je mehr ich mich über ein neues Unwohlsein beklage, um so mehr bezeugt er Freude und hat nichts für mich als ein Destobesser. Wenn ich ihm erzähle, daß ich in tiefe Ohnmacht gefallen bin, was beinahe eine Stunde dauerte, antwortet er mir, das sei ein gutes Zeichen. Wenn er mich in den Krallen eines Blutflusses sieht, der mich zerreißt, sagt er, fein, das erspart uns einen Aderlaß. Wenn ich mich sorge, weil ich mich wie ein Stück Eis fühle und alle meine Extremitäten davon erfaßt werden, dann lacht er und versichert, er habe doch gewußt, daß seine Heilmittel diese Fieberglut löschen würden. Ja bisweilen, wenn ich schon so gut wie tot bin und nicht sprechen kann, höre ich sogar, wie er meine weinenden Angehörigen schilt, die schon mein Ende nahe wähnen: Einfältige Tröpfe, die ihr seid, seht ihr denn nicht, wie das Fieber in den letzten Zügen liegt? Auf diese Weise lullt der Verräter mich ein, und indessen geht es mir so gut, daß ich sterbe. Ich weiß, daß es sehr unklug war, gerade meine Feinde zu Hilfe zu rufen. Aber wie denn! Konnte ich ahnen, daß diejenigen, deren Wissenschaft sich zur Heilung bekennt, sie ausschließlich benutzen würden, mich umzubringen? Ach, leider ist dies das erste Mal, daß ich in die Grube fahre, das müßt Ihr mir glauben, denn wäre das schon einmal der Fall gewesen, wäre ich nicht imstande, mich darüber zu beklagen. Ich kann schwachen Ringkämpfern nur raten, sich an denen, die sie niedergerungen haben, zu rächen, indem sie selbst Ärzte werden, denn ich versichere Euch, daß sie diejenigen, die sie zur Erde warfen, nun selbst unter die Erde bringen werden. Und wirklich, ich glaube, es genügt schon, im Schlaf von einem Arzt zu träumen, um Fieber zu bekommen. Allein schon ihre klapperdürren, mit einem Leichentuch herausgeputzten Reittiere, die unerschütterlich ihren unerschütterlichen Herrn tragen – sieht das nicht aus wie eine Totenbahre, auf der rittlings die Parze hockt? Und kann man ihre Reitgerte nicht für die Standarte des Todes halten, dient sie doch seinem Hauptmann zum Geleit? Das ist wohl auch der Grund, warum die Polizei ihnen gebot, Maultiere zu besteigen und nicht Stuten, aus Angst, die Spezies der Akademici könnte so anwachsen, daß es am Ende mehr Henker als Patienten gäbe. O! Welche Freude hätte ich daran, ihre Maultiere auseinanderzunehmen, diese armen

Maultiere, die niemals den Sporn gefühlt haben, nicht in noch auf ihrem Fleisch, weil Sporen und Stiefel Entbehrlichkeiten sind, die der zartsinnige Geist der Fakultät nicht verschmerzte. Diese Herrschaften betragen sich so skrupulös, daß sie den armen Tieren (die ja ihre Domestiken sind) Fasten auferlegen, die strenger sind als selbst die der Niniviter, und viele von langer Dauer, deren ritueller Sinn schon in Vergessenheit geraten ist. Infolge der langen Fastenzeiten sind sie nur noch Haut und Knochen, und uns behandeln sie nicht besser, diese kalten Doktoren, uns, die wir sie doch gut bezahlen, diese Quacksalber, die uns nur noch Gelee zu fressen geben. Kurz, alle ihre Reden sind so frostig, daß ich nur einen einzigen Unterschied zwischen ihnen und den Völkern des Nordens finden kann, und der ist, daß die Norweger immer Maultiere auf den Fersen, diese hier aber immer die Fersen auf den Maultieren haben. Sie sind so feind aller Hitze, daß sie bei der geringsten lauen Wärme, die sie an einem Kranken spüren, seinen Körper behandeln wie den Vesuv. Dann sind sie allesamt sofort zur Stelle mit Aderlaß und Klistier, ertränken den armen Magen in Sennesblatt, Kassia und Kräutersud; sie schwächen die Lebenskraft, um – wie sie behaupten – die Kraft des Feuers zu schwächen, das Nahrung finde, solange es auf Brennbares trifft. Läßt die tätige Hand Gottes ihn einen großen Sprung ins Leben zurück machen, schreiben sie es sogleich der Kraft der kühlenden Mittel zu, mit denen sie die innere Feuersbrunst gelöscht hätten. Sie rauben uns die Lebenskraft, die Wärme im Blut. Unsere Seelen fliegen, weil sie zu stark zur Ader gelassen wurden, auf und davon, und die Wundärzte spielen mit ihren Auffangbecken Ball damit. Nun denn, Monsieur, was meint Ihr, beklagen wir uns nicht zu Unrecht, daß sie zehn Pistolen für eine achttägige Krankheit verlangen? Ist das nicht eine billige Kur, die die Seele so erleichtert? Aber haltet Euch – ich bitte sehr – einmal die Ähnlichkeit zwischen der

Behandlung eines Pillendrehers und der Verhandlung eines Verbrechers vor Augen. Der Arzt begutachtet den Urin, fragt den Patienten dann nach dem Stuhl und verurteilt ihn. Der Wundarzt legt ihm Binden an, und der Apotheker schlägt von hinten zu. Selbst die Leidenden, die glauben, ihre Kniffe zu benötigen, halten nicht sehr viel von ihnen. Kaum sind sie eingetreten, zeigt man dem Arzt die Zunge, dreht dem Apotheker den Arsch zu und weist dem Barbier die geballte Faust. Wahr ist allerdings, daß sie sich gehörig rächen, es kostet den Lästerer immer einen Grabstein. Ich habe festgestellt, daß alles Unheil der Hölle immer selbdritt erscheint. Es gibt drei Flüsse, drei Hunde, drei Richter, drei Parzen, drei Geryoniden, drei Hekaten, drei Gorgonen und drei Furien. Die Heimsuchungen, mit denen Gott die Menschen bestraft, treten auch dreifach auf: die Pest, der Krieg und der Hunger; Frau Welt, das Fleisch und der Teufel; der Donnerschlag, der Donnerkeil und der Blitz; der Aderlaß, die Medizin und das Klistier. Und schließlich wurden drei Sorten Leute auf die Welt gesandt mit der Absicht, den Menschen während seines ganzen Lebens zu martern: Der Advokat quält die Börse, der Arzt den Körper und der Theologe die Seele. Und zu alledem brüsten sie sich auch noch damit, unsere Maultiertreiber, denn eines Tages, als der meine ins Zimmer trat, fragte ich ihn ohne weitere Umschweife: Wie viele? Der dreiste Totschläger, der sogleich verstand, daß ich ihn nach der Zahl seiner Morde fragte, strich sich über den langen Bart und antwortete: Soundsoviele. Ich nehme dabei kein Blatt vor den Mund, fuhr er fort, und um Ihnen zu beweisen, daß wir ebensowohl wie die Fechter die Kunst des Tötens erlernen, üben wir uns wie sie unser ganzes Leben lang im Tertian und Quartan. Der Schluß, den ich aus der naiven Unverfrorenheit dieses Menschen zog, war: Wenn die anderen weniger zugeben, dann tun sie gewiß genausoviel, und wenn der da sich mit Töten zufriedengab, kam bei seinen Kollegen zum Mord noch Verrat hinzu, und wenn man den Lebensweg eines Arztes beschreiben wollte, so könnte man ihn nur anhand der Grabinschriften seiner Gemeinde schildern, kurz, wenn das Fieber uns angreift, tötet uns der Arzt, und der Pfaffe singt dazu. Aber es wäre für die Frau Fakultät ein zu Geringes, unsere Körper ins Grab zu schicken, ohne einen Anschlag auf unsere Seele zu verüben. Der Wundarzt würde toll werden, wenn er nicht alle Verletzten, die unter seinen Händen Schiffbruch erleiden, mit seiner Wundbinde umbringen und sie zu ihren Vorfahren zur ewigen Ruhe legen könnte. Laßt uns also daraus folgern, Monsieur, daß sie uns den Tod und seine Sense verborgen in einem Körnchen Alraun verabreichen, bald aufgelöst in der Kanüle einer Spritze, bald auf der Spitze einer Lanzette; daß sie uns bald mit einem Jully im Oktober töten und daß sie schließlich die Angewohnheit haben, ihre Gifte in solch hübsche Ausdrücke zu verpacken, daß ich letztens dachte, der meinige habe mir vom König eine kirchliche Pfründe erwirkt, als er mir versicherte, er gäbe mir ein Beneficium für den Magen. O, wäre ich froh gewesen, wenn ich ihn mit einem Wortspiel hätte schlagen können wie jene Bäuerin, die einen dieser Quacksalber etwas sagen hörte von laus est und molestia flebilis, worauf sie ihm mit gehörigen Maulschellen und Kratzern antwortete, er sei ein Tölpel, sie habe noch nie in ihrem ganzen Leben Läuse und Flöhe gehabt. Die Verbrechen dieser Kurpfuscher sind aber zu schwerwiegend, als daß man sie einzig mit Wortspielen bestrafen könnte. Wir sollten sie vor Gericht laden im Namen der Dahingegangenen. Unter der ganzen Menschheit würden sie keinen Advokaten finden, da wäre kein Richter, der nicht irgendeinen von ihnen überführte, seinen Vater getötet zu haben, und unter all den Kunstfehlern, die sie auf dem Friedhof zur Ruhe gebettet haben, ist nicht ein Schädel, der ihnen nicht die Zähne zeigte. Sollen sie sie doch verschlingen, es steht nicht zu befürchten, daß die Tränen, die über ihren Verlust vergossen würden, die Flüsse anschwellen ließen. Nicht über den Hingang solcher Leute weint man, sondern darüber, daß sie zu lange gelebt haben. Sie werden so geliebt, daß man alles gut findet, was sie angeht, vor allem aber ihren Tod. Als wären sie neue Heilande, sterben sie genauso wie Gott zum Heil der Menschheit. Aber, gute Götter! Naht sich da nicht schon wieder mein böser Engel? Ach, er ist es leibhaftig, ich erkenne ihn an seinem Talar, vade retro, Satanas! Champagne! Her mit dem Weihwasserkessel! Akademischer Dämon, ich widersage dir! O! Dreister Satan, kommst du nicht, um mir wieder einen Absud zu verordnen? O, bei Gottes Barmherzigkeit, das ist ein hugenottischer Teufel, der schert sich um Weihwasser nicht. Hätte ich doch noch genügend Kraft in den Fäusten, um ihm die Schnauze einzuschlagen! Aber wehe! Was er mich einnehmen hieß, wurde so zu meiner Substanz, daß ich dank der Brühen, die ich ständig schlucken mußte, mich selbst aufgezehrt habe. Eilt mir also zu Hilfe oder Ihr verliert, Monsieur,

Euren
treusten Diener
D. C. D. B.

Wider einen Aufschneider

Er hat gelogen, der Wahrsager, Feiglinge sterben nicht in Eurem Alter, und im übrigen ist Euer Leben nicht glänzend genug, es gehört nicht zu denen, deren Dauer die Sterne vorsorglich anzeigen. Leute Eures Schlages müssen damit rechnen, ohne Kometen zu sterben, genauso wie viele andere Euresgleichen, mit denen die Natur alle Tage im Schlaf niederkommt, ohne Aufhebens davon zu machen. Mir wurde von mehreren Seiten hinterbracht, Ihr brüstetet Euch, ich hätte die Absicht, Euch zu ermorden. Ach du lieber Himmel! Werter Freund, haltet Ihr mich für so närrisch, Unmögliches zu versuchen? O, habt die Güte! Wohin soll man schlagen, um einen Menschen mit einem Hieb zu erledigen, der weder Herz noch Hirn hat? Ich will tot umfallen, wenn Eure Art, unzugänglich für alle Beleidigungen dahinzuleben, nicht den Eindruck erweckt, Ihr unternähmt den Versuch, wie lange ein Mensch ohne Herz auf natürliche Weise überdauern kann. Diese Überlegungen waren erheblich genug, mich dahin zu bringen, Euch fühlen zu lassen, wie schwer ein Prügelstock wiegt; aber Eure lange Ahnenreihe, deren Alter Ihr rühmt, fiel mir in den Arm. Ich habe das sogar recht einleuchtend gefunden, seit mir ein berühmter Ahnenforscher so klar wie der lichte Tag vor Augen führte, daß alle Eure Adelstitel bei der Sintflut verlorengegangen sind und daß – wie er mir bewies – Euer Adel von der gleichen Eindeutigkeit ist wie der jenes Dörflers, der ihn dem König Franz I. mit der Bemerkung bewies, daß Noah drei Söhne in der Arche dabei hatte, und er nicht genau wisse, von welchem er abstamme. Desungeachtet, hätte ich nie angezweifelt, daß Ihr aus gutem Hause stammt, denn niemand kann leugnen, daß Eures eines der jüngsten dieses Königreiches ist. So legt Euch denn, auch wenn sich die Wappenkundigen dieses Jahrhunderts darüber empören, ein Wappen zu. Und wenn ich Euch raten darf, gebt Euch das folgende: Tragt Rot (= Schnauzen) an zwei Balken (= Hinterbacken), übersät mit Schmucknägeln (= Furunkeln) und mit einem Gemächt (= Dreck) in der Schildmitte (= im Herzen) und einem Stab als Beizeichen (= zerbrochener Prügelstock) über dem Schildhaupt (= Kopf). Wie indessen der Wappenschild eines Bürgers, der geadelt werden soll, von Waffen und Zeichen leer bleibt, bis er sich ihrer durch einen Waffengang würdig erwiesen hat, erwarte ich Euch dort, wohin der Lakai Euch führen wird, auf daß ich Euch nach den ritterlichen Heldentaten, die Ihr vollbracht haben werdet, die Sporen anlege. Ihr müßt nicht fürchten, als Opfer auf der Statt liegenzubleiben, denn wenn das Schicksal an irgendeinem Ort auf Euch wartet, dann ist das eher im Stall als auf dem Feld der Ehre oder in der Bresche einer Stadtmauer, und ich meinerseits, der ich mich ein wenig in Physiognomie auskenne, gebe Euch mein Wort, daß Eure Bestimmung nicht der Tod auf der Duellwiese sein wird, es sei denn, Ihr habt zuviel ins Gras gebissen. Nehmt indessen all Eure Seelenstärke zusammen, auf daß ich mich schnell mit einem Degen bewaffnen kann oder mit so einem Ding, das auf französisch Prügel heißt.

Über einen Traum

Monsieur,

jene Vision von Quevedo, die wir gestern zusammen lasen, hinterließ in mir solch starke Eindrücke von dem kurzweiligen Bilde, das er schilderte, daß ich letzte Nacht träumte, ich sei in der Hölle. Welche Hölle mir von der unseren aber sehr unterschieden vorkam. Ihre Verschiedenheit ließ mich glauben, es sei das Elysium, und wirklich, ich war noch nicht weit gegangen, da erkannte ich den Averner See, wie ihn die Griechen und Römer beschrieben haben. Ich sah dort den Acheron, den Fluß des Vergessens, den wachsamen Cerberus, die Gorgonen, die Furien und Parzen, Ixion auf dem Rade, Tityus, von dem Geier zerfleischt, und noch viele andere Dinge, die des langen und breiten in der Mythologie beschrieben sind. Ein paar Schritte weiter traf ich viele nach griechischer und römischer Art gekleidete Leute, von denen die einen Griechisch, die anderen Latein sprachen, und ich bemerkte andere, die damit beschäftigt waren, sie in verschiedene Gemächer zu führen. Sie schienen mir alle sehr umgänglich, weswegen ich mich in ihre Gesellschaft begab; ich entsinne mich, daß ich an einen herantrat und ihm nach einigem Gespräch zu wissen tat, daß ich hier fremd sei; er antwortete mir, daß ich demnach aber zur rechten Zeit gekommen sei, weil man just an diesem Tag alle Toten, die sich beschwert hatten, sie seien falsch zueinander gesellt, die Wohnstätten wechseln ließe, und wenn ich neugierig sei, könnte ich daran mein Vergnügen haben. Er reichte mir dann sehr höflich die Hand, ich gab ihm meine; und jetzt gehen wir, fuhr er fort, in den Saal, wo man die Verteilung derjenigen anordnet, die sich trennen wollen, um mit anderen zu wohnen. Wir hätten das Vergnügen, in aller Gemächlichkeit und ohne Langeweile zuzusehen, wie ein jeder sich anstelle, um seine Sache zu befördern. Wir gingen also zusammen bis zu jenem Ort, mein Begleiter bot mir Platz an seiner Seite, und durch einen glücklichen Zufall war das so nahe am Richterstuhl, daß wir die Streitigkeiten aller Parteien leicht und in aller Deutlichkeit hören konnten. Wie sie also aus ihrer alten Bleibe hervorkamen, stellte ich fest, daß man sie – wenn ich nicht irre – nicht zusammengegeben hatte, wie Ihr denken würdet, die Könige immer mit den Königen, sondern recht häufig die Könige mit Hirten, Philosophen mit Bauern, sehr schöne Personen mit anderen sehr häßlichen und Alte mit Jungen. Gleich zu Beginn bemerkte ich, daß Pythagoras seiner Gesellschaft sehr überdrüssig war, es war dies eine Schauspielertruppe, die ihn durch ihr unentwegtes Geschwätz von seinen hohen Betrachtungen ablenkte. Der Richter, der den Vorsitz hatte, sagte, er achte ihn als Mann großen Gedächtnisses, weil er sich nach 1500 Jahren erinnern konnte, bei der Belagerung Trojas dabeigewesen zu sein, und deshalb hätte er ihn zusammengegeben mit solchen, die an Gedächtnis ebenfalls keinen Mangel litten. Hach! rief er, wenn Ihr mich nur aus diesem Grund mit jenen Marktschreiern und Gauklern zusammengegeben habt, dann könnt Ihr mich unterschiedslos mit allen anderen Toten zusammentun, denn es gibt hier herinnen nicht einen Dahingegangenen (will man nur den Grabinschriften glauben), dem kein glückliches Gedächtnis vergönnt wäre. Da sie nun einmal nicht die einzigen sind, mit denen ich gedächtnishalber übereinstimme, befreit mich um Gottes willen vom überlästigen Geschnatter dieser Könige und Königinnen, deren Herrschaft nur von zwei Stunden Dauer ist. Nach Anhörung seiner Gründe ließ man ihn anderswo hingehen, wie ich weiß, aber mir ist nicht mehr erinnerlich, wohin. Aristoteles, Plinius, Älian und viele andere Naturforscher wurden, da sie sich mit Tieren auskannten, mit den Mohren zusammengetan, und der Maler Zeuxis wurde gleichermaßen mit ihnen untergebracht, da sein Gemälde mit den Weintrauben, zu dem die Vögel geflogen kamen, um es zu bepicken, ihn überführte, mit ihm Mißbrauch getrieben zu haben. Dioskorides verlangte nicht mehr, als zu den Lothringern gesteckt zu werden, mit der Begründung, er würde sich gut mit ihnen verstehen, da er aufs beste die Natur der Simplicia kenne. Man geriet aber auf den Einfall, ihn zu den Töchtern des Pelias zu schicken mit dem Auftrag, sie zu lehren, die Kraft der Kräuter besser unterscheiden zu lernen als damals, da sie ihren Vater verjüngen wollten. Raimundus Lullus, der schwor, Gold trinkbar gemacht zu haben, wurde mit gewissen reichen Trunkenbolden zusammengetan, die dasselbe vollbracht hatten. Lukan, den Nero töten ließ aus Eifersucht auf sein Gedicht über die Pharsalischen Kriege, gesellte sich zu einigen kleinen Kindern, die an den Würmern gestorben waren. Vergil fiel die Behausung der Hurenwirte zu, weil er Dido, die ohne ihn eine sehr vernünftige Dame geblieben wäre, zu Ausschweifungen verleitet hatte. Ovid und Aktäon, die aus Zufall Schuld auf sich geladen hatten, wurden zusammengegeben als Leute, welche das Augenübel ins Elend gebracht hatte. Sie wählten als Aufenthalt eine finstere Behausung, weil sie – nach ihren Worten – fürchteten, zu viel zu sehen. Orpheus sah ich bei den Balladensängern vom Pont-Neuf wohnen, weil sie sowohl der eine wie die anderen verstanden, das wilde Vieh anzuziehen. Äsop und Apulejus führten einen gemeinsamen Haushalt wegen der Gleichheit ihrer Wunder, denn Äsop machte aus einem Esel einen Menschen, indem er ihn sprechen ließ, und Apulejus machte aus einem Menschen einen Esel, indem er ihn iahen ließ. Romulus richtete sich bei den Falknern ein, weil er Vögel zur Beize abrichtete, aber nicht auf das Rebhuhn, sondern auf den römischen Reichsadler. Man sprach davon, Cäsar mit den Berufsspielern zusammenzusetzen; ich fragte nach dem Grund, und man antwortete mir, er habe mit einem Würfelwurf, den er über den Rubikon tat, die Weltherrschaft gewonnen. Dessenungeachtet wurde es für angemessener befunden, seinen Stolz zu dämpfen, indem man ihn unter die Sklaven steckte, von denen es ehemals hieß, sie besäßen Zaubersprüche, um sich im Geschwindschritt zu bewegen. Ihr könnt ja, rief ihm der Zeremonienmeister zu, noch einmal Euer Veni, vidi, vici versuchen. Brutus gesellte man zu jenen, die den Wolf bei den Ohren gehalten haben, da er keinerlei Angst vor Geistern hatte. Cassius, dem seine kurze Sicht den Tod brachte, zu den schwangeren Frauen mit der gefährlichen Sicht. Caligula wollte in ein prächtigeres Gemach als Darius, da er unvergleichlich ruhmvollere Abenteuer bestanden habe: Denn, sagte er, ich, Caligula, ich habe mein Pferd zum Kaiser gemacht, und Darius ist durch das seine zum Kaiser gemacht worden. Danach erschien Nero, man gesellte ihn einer Gruppe von Jahrmarktskomödianten bei, damit er sich vervollkommne; man hatte ihn mit Timon dem Menschenfeind zusammengespannt, fürchtete aber, daß die Natur eines Tages beider Wunsch nachkäme und aus dem ganzen Menschengeschlecht nur einen einzigen Kopf machte, so daß zwischen ihnen Streit entstünde, wem es zukomme, ihn abzuschlagen. Ich sah den König Numa eine Bittschrift unterbreiten, des Inhalts, man möge ihm verstatten, seine Wohnung im Hause eines berühmten Wasserzauberers zu nehmen, der einst Wunder durch Wasser gewirkt hatte, da er selbst die gleichen Fähigkeiten besitze – hätte er doch die Quelle Egeria zum Sprechen gebracht und sie so scharfsinnig in Staatsdingen gemacht, daß er, anders als jeder andere Wasserbaumeister, der sie geleitet haben würde, sich von ihr habe leiten lassen. Nebukadnezar wurde in die Hände eines Marktschreiers gegeben, der sich einen großen Gewinn versprach, wenn er ihn öffentlich zeigte, weil solcherart Tiere noch niemals gesehen worden waren. Patroklus nahm es sehr übel auf, Leuten beigegeben zu werden, die von unheilbaren Krankheiten genesen waren: Er ließ sich aber bereden, als man ihm erklärte, dies sei, weil er gleich ihnen den Tod geprellt hätte. Jason geriet völlig aus der Fassung, als er sich inmitten eines lärmenden Haufens spanischer Höflinge wiederfand, weil er ihre Sprache nicht verstand, denn er konnte sich nicht vorstellen, was man ihm zu verstehen geben wollte, als man ihm vorstellte, daß alle Unternehmungen dieser Grünlinge von Kavalieren ebenso wie seine eigenen nichts anderes zum Ziel hatten als das Goldene Vlies. Erwägt nun aber, was es heißt, sich diesen wunderlichen Dingen als Lesestoff hinzugeben in einem Alter, dessen Schwachheit allen Kenntnissen Glauben schenkt: nichts, was ich in der Götterlehre der Heiden gelesen hatte, das mir nicht wieder stürmisch durch den Sinn ging. Ich sah Jupiter in einer Reihe mit den Narren, worauf Momus bemerkte, er habe eine mit der Hacke abbekommen; Jupiter fragte, wie mir scheint beleidigt, den Possenreißer, was er mit der Hacke meine; es ist jene, gab der Spaßvogel zurück, mit der Vulkan in seiner Gewogenheit Euch den Schädel spaltete, um Euch mit Minerva niederkommen zu lassen. Der alte Saturn, welcher sich auf keine Verschmitztheit verstand, nahm ohne Murren einen Trupp Schnitter bei sich auf wegen der Gleichheit der Zepter. Man nötigte den Phöbus, sich an einige erfahrene Schüsserwerfer zu halten, mit der Anordnung, sie erst zu verlassen, sobald er gelernt habe, nicht mehr den Kopf seines Freundes zum Ziel zu nehmen. Ich hörte, wie mir scheint, den Befehl für Sisyphus, sich zu Steinhauern zu begeben, die sich dort aufhielten, um seinen Felsbrocken ihren Händen zu überantworten. Ich weiß nicht, ob er gehorchte, denn aus Neugier wandte ich den Blick zu Thetis, die über die Wahl eines Gesellschafters stritt; man stellte sie in die Reihe mit einem

Hypochonder, der glaubte, aus Ziegelstein zu sein, und nichts trinken wollte, aus Angst aufzuweichen; denn da sie vormals dasselbe gefürchtet, hatte sie nicht gewagt, um ihren Sohn Achilles vollkommen unsterblich zu machen, seine Ferse, an der sie ihn festhielt, in den Ozean zu tauchen. Hekate schob sich in das Gedränge, um zur Mutter von Gargantua zu gelangen, denn, sagte sie, wenn ich drei Gesichter besitze, dann hat jene solch ein breites, daß es gut und gern alle drei wert ist. Man trug an, Io mit Poppäa, der Frau Neros, unterzubringen, aus bestimmten Gründen, an die ich mich nicht erinnere; jene Fürstin war es zufrieden unter der Bedingung, daß die andere sich enthalte, auszuschlagen, so sehr fürchtete sie Fußtritte. Dädalus, der große Handwerksmeister, widersetzte sich nicht, obgleich man ihm als Gesellen Gerichtsbüttel, Schreiber, Prokuratoren und andere Tintenkleckser beigab, weil er sagen hörte, dies seien Personen, die gleich ihm Federn gebrauchten für ihr heimliches Wegstehlen; die gleich ihm Federn gerupft hätten; und die angesichts der Umstände gezwungen gewesen wären, dem lieben Gott den Tag zu stehlen, wenn nicht jemand bei ihnen Federn gelassen hätte. Delila, die Geliebte Samsons, wurde mit Glatzköpfen zusammengetan, weil man bei anderen fürchtete, sie nähme sie bei den Haaren wie Samson. Porcia wurde mit Bleichsüchtigen untergebracht, da die Höllenrichter glaubten, sie sei von solcher Krankheit befallen, seit sie glühende Kohlen verschlungen hatte. Jokaste und Semiramis wohnten unter einem Dach, weil sie beide, die eine wie die andere, Mütter und Gattinnen ihrer Söhne gewesen waren und zweimal schwanger waren von ein und demselben Kind. Ich sah jedermann in großer Verlegenheit, Artemisia jemanden beizugesellen; die einen wollten sie wieder mit ihrem Gatten vereinigen ihrer beider gerühmten Liebe wegen, die anderen wollten sie ins Hospital der schwangeren Frauen bringen und bezogen sich darauf, daß Asche essen, wie sie getan hatte, ein Verlangen Schwangerer sei. Sie aber begütigte alle ihre Gegensätze, indem sie sich aus eigenem Entschluß zu Weißwäscherinnen begab, die sie dort vorfand. Unter der Bedingung, rief sie, daß ich für meine Mühe, euch bei der Lauge zu helfen, die Asche zu meiner Verfügung habe. Theseus verlangte, bei den Webern zu wohnen, mit der Absicht, ihnen beizubringen, wie der Faden zu führen sei. Perseus, der Held Andromedas, fühlte sich gleichermaßen wohl bei allen Ordensgründern, die sich wie er allesamt in bezug auf Frauen sehr wehrhaft verhalten haben. Nero, um dessen Platz so viel Streit gewesen, begab sich zuletzt aus eigenem Entschluß zur Wohnstatt des Herostratos, jenes berüchtigten Verrückten, der den Tempel der Diana eingeäschert hat. Denn ich bin jemand, sagte der Kaiser im Gehen, der sich genauso gern wie er am großen Feuer wärmt. Juvenal, Persius, Horaz, Martial und beinahe alle Epigrammatiker und Satiriker wurden in ein Haus zusammen mit den Knechten der Reitschule gegeben, denn die einen wie die anderen stehen im Ruf, den scharfen Stichel gut gebraucht zu haben. Zu diesen Dichtern gab man gleicherweise viele Nadler, Nestler, Schwertfeger und andere, deren Geschäft ebenso wie ihre Werke nichts wert ist ohne Spitze. Der Herzog von Clarence, der sich aus freien Stücken in einem Faß Malvasier ertränkt hatte, suchte Diogenes auf in der Hoffnung, die Hälfte seiner Tonne als Nachtlager zu erhalten. Da dieser aber nicht angetroffen wurde und man den großen Sokrates bemerkte, der noch mit niemandem zusammengetan war, sagte man zu ihm, das ist nun gerade Euer Fall, denn Ihr und dieser Philosoph seid alle beide gestorben an zu vielem Trinken. Sokrates machte vor seinen Richtern eine tiefe Verbeugung und zeigte mit dem Finger auf den alten Heraklit, der auf einen Kollegen wartete; es wurde den Romanhelden aufgetragen, ihn mit sich zu nehmen. Das ist einer, sagte ihnen der Furier, der sie paarweise zusammenstellte, mit dem ihr alle höchst zufrieden sein werdet; er hat ein Herz aus Fleisch und Blut, und ihr werdet ihm kaum, wie das unter euch unvermeidlich ist, eure Abenteuer erzählen, ohne ihm Tränen zu entlocken, denn er ist nicht weniger als ihr selbst den Tränen nah. Eurydike nahm des Achilles Hand: Laß uns gehen, sagte sie zu ihm, gehen wir, man könnte uns ohnehin nicht besser zusammengeben, haben wir doch alle beide unser Leben in unseren Fersen. Ich sah wie Curtius, der berühmte Römer, welcher sich in einen Abgrund gestürzt hat, um Rom zu retten, mit einem Grobian zusammengetan wurde, der erschlagen worden war, als er eine liederliche Frau beschützte. Ich war sehr erstaunt, zwei solch ungleiche Menschen verbunden zu sehen, man antwortete mir aber, sie seien alle beide für öffentliche Belange gestorben. Danach brachte man Ikarus mit Prometheus zusammen, weil der eine wie der andere zu sehr hinter dem Wegstehlen her gewesen ist. Echo wurde zusammen mit unseren modernen Schriftstellern untergebracht, und zwar deswegen, weil diese genau wie sie nur das sagen, was andere schon gesagt haben. Das römische Triumvirat zusammen mit jenem der Hölle, also Antonius, Augustus und Lepidus mit Rhadamanthus, Äakus und Minos, denn es hieß, sowohl jene als auch diese seien Richter des Todes gewesen. Man gedachte, Flamel, der sich rühmte, den Stein zu haben, mit denen zusammenzutun, die an dieser Krankheit verstorben waren, aber er hielt sich davon beleidigt und schrie, seiner sei der Stein der Weisen und es gebe einen nahezu unermeßlichen Unterschied zwischen den Kräften dieser beiden Steinarten; denn die Leute mit Blasengrieß, fuhr er fort, quälen sich nicht mit dem ihrigen, bevor er sich gebildet hat – im Gegensatz zu uns, die wir nur bis zu seiner Erschaffung geplagt sind; und im übrigen würden wir uns den unseren niemals schneiden lassen. Nach Anhörung seiner Gründe schickte man ihn zu Josua, weil sich einige andere damit brüsteten ebenso wie er, die Sonne zum Gestehen gebracht zu haben. Eine Menge anderer Scheidekünstler folgten ihm mit großer Ehrerbietung und empfingen wie Orakelsprüche die Narrheiten, welche er unter sie streute und in denen, wie diese armen Narren glaubten, das Geheimnis des Opus magnum verborgen sei. Man verteilte sie in zwei Gruppen, die einen mit Köhlern als den Leuten des Brennofens; die anderen mit jenen, die Ohrenbläser ihrer Fürsten gewesen sind. Hekuba wurde mit Cerberus zusammengetan, um die Zahl der höllischen Torwächter zu erhöhen; sie kläffte laut gegen die Quartiermeister wegen dieses Schimpfs; man begütigte sie aber durch die Vorstellung, sie sei ein Ungeheuer mit drei Köpfen so wie der andere, da sie als Hündin einen hatte, als Frau zwei, und eins und zwei mache drei. Ich erinnere mich, daß man einige abseits versammelte, unter denen sich Midas befand, da er der einzige auf der Welt ist, der sich darüber beklagt hatte, zu reich zu sein. Desgleichen wurde Phokion von den anderen getrennt, weil er als der einzige gefunden wurde, der allen reinen Wein einschenkte, selbst aber aus dem Giftbecher trank, und Pygmalion wurde gleichfalls mit niemandem zusammengegeben, weil es außer ihm nie jemanden gab, der eine stumme Frau geheiratet hatte. Nach dieser Aufteilung, durch die ein jeglicher seine Wohnung erhalten hatte, sind die Bilder meines Traums nicht mehr so kenntlich gewesen und ließen mich nur noch die Hauptfarben unterscheiden. Ich sah zum Beispiel die gesamte Körperschaft der Gauner sich mit den heutigen Jägern zusammenfinden, weil sie mit allen Hunden gehetzt sind. Unsere Romanautoren mit Äskulap, weil sie in einem einzigen Augenblick wunderbare Heilungen vollbringen. Die Henker mit den Ärzten, weil sie bezahlt werden für das Umbringen. Ein großer Trupp Fechtmeister verlangte mit den Herren von der Fakultät zu hausen, weil die Fechtkunst ihnen so gut wie jenen Kenntnis verschaffe von Terz wie Quart; man gab sie aber mit den Schuhmachern zusammen, weil die Vollkommenheit in diesem Gewerbe darin besteht, die Stiche richtig zu setzen. Im wirren Gelärm einer Reihe von Unzufriedenen hörte ich die Stimme von Bouteville heraus, der sich fürchterlich ereiferte, daß jedermann seine Gesellschaft zurückweise, aber sein Zorn nützte ihm nichts, niemand wagte sich ihm zu nähern, aus Angst, in einen Streit verwickelt zu werden. Dieser Mann schleppte die Einsamkeit mit sich herum, und ich sah schon die Stunde, da er gezwungen war, Einsiedler zu werden, hätte er sich nicht zu guter Letzt zu schicken gewußt mit den griechischen Grammatikern, die den Dual erfunden hatten. Ein Quacksalber, der seine Mittelchen vertrieb, vergrößerte noch das Gedränge wegen der Zahl von Dummköpfen, die ihn umringten; mehrere gingen ihn um Rat an, und ich bemerkte unter anderen die Frau des Orpheus, die ein Pflaster gegen den Augenreiz verlangte. Priamos kam auch, ihn um eine Brandsalbe bitten, aber der Quacksalber hatte nicht genügend davon, denn dem armen Fürsten war die ganze Stadt abgebrannt. Ich sah eine Menge von Advokaten, die zum Feuer verurteilt waren, auf daß sie einen klaren Blick bekämen für gewisse dunkle Angelegenheiten. Was die weisen Männer angeht, so wurden sie zu den Architekten gegeben, als Leute, die sich in allen Dingen des Richtscheits und Zirkels bedienen müssen. Es war unmöglich, die Furien von den Krämern zu trennen, solche Angst hatten sie, es könne ihnen an Fackeln mangeln. Ich war sehr erstaunt, auf Tiberius zu stoßen, der in Erwartung, daß man ihn unterbringe, sich hingestreckt auf Steinen erholte. Ich fragte ihn, ob er denn nicht in einem Bett angenehmer ruhte. Ach! ich fürchte, entgegnete er mir, die Hitze der Federn bekäme mir übler als der Stein. Indessen beschwor ihn Agrippina, die Mutter Neros, sie dafür zu rächen, daß Seneca öffentlich gemacht habe, sie hätte vier Kinder gehabt nach ihrer Ehe; sie erschien wütend und ganz außer sich, aber Nero begütigte sie mit den Worten: Madame, einem Verleumder darf man nur die Hälfte glauben. Die Parzen begnügten sich, mit armen Dörflerinnen zusammen zu hausen, die ihre Männer mit ihren Spinnrocken ernährten, nachdem man ihnen erklärt hatte, daß diese Bäuerinnen gleich ihnen ein Menschenleben gesponnen hätten. Es kamen einige Drescher daher, und da es ihnen an Flegeln fehlte, überließ man ihnen Attila, daß sie sich in Ermangelung von anderem seiner bedienten. Die Unverschämten gesellten sich zu den Löwenbändigern, um von ihnen zu lernen, niemals die Farbe zu wechseln. Ich hätte wohl noch ganz anderes gesehen, wenn die elf Schläge meiner Uhr mich nicht geweckt und mir in Erinnerung gerufen hätten, daß ich zu jeder Tages- und Nachtstunde bin und bis zum letzten Schlummer sein werde, Monsieur,

Euer sehr ergebener Diener

AN MONSIEUR D.L.M.L.V.L.F

Wider die Frondeure

Der Leser sei davon in Kenntnis gesetzt, daß dieser Brief während der Belagerung von Paris und während der heftigsten Erbitterung der Volksmassen gegen den hochwürdigen Herrn Kardinal abgeschickt wurde: Man wundere sich also nicht, die Dinge nicht gänzlich an den gegenwärtigen Stand der Staatsangelegenheiten angepaßt zu finden, die sich seit jener Zeit sehr verändert haben.

Monsieur,

es ist wahr, ich bin Mazarin-Anhänger, und solches bekenne ich weder aus Furcht noch Hoffnung mit solchem Freimut, sondern aus der Freude heraus, die mir eine Wahrheit verschafft, wenn ich sie ausspreche. Ich liebe es, sie kundbar zu machen, wenn schon nicht so sehr, wie ich kann, dann doch so sehr, wie ich es wage, und ich hege eine solche Abneigung gegen ihren Gegner, daß ich unverzagt, nur um jemanden Lügen zu strafen, auch aus der Anderen Welt zurückkehrte. Die Natur trug so wenig Sorge, aus mir einen guten Höfling zu machen, daß sie mir nur eine Zunge für mein Herz und mein Geschick gab. Hätte ich um den Beifall von Paris gebuhlt oder nach dem Ruf großer Beredsamkeit gestrebt, würde ich zugunsten der Fronde geschrieben haben, denn zu nichts ist das Volk leichter zu bereden, als was es leichthin glauben kann; weil aber auch nichts deutlicher eine gemeine Seele beweist, als zu denken wie das gemeine Volk, tue ich mein möglichstes, dem schnellen Lauf des Stromes zu widerstehen und mich nicht mit dem großen Haufe wegtragen zu lassen. Und um zu beginnen, erkläre ich Euch noch einmal, daß ich Mazarin-

Anhänger bin. Ich bin indessen nicht so unvernünftig, daß ich Euch den Grund nicht mitteilte, warum ich auf Eure Seite trete: So wißt denn, daß ich sie für die gerechteste hielt, weil es wahr ist, daß nichts uns von dem unserem rechtmäßigen Souverän geschuldeten Gehorsam entbinden kann: Und obwohl die Frondeure dafür Steine auf uns schleudern, habe ich vor, sie ihnen mit solcher Entschlossenheit zurückzuschleudern, daß ich sie aus all den Plätzen vertreiben werde, wo ihre Verleumdung Front gemacht hat gegen Seine Eminenz. Die ersten Schläge, welche die Dichter des Pont-Neuf vergeblich gegen den Ruf dieses großen Mannes führten, bestanden darin, vorzubringen, er sei Italiener: Dem entgegne ich (nicht diesen Helden vom Sudelpapier, sondern verständigen Menschen, die verdienen, eines Besseren belehrt zu werden), daß ein rechtschaffener Mann weder Franzose, Deutscher noch Spanier ist; er ist Weltbürger, und sein Vaterland ist überall. Aber mag der Herr Kardinal Ausländer sein, sind wir ihm nicht um so mehr verpflichtet, da er seine heimischen Götter aufgab, um die unseren zu verteidigen? Und wäre er denn geborener Sizilianer, wie sie annehmen, dann ist er damit noch kein Vasall des Königs von Spanien, weil die Geschichte Zeuge ist, daß unsere Lilien ein größeres Recht auf die Herrschaft dieses Staates besitzen als die drei Schlösser von Kastilien.

Sie sind allerdings sehr wenig unterrichtet über den Ort, wo seine Wiege stand. Denn wiewohl das Haus Mazarin aus Sizilien stammt, ist der Herr Kardinal in Rom geboren; und weil er Bürger einer neutralen Stadt ist, hat er sich infolgedessen dem Nutzen der Nation, die er wählen wollte, verpflichten können. Es ist wohlbekannt, daß das römische Volk ebenso wie die Adligen und die Kardinäle sich auf diese Weise zum besonderen Schutz, sei es eines Königs oder Fürsten oder einer Republik, verpflichten: Die einen ergreifen Partei für Frankreich, andere für Spanien, wieder andere für andere Herrscher, und Seine Eminenz schlug sich zu unserer guten Sache und hat damit dem Beispiel Gottes folgen wollen, der sich immer auf die Seite des Gerechten stellt. Gewiß hat der glückliche Erfolg unserer Waffen sowohl die Vortrefflichkeit seiner Wahl als auch die Gerechtigkeit unserer Sache deutlich gezeigt; und unser Staat, der unter seiner Verwaltung größer wurde, bezeugt wohl, daß der Himmel um seinetwillen unseren Streit zu dem seinen gemacht hat. Und auch alle, die sein Abtreten forderten, sieht man seither als Kostgänger der Feinde dieser Krone; der Ruhm der glorreichen Taten unseres großen Kardinals, der sein strahlendes Leuchten noch mehrt, hat deutlich gezeigt, daß diejenigen, denen sein Glanz in den Augen schmerzt, es gemacht haben wie die Wölfe in der Fabel, die den Lämmern versprachen, sie in Frieden zu lassen, wenn sie den Hund von ihrer Hürde wegschickten.

Schließlich und endlich haben diese Staatsreformer, die ihre finsteren Absichten hinter der Maske der öffentlichen Wohlfahrt verbergen, nur das alte Lied herzuleiern, daß der Herr Kardinal Italiener sei. Ja! Aber worüber können sie sich denn beklagen? Er befördert nur Franzosen und solche, deren Größe keinen Schatten zu werfen imstande ist. Er hat sich keine Kreaturen herangezogen; und wir sehen bei Hofe dreißig italienische Standesherren aus sehr großen Häusern, die, entweder angezogen durch Blutsverwandtschaft mit ihm oder von seinem Ruf, hier seit zehn Jahren ihre Zeit verwarten, weil er sie für den Dienst des Königs nicht geeignet fand. Indessen, wieviel Klugheit er auch bei der Leitung der Regierung walten läßt, sie mißfällt unseren staatsklugen Bürgern, sie verschreien seine Staatsführung. Aber nicht erst seit heute geben die Boshaften dem günstigen Geschick anderer Schuld an der Mißgunst ihres eigenen. In dem Gram, der an ihnen frißt, würden sie gar beklagen, daß sie nichts zu klagen haben.

Weil Seine Eminenz sich keine Kreaturen herangezogen hat, nennen sie ihn undankbar, hätte er es getan, dann würden sie ihn der Ehrsucht anklagen. Weil er unsere Grenzen nach Italien ausgedehnt hat, ist er Verräter an seinem Vaterland, und hätte er unsere Waffen nicht dorthin getragen, wäre er mit seinen Landsleuten gegen uns im Einverständnis gewesen. Kurz, von welcher Seite der Ruhm dieses Königreichs auch vermehrt wird, Seine Eminenz wird immer in großem Unrecht sein, es sei denn, er machte seine Neider groß genug, daß ihnen der Neid verginge. Soll das Feuer der Verleumdung nur mit all seiner Heftigkeit gegen ihn losdrängen, sein Ruhm ist ein Fels inmitten der Brandung, den das Unwetter wäscht, anstatt ihn zu erschüttern, und diese selbe Kraft, die ihn instand setzt, die Last eines Reiches zu tragen, wird nicht von ihm weichen, wenn zur Frage steht, Beschimpfungen zu ertragen.

Die zweite Batterie, die gegen ihn in Stellung gebracht ist, greift seine Geburt an. Na was! Sind wir denn verpflichtet, die willentlich Unwissenden zu unterrichten? Müssen wir sie davon unterrichten, weil sie sich so stellen, als wüßten sie nicht, daß die Familie der Mazarin, welcher der Vater des Herrn Kardinal entstammt, nicht nur unter die adligsten zählt, sondern auch eine der am besten verheirateten ganz Italiens ist, und daß das Wappen seiner berühmten Vorfahren zu den ältesten gehört, deren Namen das alte Rom bewahrt hat? Die Unwissenheit der Dummköpfe besäße ein großes Privileg, wenn wir genötigt wären, geduldig das Widerspiel aller Wahrheiten anzuhören, die ihnen nicht bekannt sind.

Das Volk der Place Maubert und der Hallen will diese Wahrheiten nicht zugeben, die so offenkundig sind; aber dieses Volk wäre nicht der Pöbelhaufe, wenn es von etwas vernünftig unterrichtet werden könnte. Außerdem ist es seine Gewohnheit, wenn es herausragende Tugenden bemerkt, zu denen seine Niedertracht nicht hinaufreicht, sich zu rächen durch üble Nachrede. Obgleich der Herr Kardinal von Richelieu wohlbekannt war dafür, daß er aus einem der ältesten Häuser des Poitou stammte, daß er den edelsten Herren Frankreichs blutsverwandt war und daß unsere Fürsten selbst von ihren Ahnen her mit ihm gleichen Bluts waren, wurde ihm sein Adel nichtsdestoweniger bestritten. Solche Geschichten versiegen nie im Munde von Aufrührern, die überall einen Vorwand suchen, den Gehorsam zu verweigern, den sie jenen schulden, die ihnen der Himmel als Herren gegeben.

Sie verfolgen ihn immer noch und werfen ihm vor, die Kardinäle Barberini beschützt zu haben. Hätte es denn Frankreich zur Ehre gereicht, geweihte Personen fallenzulassen, die es um seine Hilfe anriefen, die Neffen eines Papstes, der während seiner ganzen Regierungszeit der treue Freund Frankreichs gewesen ist? Hätten die anderen Nationen dieses Aufgeben nicht der Ohnmacht zugeschrieben, sie zu schützen? Und hätte dies Zeugnis von Schwäche nicht einen großen Streich gegen Ihre Allerchristliche Majestät bedeutet, deren Herrschaft sowohl auf Ihrem Ruf als Ihrer Kraft beruht?

Wenn unsere Verleumder sich an dieser Stelle in die Enge getrieben fühlen, dann wechseln sie den Kampfplatz und schreien, er habe das Volk auf schreckliche Art erpreßt. Ich weiß nicht, ob das Lumpengesindel geheime Verbindungen in fremde Königreiche unterhält, die es zuverlässiger über die Verwaltung der Finanzen in Kenntnis setzen, als der Staatsrat, die königliche Schatzkammer und die Rechnungskammer unterrichtet sind. Ich weiß indessen, daß der Oberste Pariser Gerichtshof, der ihn der Fortschaffung oder des Mißbrauchs so vieler Barschaften anklagte, nach einer solch langen Untersuchung der Verträge und Verhandlungen Cantarinis ihm nicht einmal die Aneignung eines Vierteltalers vorgeworfen hat; und ich denke, seine Feinde hätten nicht versäumt, ihm Unterschleif zur Last zu legen, wenn er überführt worden wäre, anstelle unwahrer Verbrechen, womit sie vergeblich versuchten ihn anzuschwärzen, in Ermangelung wirklicher Vergehen. Ist denn das Königreich obendrein mit irgendeiner Steuer belastet worden, die nicht schon seit der vorigen Regierung besteht? Auch, scheint mir, treibt man sie nicht mit solcher Härte ein wie einst üblich; obwohl das von den Finanzpächtern vorgestreckte Kapital zur Lebenszeit des Herrn Kardinal von Richelieu aufgebraucht war und man mit der Fortführung der Kriege gegen die gleichen Feinde nicht aufhören darf. Ja glauben sie denn, man bezahlt fünf oder sechs Armeen mit Eichenblättern? Daß man damit bei jedem Feldzug neue Kriegsleute aushebt? Daß man die Verbindungen, die man im Innern und im Ausland braucht, so aufrechterhält? Daß man ganze Provinzen und Königreiche zum Aufstand gegen unsere Feinde bringt? Daß schließlich ein einziger Minister über das Schicksal aller Potentaten dieser Erde herrscht ohne außerordentliche Summen Geldes, die allein in der Lage sind, uns den Frieden zu erkaufen? Ja, weil der Herr Tuchhändler sich einbildet, mit der Staatsführung einer Monarchie gehe es wie mit dem Lohn für sein Stubenmädchen oder dem Taschengeld für Michel, seinen Sohn.

Ihren lächerlichen Geschichten fügen sie noch völlig unpassend hinzu, daß die Dinge sehr oft gerade gegen seinen Rat Erfolg hatten. Das will ich glauben, denn er ist Herr seiner Urteilskraft, aber nicht der Launen des Glücks. Wie oft sehen wir nicht große Erfolge die schlechte Durchführung rechtfertigen; mich würde sehr viel mehr wundern, wenn ein Mann durch die Schleier, die über der Zukunft liegen, mit den Augen seiner Vernunft eine Ordnung in den Zufälligkeiten herstellen kann und durch seine Aufmerksamkeit den Gang des Schicksals lenken.

Sind die Schwätzer bei diesem Angriff zurückgeschlagen, so halten sie ihm einen Palast vor, den er in Rom bauen ließ; sie sollten doch einsehen, daß an jenem Hof der geringste der Kardinäle seinen eigenen besitzt. Für einen französischen Kardinal wird aus der Pracht eines Palasts in Rom der Ruhm Frankreichs, wie seine Schäbigkeit in der Meinung der Italiener unserer Nation zur Schande gereichen würde. Einige unserer Könige (ich spreche von den erhabensten) haben Kardinäle freigebig mit beträchtlichen Summen zum Bau ihrer Paläste versehen, unter der Bedingung, daß sie über dem Portal unser Lilienwappen anbringen; und trotz solcher Vorwände findet es ein jämmerlicher kleiner Krämer, seine Zierbänder aufrollend, ungebührlich, daß der Herr Kardinal auf eigene Kosten ein Haus bauen läßt.

Das Lumpengesindel murrt noch und schreit, er habe keinen einzigen Zufluchtsort, wenn Frankreich ihn im Stich ließe. Ha! Wie denn, ihr blinden Herrschaften, weil er sich für euren Schutz und eure Erhaltung in aller Welt Feinde geschaffen hat, ist er ein abscheulicher und elender Mensch, und ihr haltet ihn der Vergebung für unwürdig? Sein Vergehen ist in der Tat unverzeihlich, nämlich Undankbaren so treu gedient zu haben; und Gott, der ihn jenen zum Beispiel geben wollte, die sich für das Volk in Gefahr begeben, ließ es zu, daß er mit einem solch beherzten Betragen wie Phokion, Perikles und Sokrates auf ebenso bösartige Mitbürger traf, wie sie einst diese großen Männer verurteilten.

Es wird auch mißbilligt, daß er den Frieden abgelehnt hat, und meine Wäscherin schwor mir, daß Spanien ihn diesem Königreich zu höchst vorteilhaften und höchst ehrenhaften Bedingungen angeboten habe. Ich mahne die Einsichtigen, die nicht nach dem Anschein urteilen dürften, sich zu erinnern, daß in der Zeit, zu der unsere Bevollmächtigten den Friedensschluß zurückwiesen, die heftigsten Ausbrüche des Aufruhrs in Neapel begannen und Fortuna uns die Rückgabe eines Staates zu bieten schien, der uns gehört. Es wäre gegen alle Regeln menschlicher Klugheit gewesen, die Eroberung zu versäumen, die uns so gut wie sicher war. Außer der Tatsache, daß der Katholische König immer darauf bestanden hatte, daß wir die Unterstützung des Königs von Portugal aufgäben, war es uns auch nicht erlaubt (zumindest ohne für die treuloseste der Nationen zu gelten), den Frieden zu unterzeichnen, ohne daß er in dem Vertrag mit inbegriffen war, hatte er doch nur auf unser Wort hin gewagt, seiner Familie die Krone wieder aufs Haupt zu setzen.

Dies hier aber ist der letzte und heftigste Schlag, mit dem sie willens sind, den Glanz seines Ruhms zu verdunkeln. Er sei, sagen sie, Urheber der Belagerung von Paris. Ich antworte ihnen zum ersten, er hatte die Pflicht, dazu zu raten, weil die Regentin vor mehreren Verschwörungen gewarnt worden war, die sich gegen die Person des Königs anspannten. Indessen stimmen selbst die umlaufenden Gerüchte darin überein, daß er nicht der erste war, der dem Entschluß für diese Unternehmung das Wort geredet hatte, und daß man seine Neigung zur Sanftmut vielmehr immer mißbilligt habe. Warum im übrigen soll er allein die Verbringung unseres jungen Königs angeordnet haben? Die Leute, die sich auskennen,wissen auch, daß er nicht allein ist im Staatsrat und er seine Meinung dort nur einbringt wie jeder andere. Weit davon entfernt, der einzige Urheber dieses Plans zu sein, litt er es nicht einmal, daß gegen die Stadt Dinge vollzogen wurden, die ihre Unterwerfung wohl beschleunigt hätten, weil sie seiner menschlichen Art ein wenig zu grausam erschienen: Und wenn die Pariser mich fragen, welche denn diese Dinge seien, dann tue ich ihnen kund, daß er mit allem Recht zum Beispiel die Kriegsgefangenen mit dem Tode bestrafen lassen konnte als Verräter und Aufrührer gegen ihren König. Er konnte desgleichen in einer Nacht, wenn er das gewollt hätte, auf Grund der Nachrichten, die er von drinnen besaß, die nur sehr schwach gesicherten Vorstädte plündern und niederbrennen lassen und die Flüchtigen in die Stadt jagen, um sie auszuhungern oder sie über die Klinge der Schwerter springen lassen – nach dem Beispiel Heinrichs IV., der in weniger als einem Tag die Hälfte der Frauen von Paris zu Witwen machte – und durch diesen Aderlaß das Fieber der Einwohner dämpfen. Aber weit entfernt von solchen Akten der Feindseligkeit verbot er sogar die Zerstörung der Mühlen rund um die Stadt, obgleich er wußte, daß sie auf diesem Wege regelmäßig große Mengen Getreide erhielt; und obwohl er von allen Bewegungen ihrer Kriegsleute Kenntnis hatte, ließ er oft die Königlichen Truppen von unseren Nachschubwegen abziehen, um uns nicht gleichzeitig aushungern und im Felde schlagen zu müssen.

Er hat Paris also belagert, aber auf welche Weise? Wie jemand, der Angst hat, es einzunehmen; wie ein Vater seinen Kindern gegenüber, begnügte er sich, ihnen die Ruten zu zeigen, und er hat ihnen lange Zeit vorher gedroht, auf daß sie die Muße hätten, es sich gereuen zu lassen; und schließlich, um es rundheraus zu sagen, da ihre Krankheit eine Folge ihrer Ausschweifung war, war es die Pflicht eines guten Arztes, sie zu einer Hungerkur zu veranlassen. Tatsächlich würde ich sagen – wenn es in einer Angelegenheit von solcher Bedeutung erlaubt ist, sich der Spötterei zuzuwenden –, daß am Abend vor den Heiligen Drei Königen der unsrige nachts so viele andere Könige in seine Hauptstadt kommen sah, daß er gegen sie auszog und versuchen wollte, fünfzigtausend Monarchen zu besiegen.

Dies sind, denke ich, alle Artikel, mit deren Hilfe das Lumpengesindel versucht hat, die Person seiner Eminenz verhaßt zu machen, ohne daß es je einen berechtigten Anlaß zur Klage über ihn gehabt hätte. Sie lassen indes nicht davon ab, seine glänzendsten Tugenden zu verschreien, seine Verwaltung zu mißbilligen und ihm seinen Vorgänger vorzuziehen. Aus welchem Grund? Ich weiß keinen, es sei denn, weil der Herr Kardinal Mazarin vielleicht keinen dem Tod überantwortet ohne Kenntnis des Grundes; weil er keinen Hofstaat hat, der fett vom Blut des Volkes ist; weil er den Grafen, Marschällen, Herzögen und Pairs nicht den Kopf abschlagen läßt; weil er die Fürsten nicht von der Kenntnis der Staatsgeschäfte fernhält; weil er nicht rachsüchtig ist; endlich, weil er ihnen gar so mild erscheint, daß sie sogar die Straflosigkeit ihrer Meuchelanschläge voraussehen. Das ist der Grund, warum ihn diese Aufrührer für keinen großen Politiker halten. O stumpfer Pöbel, ein gütiger Minister mißfällt dir: Hab acht, dich nicht im selben Mißgeschick wiederzufinden wie die Vögel in der Fabel, die, nachdem sie ein Oberhaupt verlangt hatten, sich nicht mit der Regierung der Taube zufriedengaben, die Jupiter ihnen gegeben hatte und die sie friedlich regierte; sie schrien so sehr nach einem anderen, daß sie den Adler bekamen, der sie alle verschlang. Der verstorbene Herr Kardinal war ein großer Mann so gut wie sein Nachfolger; da ich mir aber nicht die Freiheit herausnehme, über ihre Verdienste zu entscheiden, werde ich mich begnügen, jedermann in Erinnerung zu rufen, daß der Herr Kardinal von Richelieu die Ehre hatte, von König Ludwig XIII., dem gerechtesten Monarchen Europas, zu seinem Minister ausersehen worden zu sein; und der Herr Kardinal Mazarin vom Kardinal von Richelieu selbst, dem größten Genius seines Jahrhunderts.

Außerdem wird zu Unrecht vorgebracht, daß wir unter einer Regierung lebten, wo der Soldatenstand, die Gelehrsamkeit und die Frömmigkeit verachtet werden: Ich behaupte im Gegenteil, daß sie noch nie so hoch angesehen waren. Für die Waffen stehen die Herren von Gassion und von Rantzau, die durch sein Ansehen und auf seinen Rat hin zu Marschällen von Frankreich gemacht wurden, vom Herrn Prinzen ganz zu schweigen, der durch Wohltaten, die ihm die Königin erwies, allein mehr besitzt als einige Könige Europas. Der Pater Vinzenz steht für die Frömmigkeit, die ihn dazu bestellt hat, über die Sitten zu urteilen, das Gewissen und die Fähigkeiten derjenigen, die nach Pfründen streben. Für die Gelehrsamkeit zeugt die glückliche Wahl, die er mit einem der größten Philosophen unserer Zeit für die Erziehung des Herrn Bruders unseres Königs hat. Zeuge dafür ist auch der gelehrte Naudé, den er mit seiner Wertschätzung beehrt, seiner Tafel und seinen Geschenken. Und endlich zeugt davon jene große und herrliche Bibliothek, eingerichtet für die Öffentlichkeit, zu der durch seine Umsicht und sein Geld alle Gelehrten Europas beitrugen. Was können wir dem noch hinzufügen, Messieurs? Nichts, außer daß der Ruhm dieses Königreichs nicht mehr höher steigen kann, da er in Seiner Eminenz beschlossen ist. Haltet Ihr es nicht für ratsam, daß das Volk ein Ende damit macht, die Geduld seines Fürsten zu erschöpfen durch die Schmach, die es seinem Günstling zufügt; daß es mit Ehrerbietung die Vergebung annimmt, die ihm geboten wird, ohne daß es sie verdiente? Nein, Monsieur, es verdient sie nicht. Ist es denn ein verzeihlicher Fehler, sich gegen seinen König zu erheben, das leibhaftige Ebenbild Gottes? Seine Waffen gegen den zu kehren, den er uns gegeben hat, sowohl über unser Hab und Gut als auch über unser Leben die Amtsgewalt seiner Allmacht auszuüben? Heißt es nicht, die göttliche Majestät des Irrtums zu beschuldigen, wenn man den Willen desjenigen durchhechelt, den sie für uns erwählt hat? Ich weiß wohl, daß man mir entgegenhalten kann, daß die Anhänger einer Republik sich nicht außerhalb des Heilsweges befinden: Nichtsdestotrotz ist es in höchstem Maße zutreffend, daß, so wie Gott als einziger das ganze Universum beherrscht, die Regierung des himmlischen Reiches monarchisch ist und daß aus diesem Grund jene der Erde ebenfalls so sein muß. Die Heilige Schrift legt Zeugnis davon ab, daß Gott niemals auch nur einen Volksstaat angeordnet hat, und einige Rabbiner beteuern, daß die Sünde der Engel in dem Vorhaben bestand, sich in einer Republik zusammenzutun. Sehen wir denn nicht ein, daß er lange Zeit vor seiner Herabkunft dem Volke Israel David als König gegeben hat und daß er seit unserer Erlösung das Ölfläschchen zu Reims vom Himmel herabgeschickt hat, mit dem nach seinem Willen unsere Könige gesalbt werden sollten, um sie durch ein übernatürliches Zeichen von all denen zu unterscheiden, die geboren werden, ihnen Gehorsam zu leisten? Die Ecclesia militans, die ein Ebenbild ist der Ecclesia triumphans, wird von den Päpsten monarchisch geführt, und sogar die Privathäuser werden durch eine Art König regiert, welcher der Familienvater ist; das ist wie eine ursprüngliche Triebfeder in der Gesellschaft, die unsere Handlungen in eine Ordnung bringt, und es ist dieser geheime Trieb, der jedermann nötigt, sich den Königen zu unterwerfen. Das Volk mag ruhig versuchen, in seiner Seele dieses Licht auszulöschen, von dem es zur Unterwerfung geleitet wird; am Ende wird es wider Willen fortgerissen von dieser Triebkraft und gezwungen, den geschuldeten Gehorsam zu erweisen.

Indessen besaß aber das Volk von Paris die Verwegenheit, gegen den Gesalbten des Herrn die Hand zu erheben unter dem Vorwand, daß es nicht gegen den König vorgehe, sondern gegen seinen Günstling; als ob, so wie ein König das Ebenbild Gottes ist, ein Günstling nicht das Ebenbild des Königs wäre. Es ist aber noch nicht genug zu sagen, sein Ebenbild – er ist sein Sohn. Wenn er im Fleische zeugt, zeugt er einen Prinzen. Wenn er in seiner Würde zeugt, zeugt er einen Günstling. Als Mensch bringt er einen Nachfolger hervor, als König eines seiner Geschöpfe, und wenn es wahr ist, daß Erschaffung etwas Edleres ist als Fortpflanzung, weil die Erschaffung etwas Wunderbares ist, dann müssen wir einen Günstling verehren als das Wunderwerk eines Königs. Wenn das Volk also auch nur gegen Seine Eminenz die Waffen ergreift, glaubt es denn christlich zu handeln, wenn es einem Fürsten der Kirche nach dem Leben trachtet? Nein, Monsieur, das Volk ist Apostat, es beleidigt den Heiligen Geist, der bei der Erhebung aller Kardinäle den Vorsitz führt; und es unterliegt keinem Zweifel, daß er ihre Entweihung ebenso streng bestraft, wie er die Metzelei des Kardinals von Lothringen rächte, dessen Tod, wiewohl gerecht, zwanzig Jahre lang durch die Kehlen von vierhunderttausend Franzosen blutete. Aber welchen Nutzen kann sich denn das Volk von einer Empörung versprechen, die niemals Erfolg haben kann? Und selbst wenn es gelänge, sogar die Monarchie von Grund auf umzustürzen, welchen Vorteil gewönne denn das Volk davon? Derjenige, der heute nur einen Mantel besitzt, wäre darüber dann nicht mehr Herr. Es wäre Urheber einer furchtbaren Verwüstung, deren Ende die Enkel seiner spätesten Nachkommen nicht mehr erlebten. Überdies wäre es sehr plump, sich einzubilden, daß die Christenheit ohne Anteilnahme dem Verderben des ältesten Sohnes der Kirche zusähe. Ist denn nicht allen Königen Europas an der Erhaltung eines Königs gelegen, der ihnen eines Tages wieder auf ihre Throne helfen kann, wenn ihre aufrührerischen Untertanen sie heruntergestürzt haben? Und ich wünschte, dieser Umsturz käme ohne so große Zerstörung wie jene, an der Holland heute noch blutet. Ich behaupte, daß die Regierung des Volkes die größte Geißel ist, mit der Gott einen Staat heimsuchen kann, wenn er ihn züchtigen will. Ist es denn nicht gegen die Ordnung der Natur, daß ein Flußschiffer oder ein Lastenträger die Macht besitzt, den General einer Armee zum Tod zu verurteilen? Und daß das Leben der höchsten Person in der Willkür der Lungenkraft des Allerdümmsten steht, der atemlos seinen Tod verlangt? Aber Gott sei Dank sind wir von einem solchen Chaos weit entfernt. Schon verbergen sich jene, die »der Kardinal« sagen, ohne »Hochwürden« hinzuzufügen; und jeder beginnt einzusehen, daß es ungemächlich ist, wie die Schurken zu sprechen, ohne einer zu sein. Auch wenn sich das ganze Königreich gegen ihn verbündet hätte, wäre ich seines Sieges gewiß, denn für die Juliusse ist es unvermeidlich, die Gallier zu überwinden. Ich hoffe also, daß wir bald eine allgemeine Versöhnung im Geiste erleben werden und eine vollkommene Übereinstimmung zwischen den verschiedenen Gliedern dieses Staatskörpers. Da in den Adern des Herrn von Beaufort ausschließlich das Blut Frankreichs fließt, ist es unvorstellbar, daß dies Blut ihn nicht davon abhält, sein Schwert im Busen seiner Mutter von Blut zu röten; und genauso wie Bäche, die zeitweise in die verschiedensten Richtungen geflossen waren, sich schließlich wieder zusammenfinden, um sich im Ozean zu vereinen, von dem sie ausgegangen waren, zweifle ich nicht, daß jenes illustre Blut sich bald mit seiner Quelle vereint, die der König ist. Was die anderen Führer dieser Partei angeht, hüte ich mich, so schlecht von ihnen zu denken, daß ich glaubte, sie würden es von sich weisen, auf den Spuren eines solch heldenhaften Vorbildes zu wandeln. Mir scheint, ich sehe sie schon sich ehrerbietig vor dem Bilde des Fürsten verneigen; sie sind zu gerecht, wenn sie einmal über die Gunstbeweise nachdenken, die die Vorfahren ihrer Häuser von den verflossenen Königen erhielten, um verhindern zu wollen, daß das Schicksal eines anderen Hauses seinerseits unter einem günstigen Stern steht.

Der Herr Koadjutor weiß wohl, daß der Herzog von Retz, sein Großvater, Günstling Heinrichs III. war. Herr von Brissac mag gelesen haben, daß sein Vorfahr durch König Heinrich IV. zu Amt und Würden gelangte. Herr von Luynes hat seinen Vater als den erlebt, der über Herz und Besitz König Ludwigs XIII. alles vermochte. Und Herr von la Mothe-Houdancourt erinnert sich vielleicht noch der Zeit, als er selbst bei dem Günstling des verstorbenen

Königs in Gunst stand. Sie haben also keinen Grund, sich zu beklagen, daß der Herr Kardinal an der Regierung ist; es ist nur das, was ihre Vorfahren oder was sie selbst unter einer anderen Regierung gewesen sind.

Wenn aber alle diese Erwägungen sich als zu schwach erweisen sollten, sie an ihre Pflicht zu erinnern, sind sie doch Adlige, und die Sorge, undankbar zu erscheinen für die Wohltaten, die sie von Ihrer Majestät erhielten, wird bewirken, daß sie lieber ihre Unzufriedenheit vergessen als für unerkenntlich zu gelten; und das Beispiel von tausend Verrätern, die die Gunsterweise des Hofes mit Unflätereien bezahlt haben, wird keine Gewalt über sie haben, wissen sie doch zu gut, daß Undankbarkeit das Vergehen eines Schurken ist, dessen der Adel nicht fähig ist. Allein den Dichtern vom Pont-Neuf wie Scarron kommt es zu, schäumend vor Wut den Purpur der Könige und Kardinäle zu bespeien und die Geschenke, die er beständig vom Hofe erhält, in Papier anzulegen, das er gegen jenen vollschmiert. Er hatte sogar die Dreistigkeit zu verkünden (nachdem er sich gebrüstet hatte, von der Königin tausend Franken seines Jahrgeldes erhalten zu haben), wenn man ihm nicht noch weitere tausend schicke, stehe es nicht in seiner Macht, sich einer neuen Satire zu enthalten, die ihn bedränge, um ans Licht zu kommen, und daß er seine Freunde beschwöre, aufs eiligste davon Nachricht zu geben, weil es nicht in seiner Macht stünde, sie noch länger zurückzuhalten. Nun! Hat man denn wirklich alle Jahrhunderte hindurch irgendein Beispiel solch frecher Undankbarkeit gesehen. Ha! Monsieur, es steht außer Zweifel, daß Gott, der die Schwere und Zahl seiner Verfehlungen voraussah, und um ihn dafür hinreichend zu bestrafen, ihm schon vor zwanzig Jahren mit einem fortwährenden Tod zuvorkam als Züchtigung für alle Verbrechen, die er noch nicht begangen hatte, aber noch begehen sollte. Gewährt mir, ich bitte Euch, die Erlaubnis, mit meiner Rede ein wenig abzuschweifen, um mich diesen Aufrührern zuzuwenden. Aufrührerisches Volk, kommt und seht ein Schauspiel, das der Gerechtigkeit Gottes würdig ist; dies ist der erschreckliche Scarron, der Euch zum Beispiel gegeben ist für die Pein, die alle Undankbaren, die Verräter und Lästerer ihrer Fürsten in der Hölle erleiden werden. Bedenkt an seinem Beispiel, mit welchen Ruten der Himmel die Verleumdung, den Aufruhr und die Lästersucht züchtigt! Kommt herbei, Possenschreiber, ein ganzes Spital zu sehen im Leib eures Apollos! Bekennt beim Betrachten der Skrofeln, die ihn auffressen, daß er nicht nur der Kranke der Königin ist, wie er sich selbst nennt, sondern auch der Kranke des Königs. Er stirbt jeden Tag in einem Glied, und seine Zunge wird bis zuletzt bleiben, damit seine Schreie euch die Schmerzen künden, die er leidet. Ihr seht ihn, es ist kein Märchen: Seit ich zu euch spreche, hat er vielleicht die Nase oder das Kinn verloren. Und ein solches Schauspiel bewegt euch nicht zur Buße? Bewundert, ihr Verstockten, bewundert die verborgenen Ratschlüsse des Allerhöchsten! Hört mit einem Ohr der Zerknirschung jene sprechende Mumie; sie klagt, daß sie noch nicht zur Gänze zu einer geworden ist, um all der Pein gewachsen zu sein, die sie erduldet. Sogar die Seligen unterweisen die Natur zur Bestrafung seiner Ruchlosigkeit und Gotteslästerei in neuen Gebrechen, um ihn zu beladen: Durch ihre Vermittlung ist er schon überhäuft mit den Übeln des heiligen Rochus, des heiligen Fiacrius, des heiligen Klodoald und der heiligen Regina, und damit wir alle Feinde, die er im Himmel hat, in einem Wort fassen können, hat der Himmel selbst angeordnet, daß er krank am Gesunden sei. Bewundert also, bewundert wie groß und unergründlich die Geheimnisse der Vorsehung sind! Sie wußte schon um die Undankbarkeit der Pariser gegen ihren König, die sechzehnhundertneunundvierzig ruchbar werden sollte; da sie aber nicht so viele Opfer wünschte, hat sie vierzig Jahre zuvor einen Mann zur Welt kommen lassen, der undankbar genug war, um ihn allein alle Übel abbüßen zu lassen, die eine ganze Stadt verdient hatte. Nutze also, o Volk, diese gräßliche Lehre, und wenn die Erwägung des ewigen Feuers ein zu schwacher Beweggrund ist, euch klug werden zu lassen und euch zu hindern, eure Galle auf den Purpur des Tabernakels zu verspritzen, so soll zum wenigsten ein jeglicher von euch sich aus Angst davor zurückhalten, ein Scarron zu werden. Ihr mögt, Monsieur, wenn es Euch gefällig ist, diese kleine Abschweifung entschuldigen, da Ihr wohl wißt, daß uns die christliche Nächstenliebe verpflichtet, denjenigen unter uns zu Hilfe zu eilen, die ohne es zu bemerken mit dem Fuß am Rande eines Abgrunds stehen und jederzeit hinabstürzen können. Ihr braucht dergleichen nicht, Ihr, der Ihr Euch während der Erschütterungen dieses Staates immer am Stamm des Baumes festhieltet; auch ist dies einer der ansehnlichsten Beweggründe, weswegen ich bin und mein ganzes Leben sein werde, Monsieur,

Euer wohl ergebener, wohl gehorsamer und
wohl affektionierter Diener
De Cyrano Bergerac

Theseus an Herkules

Da ich Euch aus der Anderen Welt schreibe, o mein Herkules – nimmt es Euch nicht wunder, daß ich mich jenseits des Flusses der Vergessenheit noch unserer Freundschaft erinnere und das Andenken daran bewahre an einem Ort, wo die Erinnerung der Menschen Schiffbruch leidet? Ach, ich sehe voraus, daß Ihr das nicht tut, wißt Ihr doch zu gut, daß diese Übereinstimmung, deren gegenseitige Wertschätzung unsere Seelen verknüpft hatte, ein Knoten war, den kein Tod lösen könnte; und selbst die unzugängliche Hölle, in der ich festgehalten werde, ist nicht weit genug entfernt, zu verhindern, daß meine Seufzer bis zu Euch reichen. Ich weiß, daß man Euch hat schaudern sehen und zittern im Zorn gegen den Tyrannen der Nacht, dessen hartes Regiment ich erleide, und daß der große Herkules, welcher Stieren die Hörner abschlug, Löwen zerriß, Riesen erdrosselte und auf seinen Schultern das Weltgebäude trug, das Atlas nicht mehr ertragen konnte, nicht der Mann ist, das Geheul eines Hundes zu fürchten, der an der Pforte meines Kerkers wacht: ein Ungeheuer mit nur drei Köpfen, und die Hydra, die er bezwang, besaß deren sieben, und jeder von ihnen wuchs in sieben anderen nach. Kommt doch, sieghafter Beschützer des Firmaments, kommt und erringt den letzten Sieg über Eure Feinde, kommt in diese finsteren Höhlen und entreißt dem Tod selbst das Vorrecht der Unsterblichkeit; und entscheidet Euch schließlich, den Zweifel daran zu widerlegen, daß vor dem Schrecken Eures Armes die ganze Natur innehält. Ihr habt Euren Namen genüglich über die Gebirge der Erde und die Gestirne des Firmaments ausgebreitet: Denkt an jene, die im Innersten der Erde schmachten, erdrückt vom Gewicht der Erde, weil sie unter Euren Feldzeichen kämpften! Könnt Ihr Euch ausmalen, in welch elendem Zustand sich der unglückliche Theseus befindet? Heute, da seine Klagen die von der Sonne erleuchteten Himmelsstriche von seinem Unglück widerhallen lassen, sitzt er im traurigsten und unheilvollsten Teil der elysäischen Felder auf dem Stumpf einer vom Blitzschlag gespaltenen Zypresse, unschlüssig, ob er Euch eine Bittschrift oder seine Grabinschrift senden soll. Die Ohren betäubt, die Augen beleidigt vom Gekrächz der Raben und dem unaufhörlichen Geschrei einer Wolke von Reihern, stützt er seinen Kopf auf den schwarzen Marmor eines Grabmals inmitten eines entsetzlichen Friedhofs, den Gewässer aus Blut umfließen, in denen Leichname schwimmen und dessen träge Flut nur das klagende Schluchzen der Seelen regt, die übersetzen. Dies, o unüberwindlicher Held, ist die unselige Beschäftigung, welche die Jahre hinrafft, die ich ruhmvoller in Eurem Dienst zubringen sollte. Auf daß meinem Gram kein verdrießlicher Umstand mangele, werde ich nicht allein vom Elend selbst gepeinigt, sondern auch durch seinen immerwährenden Anblick. Ich will Euch berichten, wie ich dieser Tage (vergebt mir, wenn ich derart rede an einem Ort der Finsternis, wo Blindheit herrscht allerorten und Gegenstände aller Art ewige Trauer tragen), wie ich dieser Tage also, während der Starre des trostlosesten Anblicks, mit der sich eine verfluchte Erdzone aufs abscheulichste dem Auge darbieten kann, ganz bestürzt die Behausung der Parzen erkannte, die ihre Blicke von mir abwandten. Ich brachte lange mit der Betrachtung dieser mörderischen Mütter des Menschengeschlechts zu, die an ihren Spindeln die hoffärtige Willensfreiheit der Völker hängen hatten und den Faden eines stolzen Tyrannen ebenso nachlässig abhaspelten wie den eines einfachen Schäfers. Ich beschwor sie mit meinen Tränen, mein Leben schneller abzuspinnen oder den Lebensfaden zu zerreißen, und da mich die Angst vor dem Tod noch mehr quäle als der Tod selbst, daß sie die Güte hätten, mich durch einen einzigen Tod vor hunderttausenden zu retten; aber in ihren Augen las ich, daß sie festgesetzt hatten, mir meine Bitte so bald nicht zu gewähren. Diese entsetzliche Gesellschaft nötigte mich, meine Bleibe zu verlassen. Aber ach! Ich geriet in eine noch fürchterlichere; es war dies ein ungeheurer Sumpf, wohin mich der Zufall geführt hatte, ich fand mich auf Gedeih und Verderb hunderttausend Vipern ausgeliefert, die kein Erbarmen kannten und mit ihren vom Gifte ätzenden Zungen von meinen Wangen die schmerzlichen Ergießungen meines Herzens leckten und mir dafür die Luft ihres Gezischels zum Atmen gaben. Dort erblickte ich diese berüchtigten Missetäter, die durch ihre Taten zu den äußersten Strafen verurteilt waren: nämlich wieder erzeugt zu werden in dem Feuer, das sie verzehrte; in der Flamme alle unerträgliche Pein des Eises zu erdulden; und unter der unbarmherzigen Herrschaft einer gewalttätigen Ewigkeit nichts mehr von ihrem Wesen zu besitzen als die Kraft, zu leiden. Ich fand dort Sisyphus auf der Kuppe eines Berges, den Verlust des Steins beweinen, der ihm gerade entglitten war; Tityus den unersättlichen Hunger des Geiers erwecken, der auf ihn einhackt. Ixion bei jeder Drehung des Rades, auf dem er liegt, die Erinnerung an die vorherige verlieren. Tantalus sich verzehren nach der Speise, die er vergeblich zu verzehren sucht; und die Danaiden damit beschäftigt, ewig ein durchlöchertes Faß vollzuschöpfen, das sie nicht auffüllen können. Ein sehr dichter Busch fand sich dort ganz in der Nähe, unter dem ich durch die Befestigung des Blätterlabyrinths hindurch die dürre Mißgunst wahrnahm – den Blick voller Entsetzen auf die Erde geheftet, die Hände gelb und verdorrt, mit mageren, zitternden Schenkeln, den Magen an den Rippen klebend, verpesteten Atems, mit ihrer von der schwarzen Galle gegerbten Haut, kaute sie unter Speien Teile einer halbverdauten Kröte. Daraufhin hatte ich die Gesellschaft der Furien, deren Beschäftigungen von solch viehischer Art waren, daß ich sie der Vorstellungskraft anheimgebe, aus Furcht, ihre Schilderung könnte durch das Grauen Eurem Mut den Vorsatz nehmen, mich zu erretten. Seht, großmütiger Fürst, so beschaffen ist mein Unglück; die Schilderung, die ich Euch davon gebe, soll nicht Euren rächenden Arm zu meiner Rettung aufrufen, denn es hieße die Ehre des großen Alkiden schmälern, wenn ich dereinst zu denken gäbe, es wären Worte vonnöten gewesen, ihn zu einer tugendhaften Tat aufzustiften; und ich vertraue darauf, daß die Zeit, die er mit dem Lesen meines Briefs zubringt, das einzige ist, was den ersten Schritt zu seiner Reise verzögern wird, von der ich meine Freiheit erhoffen kann. Unterdessen sehe ich keinen Weg, ihn zu beenden, denn mit welcher Wahrscheinlichkeit könnte ich, der ich der Unterstützung aller Welt bedarf, es wagen, mich zu nennen, großer Herkules,

Euren Diener
Theseus

*Über ein Rätsel, das der Verfasser an Monsieur de **** sandte*

Monsieur,

um mich erkenntlich zu zeigen für das Geschenk Eures schönen Rätsels, das mich in den letzten Tagen bereicherte, glaubte ich mich verpflichtet, meine Schuldigkeit Euch gegenüber zu tun mit einem ähnlichen; ich sage einem ähnlichen in Ansehung des Namens Rätsel, den es trägt: Denn was den erhabenen Charakter des Euren angeht, so erkenne ich meines so weit darunter, daß es vermessen wäre, wollte ich sein Auffliegen auch nur mit den Augen der Einbildung verfolgen. Ist meines indessen glücklich genug, im Gefolge des Euren aufgenommen zu werden, wäre sein Vater nur zu geehrt. Ich gestehe Euch, daß es ungeduldig darauf wartet, Euch zu unterhalten: Wenn Eure Güte ihm diese Gnade gewähren wollte, müßt Ihr nur geruhen, diesen Brief weiterzulesen.

Rätsel über den Schlaf

Ich wurde neunhundert Jahre vor meiner Schwester geboren, und doch gilt sie als die Ältere; ich glaube, ihre Häßlichkeit und Mißbildung sind Grund für diese Verachtung. Niemand, der ihre Gesellschaft und Unterhaltung nicht fliehen würde; nie kommt aus ihrem Mund eine gute Nachricht, und obgleich sie auf Erden mehr Altäre als irgendeine der anderen Göttinnen hat, empfängt sie keine erfreulichen Opfergaben, sondern nur die Gelübde der Verzweifelten. Ich aber bezaubere alles, dem ich mich nähere, ich erlebe keinen Tag, ohne daß alles, was atmet in der Luft, im Meer und auf der Erde, zu meinen Füßen fällt. Ich finde meine Wiege im Sarg der Sonne, und in meinem Sarg findet die Sonne ihre Wiege. Das Liebenswerteste und Vollkommenste, was der Mensch je sah, entstand am ersten Tag meiner Herrschaft. Die Natur legte den Grund meines Thrones und bereitete mein Bett auf der Höhe eines prächtigen Palastes, dessen Tor sie, wenn ich schlafe, Sorge trägt geschlossen zu halten, und die Arbeit an diesem Gebäude ist mit solcher Kunstfertigkeit ausgeführt, daß nie jemand den Plan und die Ordnung seiner Architektur erkannte. Schließlich nahm ich meine Bleibe im Innern eines unerklärbaren Irrgartens, in dem der Verstand des Weisen und des Narren, des Gelehrten und des Einfältigen gemeinsam in die Irre gehen. Ich habe keinen anderen Gast als meinen Vater, und obgleich er mit weit größeren Fähigkeiten ausgestattet ist als ich, schicke ich ihn doch, wohin ich will, und ich bin sein Lenker. Ich kann indessen versuchen, ihn zu täuschen, wie ich will, wenige Stunden nehmen ihm deutlich seinen Irrtum, so daß er sich (wenn auch vergebens) vornimmt, meinen Lügen nicht mehr zu trauen; denn ich lege wider seinen Willen die fünf Sklaven, die ihm dienen, in Ketten; sobald sie müde sind, nötige ich sie, ob sie wollen oder nicht, sich meinen Einfällen zu ergeben; nicht daß er nicht versuchte, der Begegnung mit mir zu entfliehen, aber ich verberge mich, um auf ihn zu lauern, an solch dunklen und finsteren Orten, daß er meinem Hinterhalt nie entgeht. Alsbald ergibt er sich der Kraft der Zauberzeichen, womit ihn meine Göttlichkeit in Verwunderung versetzt, derart, daß er nur Augen für mich hat. Nicht daß ich keine anderen mächtigen Gegner hätte, unter denen der ansehnlichste der geschworene Feind der Stille ist, der mich schon von den Grenzen seines Staates vertrieben hätte, wenn sich nicht der größte Teil seiner Untertanen zu meinen Gunsten gegen ihn empört hätte. Und jene Empörer, welche die Sache der Vernunft gegen ihren Tyrannen aufstehen heißt, sind die ordentlichsten und die einzigen, die unter einer rechten Eintracht leben. Sie schützen meine Unschuld, bringen den Lärm und das Geschrei, die sich zu meinem Verderben verschwören, zum Verstummen, führen mich nach und nach in ihr Königreich ein und helfen mir am Ende selbst, ohne dessen gewahr zu werden, mich zu seinem Herrn zu machen. Ich treibe meine Eroberungen aber noch ein gut Stück weiter, ich teile mir mit dem Gott des Tages die Ausdehnung und Dauer seines Reiches auf; und wenn die Hälfte, welche ich besitze, nicht die glänzendste ist, so ist sie doch wenigstens die lieblichste und ruhigste. Ich besitze ihm gegenüber noch den Vorzug, daß ich, wann immer es mir gefällt, Eingriffe in seine Länder tun kann und daß er nicht in die meinigen eingreifen kann. Der Stern, welcher das All erhellt, steigt nicht vom Horizont herunter, ohne daß ich nicht die Hälfte der Menschheit ins Joch meines Wagens spanne. Ich schüre und erhalte die Unruhe unter den Völkern, um sie in der Ruhe zu halten. Sie sind gar nicht imstande, mich nicht zu lieben, denn ich behandle sie alle nach ihrem Gemüt. Die Lustigen führe ich zu Gastereien, auf Spazierfahrten, zu Bällen, in die Komödie und zu allen anderen Belustigungen. Die Cholerischen führe ich in den Krieg, stelle sie an die Spitze einer mächtigen Armee, lasse sie zwanzig Schwadronen mit Schwerthieben zersprengen, Schlachten gewinnen und Könige gefangennehmen. Die Melancholischen versenke ich in die finstersten Schrecken einer fürchterlichen Einsamkeit, ich befördere sie auf die Gipfel hunderter wilder und unzugänglicher Felsen, um ihnen noch tiefere Abgründe vor Augen zu führen. Schließlich gestehe ich allen Arten von Leuten Beschäftigungen nach ihrem Geschmack zu. Ich überhäufe die Allerärmsten mit Gütern, und manchmal stürze ich Fortuna zum Possen ihre Lieblinge ganz zuunterst unter ihr Rad. Ich hebe auch, wenn es mir gefällt, einen Schurken auf den

Thron, wie ich einst eine römische Kaiserin zur Unzucht mit einem Koch verführt habe. Ich bin es auch, der den Liebenden, damit sie sich nicht mit ihren Erfolgen brüsten, die Augen schließt, bevor sie im Bettgäßchen sind. Durch meine Kunst geschieht es, daß man ohne Federn fliegt, daß man läuft, ohne die Füße zu rühren; und ich allein bin es, durch den man stirbt, ohne sein Leben zu verlieren. Die Hälfte meiner Zeit verbringe ich damit, Wohlbeleibtheit wiedergutzumachen, ich mache Wangen wieder rot und lasse auf den Gesichtern Rosen und Lilien erblühen. Ich bin zwei ungleiche Dinge zusammen, der Dolmetsch der Götter und der Übersetzer der Narren. Sieht man mich aus der Nähe, so weiß man nicht, wer ich bin, und beginnt mich erst zu erkennen, wenn man mich aus den Augen verloren hat. Der Adler, der unverwandt in die Sonne schaut, blinzelt vor mir mit den Lidern. Ich weiß nicht, ob man unter meine Vorfahren einen Löwen gezählt hat; aber auf dem Land schlägt mich das Krähen des Hahns in die Flucht; offen gesprochen habe ich selbst Mühe, Euch mein Wesen zu erklären, wofern ihr Euch nicht vorstellt, daß das, was ein kleiner Junge mit seinem Schuh tut, wenn er ihm die Peitsche gibt, ich mit jedermann tue. Ha, Monsieur, das nenne ich deutlich sprechen, und doch wette ich, daß Ihr nicht das mindeste versteht. Nun denn, bei meiner Treue, ich werde es Euch nicht erklären, wofern Ihr es mir nicht auftragt; aber in diesem Fall gestehe ich Euch aufrichtig, daß das Wort, welches Ihr sucht, der Schlaf ist, und ich könnte mich gar nicht dagegen wehren, denn ich bin und werde mein ganzes Leben sein, Monsieur,

Euer Gehorsamster

An den dummen Leser und nicht den klugen

Pöbel, nähere Dich diesem Buche nicht! Die Nachricht an den Leser ist ein Bettelvogt: Ich hätte sie in vier Sprachen verfaßt, wenn ich die könnte, um Dir in vier Sprachen zu sagen, Du Ungeheuer ohne Kopf und ohne Herz, daß Du von allen Dingen dieser Welt das verächtlichste bist und daß es mich geärgert hätte, Dich in allzu gelungenen Beschimpfungen besungen zu haben, in der Befürchtung, Dir Vergnügen zu bereiten. Ich weiß wohl, daß Du darauf wartest, dieses Werk aus Verdruß der Folter zu unterziehen. Wenn Du es aber dem Buchhändler bezahlt hast, ist Dir nicht nur gestattet, es zu verlästern, sondern auch, Dich daran zu erhitzen. Aber welches Urteil Du darüber auch fällen magst, es ist ganz unmöglich, für Deine Unwissenheit ungerächt zu bleiben, denn mißbilligst Du es, wirst Du für stumpfsinnig gehalten, und stumpfsinnig auch, wenn Du es lobst, weil Du nicht weißt, wofür. Überdies bin ich gewiß, daß Du günstig darüber urteilen wirst, damit man nicht glaubt, diese Nachricht an den dummen Leser sei auf Dich gemünzt; und der Grund, daß ich Dich mit noch größerer Zuversicht dem Spott preisgebe, ist der, daß es nicht Deiner Niedertracht anheimgegeben ist, seinen Verkauf zu hindern, denn wäre es auch Dein Todesurteil oder Nostradamus auf syrisch – zwei schöne große Bilder, klugerweise an den Anfang gesetzt, triumphierten so sehr über Deine Sparsamkeit, daß Du nicht mehr Herr Deiner Geldbörse bist. Indes schätze ich, o Pöbel, die Klarheit Deines schönen Genius so hoch ein, daß ich besorge, nach dem Lesen dieses Werkes weißt Du immer noch nicht, wovon der Verfasser gesprochen hat. So wisse denn, daß es um einen Apfel geht – weder um den Renette- noch den Capenduapfel, sondern um eine Frucht, die zu hart ist für Deine Zähne, obgleich diese fähig sind, alles zu beißen; und wenn Du Dich von ungefähr an ihm stößt, so bitte ich den Himmel, daß es so heftig sein möge, daß Dein harter Schädel es nicht aushalte. Der Verfasser wird nicht in Abrede stellen, denn er ist das Gegenteil von einem albernen Narren, daß ich, wenn alle Ignoranten ein einziges Ungeheuer bildeten, auf der Welt zu sein wünschte der einzige

Herkules de Bergerac

DIE LIEBESBRIEFE
DES MONSIEUR CYRANO
DE BERGERAC

AN MADAME *****

Madame,

als ein Wesen von der Schönheit Alcidianes ist Euch wohl ebenso wie dieser Heroin eine unzugängliche Wohnstatt vonnöten. Da man sich der des Romans nur durch Zufall nähern konnte und ohne einen vergleichbaren Zufall auch der Euren nicht näher kommen kann, glaube ich, Euer Charme hat durch seine Zauberkräfte seit meinem Abschied die Provinz, in der ich die Ehre hatte, Euch zu sehen, anderswohin gebracht, will sagen, Madame, sie ist zu einer schwimmenden Insel geworden, die der heftige Wind meiner Seufzer hin und her treibt, wenn ich mich ihr zu nähern versuche. Sogar meine Briefe, voller Ergebenheit und Ehrerbietung, kommen trotz der Fertigkeit der erfahrensten Boten nicht an. Es nützt mir überhaupt nichts, daß sie durch die Lobpreisungen Eurer Person, die sie überall verlauten lassen, in alle Himmelsrichtungen fliegen, sie können Euch nicht erreichen. Und ich glaube gar, sollte durch die Launen des Zufalls oder des Ruhmes, die sehr oft in die Hand nehmen, was an Euch gerichtet ist, einer vom Himmel in Euren Kamin fallen, dann wäre er in der Lage, Euer Schloß in Rauch aufgehen zu lassen. Nach all diesen überraschenden Abenteuern zweifle ich nicht länger, Madame, daß Eure Grafschaft mit ihren Antipoden den Landstrich gewechselt hat. Und ich fürchte, wenn ich sie auf der Karte suche, an ihrer Stelle nur, wie bei den Septentrionen im Norden, zu finden: Dieses vereiste Gebiet ist unzugänglich. Ha! Madame, die Sonne, der Ihr gleicht und der die Ordnung des Universums keine Ruhepause gönnt, ist freudig am Himmel stehengeblieben, um einen Sieg zu bescheinen, mit dem sie nur wenig zu tun hatte. So haltet inne, um den schönsten der Eurigen zu beleuchten. Ich behaupte nämlich (vorausgesetzt, Ihr laßt diesen Zauberpalast, in dem ich zu Euch im Geiste täglich spreche, nicht verschwinden), daß mein stummes, verschwiegenes Gespräch nie etwas anderes an Eure Ohren dringen läßt als Gelübde, Huldigungen und Anbetungen. Ihr wißt, in meinen Briefen gibt es nichts, das Euren Verdacht erregen könnte, warum also fürchtet Ihr eine Unterhaltung über etwas, das nie ausgesprochen worden ist? Ah, Madame, wenn ich meinen Argwohn aussprechen darf: Ich glaube, daß Ihr mich Eures Anblicks beraubt, um nicht einem Uneingeweihten das Wunder mehr als einmal mitzuteilen. Ihr wißt indessen, daß die Bekehrung eines Ungläubigen, wie ich es bin (eine Eigenschaft, die Ihr mir einst zum Vorwurf machtet), verlangt, daß ich es mehr als einmal erlebe. Seid deshalb den Beweisen der Verehrung zugänglich, die ich Euch zu liefern gedenke. Ihr wißt, daß die Götter den Weihrauch, den wir ihnen hienieden weihen, huldvoll aufnehmen und daß ihrem Ruhm etwas abginge, wenn sie nicht angebetet würden. Weist solches also nicht zurück, denn obwohl Eure Eigenschaften alle anbetungswürdig sind, besitzt Ihr doch die beiden wichtigsten in überreichem Maß: Weisheit und Schönheit. Ihr ließet mich ein Verbrechen begehen, wenn Ihr mich hindertet, in Eurer Person den göttlichen Charakter anzubeten, den die Götter Euch eingeprägt haben, bin doch gerade ich jetzt und künftig, mein ganzes Leben lang,

Euer sehr ergebener
und leidenschaftlicher Diener

Ein anderer

Madame,

das Feuer, mit dem Ihr mich verbrennt, hat so wenig Rauch, daß ich behaupte, selbst dem strengsten Kapuziner würden sich Gewissen und Gemüt davon nicht anschwärzen. Die himmlische Erhitzung, deretwegen der heilige Xaver dachte, sein Leib berste ihm, war nicht reiner als meine, weil ich Euch liebe, wie er Gott liebte, ohne Euch je gesehen zu haben. Es stimmt, daß derjenige, der mir von Euch erzählte, ein solch vollkommenes Bild Eures Liebreizes entworfen hat, daß mir, je länger die Arbeit an seinem Meisterwerk dauerte, so war, als malte er Euch nicht, sondern erschaffe Euch. Auf seine Bürgschaft hin habe ich die Übergabe beschlossen, und meinen Brief stelle ich dabei als Geisel. Behandelt ihn, ich bitte, mit Nachsicht und den Kriegsbräuchen gemäß. Denn wenn das Völkerrecht Euch dazu auch nicht verpflichtet, die Eroberung ist so unansehnlich nicht, daß sich der Eroberer ihrer schämen müßte. Ich leugne nicht, daß allein die Vorstellung der mächtigen Geschosse Eurer Blicke mir wahrlich die Waffen aus der Hand schlug und mich zwang, Euch um mein Leben anzuflehen. Ich glaube aber auch selbst, in der Tat sehr zu Eurem Sieg beigetragen zu haben. Ich kämpfte wie einer, der besiegt werden wollte. Euren Angriffen wandte ich immer die schwächste Seite zu, und während ich den Verstand zum Triumph ermutigte, wünschte ich im Innern seine Niederlage. Ich gegen mich selbst bot Euch starke Unterstützung, und wenn die Reue über einen so tollkühnen Plan mich zum Weinen brachte, so stellte ich mir vor, Ihr zögt mir diese Tränen aus dem Herzen, um es noch entflammbarer zu machen, als hätte man alles Wasser aus einem Haus gebracht, das Ihr in Brand stecken wolltet. In dieser Überlegung wurde ich noch bestärkt, als ich daran dachte, daß das Herz eine Feste ist, die man im Gegensatz zu anderen nicht halten kann, wenn man sie nicht niederbrennt. Vielleicht glaubt Ihr, daß ich das nicht ernst meine? O doch, in der Tat. Und ich beteuere feierlich: Wenn ich Euch nicht bald sehe, werden mich Verdruß und Liebe in einer Weise aufzehren, daß den Würmern im Grabe nur die Hoffnung auf ein karges Mahl bleibt. Was! Ihr lacht? Nein, nein, ich mache mich nicht lustig, sehe ich doch, daß dank so vieler Sonette, Madrigale und Elegien, die Ihr dieser Tage von mir (der ich nicht weiß, was Poesie ist) erhieltet, Amor mich für die Reise ins Götterreich ausersehen hat, da er mich dessen Landessprache lehrte. Wenn jedoch ein wenig Mitleid Euch bewegt, meinen Tod aufzuschieben, laßt mich wissen, daß mir erlaubt ist, Euch meine Dienste anzubieten, denn wenn Ihr es nicht tut, und zwar bald, wird man Euch vorwerfen, Ihr hättet den leidenschaftlichsten, ergebensten und gehorsamsten all Eurer Diener grundlos, unmenschlich getötet,

Euren
Diener De Bergerac

Ein anderer

Madame,

Ihr seid mir gewogen! Ach! Von der ersten Zeile an bin ich Euer überaus ergebener, gehorsamer und leidenschaftlicher Diener. Schon fühle ich, wie meine Seele im Übermaß der Freude sich weit über mich hinausspannt, daß sie über meine Lippen gedrungen sein wird, bevor ich noch Zeit habe, meinen Brief zu beenden. Nichtsdestotrotz, hier, er ist beendet, und wenn ich will, kann ich ihn schließen. Da Ihr mich Eurer Zuneigung versichertet, sind ohnehin so viele Schlachtlinien nicht nötig gegen eine eingenommene Feste. Und wäre es nicht üblich, daß ein Held aufrecht stirbt und ein Liebender klagend, hätte ich schon von Euch und der Sonne Abschied genommen, ohne es Euch wissen zu lassen, aber nun muß ich Euch mit den letzten Seufzern meines Lebens Lebewohl sagen; ich hauche mein Leben aus vor Liebe, und Ihr wißt sehr wohl, für wen. Ihr werdet vielleicht glauben, das Sterben der Liebenden sei nur so eine Redensart und sie nähmen wegen des Gleichklangs der Worte l'Amour und la Mort oft das eine für das andere. Ich bin aber zuversichtlich, daß Ihr an der Möglichkeit meines Todes keinen Zweifel hegen werdet, wenn Ihr das Ungestüm und die Dauer meiner Krankheit in Betracht zieht, und noch weniger gar, wenn Ihr mich nach der Lektüre meines Briefs, Madame, dem Tode nah findet,

Euren
Diener

Ein anderer

Madame,

weit davon entfernt, mein Herz verloren zu haben, als ich Euch meine Freiheit zueignete, finde ich es im Gegenteil seit diesem Tag viel größer. Ich glaube, es hat sich vervielfacht, und da ein einziges nicht genügte für all Eure Streiche, hat es sich bemüht, sich in allen meinen Adern, in denen ich es schlagen spüre, fortzupflanzen und an mehreren Stellen gegenwärtig zu sein, um ganz allein das einzige Ziel all Eurer Pfeile zu werden. Die Freimütigkeit indessen, Madame, diesen Schatz, wofür Rom einstmals sein Weltreich in die Waagschale warf, diese bezaubernde Freiheit habt Ihr mir geraubt. Und nichts von dem, was von meiner Seele durch die Sinne gleitet, hat diese Eroberung verursacht. Euer Geist allein verdient diesen Ruhm. Seine Lebhaftigkeit, seine Feinheit, seine Weite und seine Stärke sind es wohl wert, daß ich mich solch edlen Fesseln ergebe. Diese schöne und große Seele, in einen Himmel erhoben, der so weit über dem liegt, was das Vernünftige ist, und so nah dem Übersinnlichen, dessen Schönheit sie im höchsten Grade besitzt. Und ich würde sogar sagen: Sie besitzt viel vom allmächtigen Schöpfer, der sie schuf, wenn sie nicht von allen Eigenschaften, die wesentlich zu ihrer Vervollkommnung gehören, der Barmherzigkeit entbehrte. Ja, wenn man sich bei einer Gottheit irgendeinen Mangel vorstellen kann, dann lege ich Euch diesen zur Last. Erinnert Ihr Euch nicht meines letzten Besuchs, bei dem ich mich über Eure Härte beklagte und Ihr mir beim Abschied verspracht, ich fände Euch geneigter, wenn Ihr mich zurückhaltender säht, und mich Lebewohl sagend auffordertet, ich solle am nächsten Tag wiederkommen, weil Ihr den

Entschluß gefaßt hättet, mir den Beweis zu liefern? Aber ach! Einen Zeitraum von einem Tag zu veranschlagen, um für Wunden des Herzens die Arznei zu beschaffen, heißt das nicht, mit der Hilfe für einen Kranken zu warten, bis er aus dem Leben geschieden ist? Und was mich noch mehr erstaunt, daß Ihr es nicht für möglich haltet, daß dieses Wunder geschehen kann, und Euer Zuhause flieht, um dem unheilvollen Zusammentreffen mit mir zu entgehen. Nun denn, Madame, flieht mich, verbergt Euch sogar vor der Erinnerung an mich. Man muß fliehen, muß sich verstecken, wenn man einen Mord begangen hat. Was sage ich, ihr Götter! Ach, Madame, verzeiht den Grimm eines Verzweifelten. Nein, nein, zeigt Euch, denn dieses Gesetz gilt für die Menschen; es ist nicht für Euch geschaffen. Denn es ist beispiellos, daß Herrscher je den Tod ihrer Sklaven zur Kenntnis genommen hätten. Ja, ich muß mein Schicksal für sehr ruhmreich halten, da Ihr mir die Gnade gewährtet, meinen Untergang herbeizuführen. Weil Ihr geruhtet, mich zu hassen, wird das der Nachwelt ein Zeugnis dafür sein, daß ich Euch nicht gleichgültig war. Auch ist mir der Tod, womit Ihr glaubtet, mich zu strafen, eine Freude. Und wenn Euch unbegreiflich ist, worin diese Freude besteht: Es ist die heimliche Genugtuung, die ich fühle, für Euch gestorben zu sein und Euch dadurch zur Undankbaren zu machen. O ja, Madame, ich bin tot, und ich sehe voraus, daß Ihr nicht versteht, wie ich, wenn mein Tod echt ist, wie ich selbst Euch dann die Nachricht davon übermitteln kann. Indessen, es ist nur allzu wahr. Erfahrt denn, daß der Mensch auf Erden zwei Tode erleidet: Der eine, ein gewalttätiger, ist die Liebe, und der andere der natürliche, der uns kraft der Trägheit der Materie ereilt. Und dieser Tod, den man Liebe nennt, ist um so grausamer, denn wenn man zu lieben beginnt, beginnt man alsbald zu sterben. Das ist der gegenläufige Weg zweier Seelen, die sich suchen, um gemeinsam zu beleben, was sie lieben, dessen eine Hälfte aber nicht von ihrer anderen getrennt werden kann, ohne zu sterben, was mir widerfahren ist, Madame, mir,

Eurem treuen Diener

Ein anderer

Madame,

bin ich dazu verurteilt, noch sehr viel länger zu weinen? Ah! Ich bitte Euch, schöne Gebieterin, erweist mir im Namen Eures guten Engels die Gefälligkeit, mir Eure Absicht zu offenbaren, damit ich zur rechten Zeit einen Platz bei den Quinze-Vingts besorgen kann, da ich erwarte, daß es mir dank Eurer Gunst bestimmt ist, blind zu sterben. Ja, blind (denn Euer Ehrgeiz begnügte sich nicht damit, daß ich einfach einäugig wäre). Habt Ihr nicht aus meinen Augen zwei Alembiks gemacht, durch die Ihr mein Leben zu destillieren und in ganz klares Wasser zu verwandeln beliebtet? Tatsächlich würde ich vermuten (wenn mein Tod Euch irgend nützlich wäre und nicht das einzige, das ich von Euch aus Mitleid erhalten kann), daß Ihr diese Wasserquellen in mir erschöpft, um mich leichter verbrennen zu können. Und ich beginne so etwas zu vermuten, seit ich bemerkte, daß mein Herz um so mehr brennt, je mehr Wasser meine Augen ihm entziehen. Dazu muß man wohl wissen, daß mein Vater meinen Leib nicht aus der gleichen Erde formte, aus der der erste Mensch zusammengesetzt ist, sondern daß er ihn wohl aus einem Kalkstein schlug, weil die Tränenflüssigkeit, die ich verströme, mich bald zur Gänze aufgezehrt hat. Aber würdet Ihr es glauben, Madame, in welchem Maße aufgezehrt? Ich würde nicht mehr wagen, durch die Straßen zu laufen, entflammt wie ich bin, weil die Kinder mich mit Feuerwerk umringten und dächten, ich sei eine dem Abbrennen entwischte Feuerwerksfigur. Noch weniger wagte ich, mich auf dem Land zu zeigen, hielte man mich doch für eines der Irrlichter, die die Leute ins Wasser ziehen. Kurzum, Ihr versteht, was das alles bedeuten soll; es heißt, Madame, wenn Ihr nicht zurückkehrt, und das in Bälde, werdet Ihr bei Eurer Rückkehr auf die Frage, wo ich mich denn aufhalte, sagen hören, in den Tuilerien, und zwar als Strohmann, den man für die Gaffer gegen Geld verbrennt. Es wäre dann sehr beschämend für Euch, einen Salamander zum Liebhaber zu haben und bedauernd mit ansehen zu müssen, wie er, Madame, schon in dieser Welt brennt,

Euer
Diener

Ein anderer

Mademoiselle,

ich habe Eure wunderbaren Armbänder erhalten, die mir sehr stolz Eure Initialen zu tragen schienen. Fürchtet nicht, daß ein bei Arm und Herz gefänglich eingezogener Häftling Euch entfliehen könnte. Ich bekenne gleichwohl, daß mir Eure Gabe verdächtig erschienen war, weil bei der Herstellung von Zaubermitteln immer Haare und rätselhafte Schriftzeichen eine Rolle spielen, aber da Ihr über edlere Mittel verfügt, um den Tod herbeizuführen, hüte ich mich wohl, Euch der Magie zu verdächtigen. Und im übrigen wäre es falsch, entzöge ich mich den Geheimnissen Eurer Zauberkunst, denn es ist mir unmöglich, meinem Horoskop zu entgehen, das sich mit dem Euren über mein bedauernswertes Los vereint. Zu dieser Erwägung kommt noch, daß es vorteilhafter ist, wenn sich mein Schicksal auf übernatürlichem Weg erfüllt und ein Wunder nötig wird, um es zu vollenden. Ich kann mir vorstellen, daß Ihr dies für einen Scherz haltet. Also gut, reden wir ernsthaft, sagt mir ehrlich: Heißt das nicht ein Herz billig erwerben, wenn Ihr Euch dafür nur ein halbes dutzendmal mit der Bürste übers Haar fahren müßt? Meiner Treu, wenn Ihr noch andere zu diesem Preis findet, rate ich Euch zuzugreifen, denn Haare auf dem Kopf wachsen eher nach als Herzen in der Brust. Aber solltet Ihr mir boshafterweise Haare zum Geschenk gewählt haben, um mir hieroglyphisch die Gefühllosigkeit Eures Herzens zu bedeuten? Nein, ich halte Euch für edelmütiger; aber wie übel gesinnt Ihr auch sein mögt, in meiner Freude bringe ich dermaßen alles durcheinander, was von Euch kommt, daß die Hand, die mich verletzt oder die mich streichelt, mir gleichermaßen begehrenswert erscheint, vorausgesetzt, es ist die Eure. Und dieser Brief ist dafür ein Beweis, weil er Euch nur danken soll, daß Ihr mir die Arme gebunden und mich bei den Haaren gezogen habt, und kraft dieser Heftigkeit, Mademoiselle, bin ich

Euer Diener

Ein anderer

Madame,

ich beklage mich nicht nur über das Leid, das Eure schönen Augen mir gütigerweise zufügen, ich beklage mich über eine noch grausamere Pein, die mir Eure Abwesenheit zufügt. Ihr ließt, als ich Abschied von Euch nahm, in meinem Herzen eine Tyrannin zurück, die unter dem Vorwand, Euer Urbild zu sein, sich anmaßt, bei mir Gewalt über Leben und Tod zu besitzen. Überdies verstärkt sie tyrannisch die Herrschaft über Euer Reich und schreckt nicht vor der maßlosen Unmenschlichkeit zurück, die Wunden, die Ihr geschlossen hattet, wieder aufzureißen und in die alten neue zu schlagen, die, wie sie weiß, nicht heilen können. Teilt mir mit, ich bitte Euch, wann der Stern, der nur für mich zu verlöschen schien, zurückkehren und die Wolken meiner Besorgnis zerstreuen wird. Habt Ihr nicht schon zur Genüge die Beständigkeit, der Ihr den Sieg verhießt, auf die Probe gestellt? Habt Ihr mir bei Eurer Abreise nicht geschworen, daß alle meine Fehler ausgelöscht seien, daß Ihr sie für immer vergäßt, mich aber niemals? O, süße Hoffnungen, die dahingingen mit dem Laut, der sie verhieß! Kaum hattet Ihr diese betrüglichen Worte beendet, einige falsche Tränen vergossen und künstliche Seufzer ausgestoßen, wobei Mund und Augen Euer Herz Lügen straften, verfestigtet Ihr in Eurer Seele auch schon einen Rest verborgener Grausamkeit und verdoppeltet Eure Schmeicheleien, um das grausame Andenken an Eure Gunstbeweise, die ich verloren hatte, in meiner Erinnerung zu verewigen. Ihr gingt aber noch weiter. Ihr miedet Orte, wo mein Anblick vielleicht Euer Mitleid hätte rühren können, Ihr entferntet Euch von mir, während ich die Marter litt, so wie der König sich vom Hinrichtungsplatz der Verbrecher entfernt, weil er befürchtet, mit einer Bitte um Begnadigung belästigt zu werden. Aber wozu solche Vorsichtsmaßnahmen, Madame? Ihr kennt nur zu gut die Kraft Eurer Streiche, um eine Heilung befürchten zu müssen. Die Medizin, die über alle Krankheiten berichtet, hat nichts über diejenige geschrieben, die mich umbringt, weil sie darüber handelt, wie sie behandelt werden könnten; diejenige aber, die in mir die Liebe zu Euch hervorrief, ist unheilbar. Wie kann man leben, wenn man sein Herz weggegeben hat, die Quelle des Lebens? Gebt es mir doch zurück, oder gebt mir an seiner Stelle Eures. Wo nicht, werdet Ihr durch meine Entschiedenheit, meinem erbärmlichen Los durch einen blutigen Tod ein Ende zu setzen, Euren Eroberungen, die Eure Augen verlästern, ein zu unheilvolles Zeichen hinzufügen, wenn das Opfer, das ich Euch darbringe, ohne Herz aufgefunden wird. Ich beschwöre Euch also erneut, da Ihr ja zum Leben keine zwei Herzen braucht, mir das Eure zu senden, auf daß dieses Opfer Eure Liebe und Euer Glück begünstige und mich daran hindere, ein übles Ende zu nehmen, selbst wenn ich unpassend am Schluß meines Briefes fallenlasse, ich sei jetzt und künftig, bis ins Jenseits, Madame,

Euer treuer Sklave

Ein anderer

Madame,

Ihr beklagt, meine Leidenschaft schon im ersten Augenblick entdeckt zu haben, als Fortuna mich zur Begegnung mit Euch nötigte. Wenn Euch der Spiegel Euer Bild zeigt, dann seht Ihr, daß die Sonne schon ihre ganze Helligkeit und Glut besitzt, wenn sie aufgeht. Welchen Grund habt Ihr also, Euch über etwas zu beklagen, das weder Ihr noch ich hindern können? Es gehört zum Wesen der Strahlenpracht Eurer Schönheit, die Körper anzustrahlen, so wie es für den meinen natürlich ist, das Licht widerzuspiegeln, das Ihr auf mich werft. Und wie es in der feurigen Kraft Eurer verzehrenden Blicke liegt, einen empfänglichen Stoff zu entzünden, liegt es in der Natur meines Herzens, davon aufgezehrt zu werden. Beklagt Euch also nicht ungerechterweise, Madame, über diese bewundernswerte Verkettung, mit der die Natur die Wirkungen mit ihren Ursachen in einer Gemeinsamkeit verbunden hat. Diese unvorhersehbare Bekanntschaft folgt aus der Ordnung, die die Harmonie des Weltalls bildet. Und es war eine vorhergeplante Notwendigkeit am Tag der Erschaffung der Welt, daß ich Euch sah, kennenlernte und liebte. Aber weil es keine Ursachen gibt, die nicht einem Ziel zustreben, und der Punkt, an dem wir unsere Seelen vereinen müßten, nun gekommen ist, würden wir vergeblich versuchen, unser Schicksal aufzuhalten. Aber bewundert doch den Verlauf dieser Vorherbestimmung. Beim Fischen war es, wo ich Euch traf: Kündigten die Netze, die Ihr auswarft und mich dabei anschautet, nicht meine Gefangennahme an? Und wäre ich Euren Netzen entkommen, hätte ich mich dann vor den Haken retten können, die an jeder Zeile des hübschen Briefes hingen, den Ihr mir am nächsten Tag zu senden die Ehre erwiest und in dem jedes gefällige Wort aus mehreren Geheimzeichen zusammengesetzt war, um mich zu verzaubern? Auch empfing ich ihn mit jener Ehrerbietung, der ich mit den Worten Ausdruck gebe, daß ich ihn anbete, wenn ich denn fähig wäre, etwas anderes anzubeten als Euch. So küsse ich ihn zumindest mit großer Zärtlichkeit und stelle mir vor, wenn ich meine Lippen auf Euren teuren Brief presse, ich küßte Euren schönen Geist, dessen Werk er ist. Für meine Augen war es ein Vergnügen, mehrere Male über alle die Schriftzeichen zu gleiten, die von Eurer Feder stammen. Voller Übermut über ihr Glück ziehen sie meine ganze Seele in sich hinein und heften sich mit langen Blicken fest, um sich der hübschen Skizze Eurer Seele zuzugesellen. Hättet Ihr Euch vorstellen können, Madame, daß ich mit einem Bogen Papier ein solches Feuer entfachen könnte? Es wird indessen niemals verlöschen, bis das Licht meiner Tage schwindet, und wenn meine Seele und meine Liebe zu zwei Seufzern werden, wird bei meinem Tode derjenige meiner Liebe zuletzt verhauchen. Im Todeskampf werde ich den treuesten meiner Freunde beschwören, mir diesen liebenswürdigen Brief vorzulesen, und wenn er beim Lesen an das Ende gekommen sein wird, wo Ihr Euch so weit herabneigt, Euch meine Dienerin zu nennen, werde ich bis in den Tod ausrufen: Ha, das ist nicht möglich, denn ich selbst bin ja nie etwas anderes gewesen, Madame, als

Euer überaus ergebener,
treuer und gehorsamer Sklave
De Bergerac

NEUE BRIEFE
VON
CYRANO DE BERGERAC

AN MONSIEUR ***

Über das falsche Gerücht, das vom Tode eines großen Kriegers umging

Monsieur,

alsdann werden alle Königreiche von verständigen Menschen gelenkt? Nein, nein, der Zufall vereitelt unsere Unternehmungen, das Schicksal reißt blindlings alles fort, was lebt unter der Sonne, und die Monarchen, die ihre Sklaven zählen beim Zählen ihrer Untertanen, sind selbst die am strengsten zu tadelnden Sklaven der Fortuna. Dann sollte also dieser große Kriegsmann, dessen Siege schneller dahinstürmten als seine Kriegspläne, der an einem einzigen Tag die Lilie über Rhein und Donau aufgehen ließ und in seinen Schlachten die Parze der Deutschen in seinem Solde stehen hatte, der an seinem Schwert die Freiheit der Menschheit trug, deren Eroberung er verschmähen konnte – er sollte das Opfer eines Körnchens Blei aus der Hand eines Soldaten geworden sein, der so ängstlich war, daß ihn beim Schießen vielleicht das Zündhütchen zum Zittern brachte? So viele Sterne, die sich aus Feuer speisen, um die Bourbonen zu rächen, hätten diesen Tag nicht zum Weltende werden lassen? Nein, Monsieur, sage ich noch einmal, die ersterbende Natur hätte es uns sehen oder fühlen lassen. Er ist ein Gestirn, das nur vor den Augen der ganzen Welt verlöschen kann. Denn daß er zwischen den Leisten verwundet worden sein soll (wie Neider des Namens Frankreich berichten) und daß die jungfräulichen Parzen gewagt haben sollen, einen jungen Mann bei den Schamteilen zu packen, kann ich nicht glauben. Aber zu Unrecht nenne ich ihn Mann, er ist unser Alcides, wie Herakles für die Griechen. Hat er nicht gleich dem antiken Halbgott die Ungeheuer bezwungen? Noch im vergangenen Jahr bot er einem doppelköpfigen Adler Trotz, und das Universum in seiner Überraschung angesichts der klugen Kühnheit eines so knabenhaften Kriegers beklagte sich schon, daß die Natur den Nationen ihr Versprechen nicht halte und es zulasse, daß man die Sonne im Abendland aufgehen sehe. Daher können wir behaupten, ohne die Unwahrheit zu sagen: Wenn er seit einem Tag nicht mehr Mensch ist, so ist er seit vierundzwanzig Stunden Gott, obwohl es ein schwacher Trost ist, zu sagen, er habe Platz genommen bei Herakles, Achilles oder Cäsar. Aber wehe! Wir brauchen nötiger Helden als Götter. Die Götter verlegen sich nur darauf, das Gewissen unserer Helden zu bedrängen, unsere Helden aber, die Götter vor dem Spott der Gelehrten zu retten. Bewundert indessen ein wenig die boshafte Ungerechtigkeit des Himmels! Dieser Phönix der Schlachtfelder war an der Spitze von viertausend Edelleuten ausgezogen, dem iberischen Löwen die Peitsche zu geben, weil er einst auf unseren Lilien herumtrampelte, und brachte ganz Europa den kastilischen Übertreibungen zum Trotz zu dem Eingeständnis, daß es besser sei, Löwen mit Waffen anzuführen, als Waffen mit Löwen darauf zu tragen. Wenn der Dämon Spaniens auf die Versicherung erster Taten hin, die wir von ihm sahen, wenn dieser Dämon fortführe, dann müßte der König von Kastilien all das wieder ausspeien, was er bei uns hastig verschlang, und würde gezwungen, Mönch zu werden oder ein schäbiger Strohjunker. Heftig wie die Hexer mit dem Blitz ließ er sich auf die mörderische Kugel ein, die ihn traf. Kleiner Dämon, vergebens gedenkst Du der Herrschaft des Großen Pan zu entrinnen. Er ist von einer Größe, daß dein Kopf seine Fußbank bildet, und von einer Rasse, die so viele Male die dunkelhäutigen Rodomonter an unseren Grenzen erröten ließ, daß das Blut, das ihnen so oft ins Gesicht gestiegen ist, ihnen die Gesichtsfarbe völlig eingeschwärzt hat. Schon ist durch den Arm des Sohnes und den Kopf des Vaters Portugal gestrandet, das Roussillon vertan, Katalonien weggerissen, Navarra abgejagt, die beiden Indien untergegangen, schon liegt Flandern in Agonie: die Gangrän der französischen Waffen hat ihren Wappenschild so angefressen, daß ihnen bald nur noch der Schild übrigbleiben wird, will sagen allein Kastilien, wenn ihnen denn der großmütige Feldhauptmann nicht Granada läßt, um die Übelkeit zu kurieren, die ihnen eine solch lange dauernde Krankheit eingetragen haben muß. Verzeiht, Monsieur, wenn ich unbilligerweise den Rahmen eines Briefes überschritten habe, ich pries den Unüberwindlichen, mit Mühe nur erhebt man sich, ist man auf Blumen gebettet, und überdies beweinte ich seinen Tod. Es ist nicht leicht zu klagen, wenn man alles verloren hat. In der Tat hat dieses Unglück die Ausgewogenheit meines Gemüts so verwirrt, daß ich heute an dem sterbe, was mich gestern am Leben erhielt: Ich werde krank werden, wenn man mir nicht Gift gibt. Ja, Monsieur, wenn Ihr mir nicht gleich die Nachricht zukommen laßt, daß es genauso falsch sei, daß dieser tapfere Mann ins Jenseits reiste wie Mohammed ins Paradies, schände ich einen Tempel, verrate meinen Freund, tue meiner Schwester Gewalt an, erdrossele meinen Vater und bin sogar – was mir niemals in den Sinn kommt –, Monsieur, nicht mehr

Euer ergebener Diener

Liebesbrief

Madame,

die Erinnerung, die ich an Euch habe, müßte, anstatt Euch zu erfreuen, Euer Mitleid erregen. Stellt Euch ein Feuer aus glühendem Eis vor, das zitternd brennt, das der Schmerz vor Freude aufflackern läßt und das die Heilung seiner Wunden fürchtet wie den Tod. So steht es um mich, wenn ich zu Euch spreche. Ich erkundige mich bei den gewandtesten meiner Bekannten, woher diese Krankheit rührt; sie sagen, es sei Amor. Ich kann es allerdings nicht glauben, weil Leute meines Alters von diesem Gebrechen kaum geplagt werden. Amor, antworten sie mir, sei ein Kind und gebe sich mit seinesgleichen ab, auch sei es schwierig für Kinder, lange mit dem Feuer zu spielen, ohne sich zu verbrennen, und überdies sei ihr Herz weicher als das der Erwachsenen. O Götter! Wenn das wahr ist, was soll dann aus mir werden? Ich habe keine Erfahrung, ich hasse die Heilmittel, ich liebe die Hand, die mich schlägt, und werde schließlich von einem Übel befallen, für das ich den Arzt nicht rufen kann, sonst macht man sich über mich lustig. Wenn Ihr nur wenigstens nicht mein Herz hättet, dann hätte ich das Herz, mich zu verteidigen. Aber durch dies Geschenk habe ich erreicht, daß ich nicht einmal wagte, Euch zu trauen, denn Ihr habt ein doppeltes Herz. Denkt doch daran, mir Eures zu schenken, denn mein Stand ist derart, daß man mit dem Finger auf mich zeigt, wenn offenbar wird, daß ich kein Herz habe, und würdet Ihr denn jemanden ohne Herz als Euren leidenschaftlichen Diener gutheißen?

Ein anderer

M...,

ich sehe Dich nur halb, weil ich Dich zu sehr liebe; und Du glaubst, mich zuviel zu sehen, weil Du mich nur halb liebst! Komme gleich zu mir, wenn Du die Befürchtung Lügen strafen willst, ich sähe Dich nie wieder. Es ist schon einen Tag her, daß wir uns nicht mehr sahen: ein Tag, gute Götter! Ach! Ich kann es nicht glauben, oder ich müßte mich entschließen, zu sterben. Glaubst Du also, mir Dein Bild im Herzen recht vollständig hinterlassen zu haben, damit ich mich darauf stützen kann bei allem, was es mir von Dir versprechen soll? Es stimmt, es ist hier, ganz lebensecht, und dazu ist es vortrefflich gemalt. Aber ich würde nicht wagen, es mir vor Augen zu führen, weil ich denke, dazu müßte ich es mir aus dem Herzen reißen, und ich weiß nicht, ob ich es ohne Dich wieder dahin zurückbringen könnte. Ich sehe jetzt sehr wohl, daß ich keine Sonne bin, wie Du mich so viele Male nanntest, weil das Ziffernblatt nicht übereinstimmt mit meiner Stundenzählung. Ich habe schon mehr als tausend Stunden gezählt seit Deiner grausamen Abwesenheit von hier. Indessen schaust Du nur zur Uhr, um die Stunde Deines Essens zu erfahren, ohne Dich darum zu scheren, ob die Stunde, die Du herbeisehnst, für mich vielleicht die letzte ist. Oder wenn Du mit hübschen Entschuldigungen kommen wirst, im Falle, Du findest mich noch am Leben, sie anzuhören.

Ein anderer für Soucidas, gegen einen Finanzpächter, der abgelehnt hatte, ihm Geld zu leihen

Monsieur,

Ihr schuldetet mir das Geld, um das ich Euch bat, denn denkt nicht, daß ich für weniger als 40 Pistolen meinen Ruf hätte in den Schmutz ziehen lassen wollen durch Feilbieten meiner Begleitung bei Euren Spaziergängen. Auch habe ich mir so oft Mühe gegeben, gegen mein Gewissen zu behaupten, Ihr seid der ehrenwerteste Mann der Welt. Mit einem Wort, ich wäre sonst nicht Gefahr gelaufen, wie es geschah, mir mit meinem Wunsch einen Wolf zu laufen. Ich sehe jetzt, daß nicht alle Fieber die gleichen Merkmale haben, weil man weder vor noch nach dem des heiligen Mathurin sich zu jemandem hingezogen fühlt. Höchst krankhaft an Euren Aufwallungen finde ich jedoch, daß Ihr als Mann, der nicht sehr gewandt mit der Waffe ist, doch ein wenig zu gallenbitter seid. Hätte ich an dem Tag, als ich Euren Brief empfing, nicht Rhabarber zu mir genommen, dann hätte ich sicher meine Schreibfeder mit dem Stockprügel vertauscht. Aber dem Staat ist ja zu sehr an Eurer Erhaltung gelegen, könnte man Euch doch nicht anritzen, ohne das Blut des Volkes zu vergießen, mit dem Ihr prall gefüllt seid. Befleißigt Euch künftighin eines weniger zornigen Vorgehens. Früher bildete ich mir ein (weil Ihr und Euer Vater den Tripper unseres Säckels zur Gonorrhöe ausarten ließet), daß jede Kiste in Eurem Haus ein Geschwür aus Gold sei, heute sehe ich, daß der gewichtigste Eurer Karbunkel Euer Kopf ist. Wenn Ihr auf mich hören wollt, dann stehlt von nun an geschickter, denn wenn Ihr Euch nicht ein wenig höher aufschwingt, lauft Ihr

Gefahr, mit allen vieren auf der Erde verhaftet zu werden, und aus Eurem Gesicht lese ich, daß das Hanfseil Eurem Sinne mehr widersteht als Arsen. Wenn Ihr also Angst davor haben solltet, als zu leicht befunden zu werden, dann vermeidet es tunlichst, Euch auf der Place de Grève wiegen zu lassen. Das ist der einzige Rat für Eure Lebensgeister von

Eurem Arzt

Schmerz über eine Trennung

Soll ich weinen, soll ich schreiben, soll ich sterben? Es ist wohl besser, ich schreibe, mein Tintenfaß gibt mir mehr Tinte, als meine Augen Tränen hergeben, und glaubte ich, von meiner Trauer über Eure Abwesenheit durch den Tod zu genesen, dann würde ich mich Euch nicht nähern, weil Paris viel näher bei Saumur liegt als Saumur bei den elysäischen Gefilden. Aber was schreibe ich Euch, gute Götter? Nichts, wenn nicht, daß ich hoffe, bald in den Poitou zu fahren oder in die Hölle; daß ich Euch bitte, meine Freunde über den Verlust zu trösten, den sie Euretwegen erleiden, und wenn Ihr mir etwas bestellen lassen möchtet, mögt Ihr Eure Briefe an den Friedhof Saint-Jacques richten, dort wird Euer Bote Neues von mir hören: Der Totengräber oder mein Epitaph werden ihm meine Bleibe zeigen, wo er lesen wird, daß ich, nicht wissend, wo ich Euch in dieser Welt begegnen konnte, mich in die andere aufgemacht habe in der Gewißheit, Euch dort zu begegnen. Es wird Euch ein nicht geringer Trost sein, Madame, wenn Ihr, um Euch vor den Dreistigkeiten des Teufels zu bewahren, diesen Teufel findet, Madame, als

Euren Diener, De Bergerac

Liebesbrief

Madame,

ich bin weit davon entfernt, wie die Liebhaber dieses Zeitalters daherreden, mein Herz verloren zu haben, als ich Euch sah, sondern fühle mich seit diesem Tag viel mehr als Ehrenmann. Aber wie hätte ich es auch verlieren sollen? Als wenn es gefürchtet hätte, allein nicht zu genügen für alle Eure Streiche, fühlte ich es gleich von Anfang an in allen meinen Adern schlagen, und das Eifersüchtige vervielfachte sich unteilbar in jedem Atom meines Leibes, damit es, ganz allein meinen gesamten Körper besetzt haltend, der Ehre, von Euch verwundet zu werden, teilhaftig würde. Ich werde auch nicht wie die große Menge sagen, geradeso als wärt Ihr ein Basilisk, Eure Augen hätten mich getötet. Wie nicht alle Eure Waffen von Eurem Blick ausgehen, so dringen auch nicht alle Eure Waffen durch mein Auge in mich ein. Wenn Euer Mund mich bezauberte, so drang das Gift durch meine Ohren ein. War ich entzückt von Eurer glatten Haut, so verurteilte ich mich laut Aussage meiner Hände zum Feuertod. Eure Schönheit gab sich mir gegenüber keine große Mühe, weil Euer Gesicht, das einst ihr Thron gewesen, bald zu ihrer Grabstätte wurde, und so viele kleine Löcher, die man darauf erkennen kann, schienen mir die Gruften zu sein, in der die Blattern Eure Reize bestatteten. Indessen habt Ihr mir die Freimütigkeit, diese göttliche Freiheit, für die einst Rom sein Weltreich in die Waagschale warf, geraubt, und alles, was an Seele sich über die Sinne ausdrückt, war nicht an der Eroberung beteiligt. Euer Geist allein verdient den Ruhm, seine Lebhaftigkeit, seine Feinheit und Kühnheit waren es wert, daß ich mich in diese schönen Ketten legen ließ. Ich glaube im übrigen nicht, Ihr seiet ein Engel, denn Ihr seid mit Händen zu greifen. Ich hüte mich auch zu denken, Ihr seiet wie ich, denn Ihr seid gefühllos. Das bringt mich zu der Vorstellung, daß Ihr etwas seid in der Mitte zwischen dem Vernunftbegabten und dem Übersinnlichen. Ich hätte sogar behauptet, Ihr besäßet etwas von der menschlichen und der göttlichen Natur, wenn Ihr bei allen Eigenschaften, die zur Vollkommenheit des Höchsten Wesens nötig und Euch wesenhaft sind, der Barmherzigkeit nicht ermangeltet. Ja, wenn man sich bei einer Gottheit irgendeinen Mangel vorstellen kann, dann würde ich Euch dieses beschuldigen. Am selben Tag, an dem Ihr mich verwundetet, verspracht Ihr mir Linderung in drei Tagen, nur daß dies bedeutet, eine Arznei für ein Übel, das das Herz angegriffen hat, zu spät zu verabreichen. Überdies habt Ihr Euch auch nicht dahin begeben, aber Ihr tatet gut daran, weil man sich verborgen halten muß, wenn man einen Menschen getötet hat. Kommt ohne etwas zu fürchten gleichwohl hervor, kommt, denn das ist ein Gesetz für den Pöbel, das Euch nicht betrifft. Es wäre das Allerneueste, daß man nach einem Tyrannen fahndete, der für den Tod seines Sklaven verantwortlich ist. Vielleicht wundert Ihr Euch darüber, daß ich selbst schreibe; es ist indessen nichts Wunderbares dabei, denn auch der Mensch hat zwei Tode auf Erden zu erleiden, den aus Liebe und den natürlichen. Also kann ich annehmen, daß ich anfing zu sterben, als ich begann, Euch zu lieben, weil der Tod eine Trennung von Geist und Körper ist und weil ich in dem Augenblick, als ich Euch sah, meinen Verstand verlor. Aber wenn ich mit dem Liebesschmerz noch den Tod, dem uns unsere Beschaffenheit als Lebewesen unterwirft, ertragen hätte (obwohl ich die Schmerzen des ersteren nicht mehr fühle), so werde ich mich im Jenseits ewig daran erinnern, und wenn man in der anderen Welt sich durch Vorzüge unterscheidet wie in dieser, werdet Ihr immer meine Gebieterin sein und ich, wäre es auch in den Flammen, die meine Substanz verschlingen,

Euer glühender Diener

Ein anderer

Madame,

das Übel, das ich erleide um Euch, ist gewißlich nicht der Tod, und gleichwohl sterbe ich, seit ich Euch gesehen habe, ich verbrenne, ich zittere, mein Puls geht unregelmäßig. Demzufolge ist es Fieber? Ach leider! Das ist es nicht, denn so nennt man ein streitbares Mißverhältnis der Eigenschaften eines Lebewesens, und es ist doch die vollkommene Übereinstimmung unserer Gemüter, die mich krank gemacht hat. Als ich Euch erblickte, schien es mir, als fände ich das Schöne, nach dessen Suche die Natur alle Menschen drängt. Als Ihr spracht, rief ich: Das ist es, was ich so viele Male sagen wollte! Das Herz keuchte mir im Innern, schlug gegen die Mauern seines Gefängnisses und verfluchte den Himmel, der ihm das Verlangen und Vermögen gab, seine andere Hälfte zu erkennen, und ihm doch die Macht versagte, sich mit ihr zu vereinigen, nachdem es sie gefunden hatte. Indessen verdroß es ihn solchermaßen, den kleinen Herrscher, in seinem Reich nicht absolut zu regieren, daß er mir den Dienst aufsagt. Von meiner Leber nimmt er nichts, das nicht entzündbar ist, und hält die Bewegung der Lunge auf aus Angst, sich sonst zu erkälten. Überallhin verteilt er Gallenbitternis, und wenn ich noch drei Tage in diesem Zustand verbleibe, sieht man vielleicht meinen Körper mitten auf der Straße in Flammen aufgehen. Ich bin bereits so dürr, daß der kleinste Funke, der mich berührte, ein Ende mit mir macht. Kommt diesem Unglück zuvor, Madame, kommt zu ihm, da er nicht zu Euch gehen kann. Ach! Er ist kühn, er ist ein Samson, den es nicht schert, begraben unter den Ruinen seines Palastes zu sterben, vorausgesetzt, er erschlägt im Fallen diejenigen, die ihn hindern, Euch zu umarmen. Bedenkt, daß die Natur, die Euch die Fähigkeit verlieh, mich zu verwunden, Euch am Bein festgebunden hat, fürchtend, Ihr könntet fliehen und das Heilmittel, das Ihr mir schuldet, mitbringen. Und diese Wunden entspringen nicht der Vorstellung: Denn nennt mir, ich bitte Euch, eine Stelle Eures Körpers, auf die ich meinen Blick lenken kann, weil kein unsichtbarer Pfeil von ihr ausgegangen ist, der mich verletzte. Ist an Euch ein Atom Körper, das unschuldig ist an meinem Tod? So viele Male ich ihn schön finde, erscheint Ihr mir wie ein gefälliger Igel, der nie leiden würde, daß man sich von einem Stachel löst, es sei denn, um in andere zu fallen. Eure Stirn schmeichelt mir, Eure Augen machen mir Versprechungen, Euer Mund lacht mir zu, aber unvermutet kommt mir widerwärtigerweise mein böses Geschick dazwischen und verbietet mir zu hoffen. Kämpft um meinetwillen diese Barbarin nieder, leidet nicht, daß blinde Bosheit über Eure Güte triumphiert. Euer Gesicht sagt mir: ja; diese Grausame sagt: nein. Soll sie Euch Lügen strafen, diese Vettel? Sie könnte es nicht, es sei denn, Ihr littet es. Ha! Daß ihr Trotz geboten werde! Und wie glücklich wäre ich, wenn ich dies Gut, das jemand, der von der Natur stiefmütterlich behandelt wurde und nur auf eine Laune dieser Rasenden zu hoffen wagte, aus Eurer Hand erhielte, denn ich wäre viel lieber Euch als meiner Feindin verpflichtet. Indessen stehe ich zwischen beiden, damit beschäftigt, bald jene, bald Euch anzuschauen, und ich frage mich unter Schluchzen, wer freundlicher mit mir umgeht. Ich hoffe, Ihr seid es; und sollte mich jemand fragen, weshalb, weiß ich keinen anderen Grund als Eure Schönheit. Von jener erwarte ich es, weil sie sich nicht mit mir versöhnen kann, wenn nicht durch eine Lust, deren Umfang der Größe des Mißbehagens, das sie mir verursacht, die Waage hält. O Götter! Wie schlecht ist unser Wohl aufgehoben, wenn es in die Hände eines Mädchens und Fortunas gerät!

Wenn aber sowohl die eine als auch die andere meine Heilung vernachlässigen, nehme ich den Arzt für alle großen Übel in Anspruch: den Tod. Ja, ich werde sterben, vielleicht wird mein Untergang Euch sanfter stimmen, so daß Ihr mit größerem Schmerz den Pfeilen des Todes als denen Amors widersteht, und wenn man eines Tages fragen wird, wer ich war, werdet Ihr den Tränen, die die Menschlichkeit Euren Augen abfordern wird, ein kleines Unbehagen hinzufügen zugunsten der Manen eines Menschen, der Euch so sehr geliebt hat. O, wenn dieses Glück meine Asche begleitet, wie leicht werden die Steine auf meinem Grab dann sein! Auf daß sie dann friedlich den Jüngsten Tag erwartet! Auf daß sie sich leichten Herzens erhebt und beim Jüngsten Gericht Rechenschaft über mein Leben ablegt! Ich werde gleichwohl gehen und mich über Eure Rohheit beschweren und Gott bitten, daß er mir Gerechtigkeit widerfahren lasse und Euch dazu verurteile, unter der Erde zu brennen, denn ich habe über der Erde gebrannt. Seid, Madame, dort auf eine strenge Gefangenschaft gefaßt. Verbrennen wir aus Liebe, diese Flamme ist so süß, niemand ist je daran gestorben; lernt sie lieber durch einen anderen schätzen als durch mich, der nicht gesonnen ist, Euch weh zu tun, bin ich doch

Euer Diener, D. C.

Vorwurf an eine Grausame

Mademoiselle,

ich schreibe Euch mit rohem Blut, damit Ihr Eure Augen im Quell meines Lebens badet. Außer, daß Ihr ihn nicht trinken könnt, wenn Ihr ihn seht: Ich hätte in einer Stunde mehr erlangt von Eurer Grausamkeit als in zehn Jahren von Eurer Zuneigung, weil ich dadurch meine Seele sich mit der Euren vereinen sähe. Stellt Euch also vor, nicht nur meine Gedanken mit meinem Blute gemalt, sondern mit meinem Blut, wie es in den Adern dampfte, noch erfüllt von den Gedanken, die ihm der Schmerz mitgeteilt hat. Ja, ich fühle, während ich Euch schreibe, wie mein Herz durch meine Feder tröpfelt, weil ich in Ermangelung von Tränen, die mein Mißgeschick erschöpfte, in mir nur diesen Sklaven fand, der Euch unterhalten könnte. Die Sonne, welche gallenbitterer ist als Ihr, ist dennoch mitleidiger. Sie verzehrt kein Ding, solange noch eine Träne in ihm steckt. Ihr seid aber wohl eine ganz andere Sonne. Ich komme zu dieser Annahme, weil jene dort oben nur einen Monat in einem Haus Wohnung nimmt und Euer Gastwirt sich beklagt, es seien schon drei Monate, daß Ihr bei den Zwillingen seid. Das ist vielleicht der Grund, weswegen ich Euch so lange nicht zu Gesicht bekam; oder um vom einstigen Aberglauben zum heutigen zu wechseln, und den Gerüchten zufolge, die von Eurer Konversion umlaufen, kann ich Euch jetzt nicht sehen, weil in der Fastenzeit die Heiligen verborgen sind. Meiner Treu, laßt dennoch Ostern vor der Karwoche beginnen, oder aber ich bin, Mademoiselle,

Euer Diener

Ein anderer

Madame,

wie Ihr wißt, kannte ich noch nicht die Ketten, zu denen der Himmel mich verurteilt hatte, als ich Euch beim Fischen zum ersten Mal sah. Es wäre sicher ein sehr großer Zufall gewesen, wenn ich so nah den Netzen nicht gefangen worden wäre. Und selbst wenn ich den Netzen entronnen wäre, hat mir Euer bezaubernder Brief recht deutlich gemacht, hätte ich mich nicht vor den Angelschnüren seiner Zeilen retten können. Ihr wiest mir ebenso viele Angelhaken wie Worte, und jedes Wort war zusammengesetzt aus mehreren Zeichen, nur um mich zu bezaubern. Ich empfing dies schöne Sendschreiben mit der Ehrerbietung, der ich Ausdruck geben möchte, indem ich versichere, daß ich es verehre, wenn ich in der Lage wäre, etwas anderes zu verehren als Euch. Ich küßte es zumindest und stellte mir dabei vor, Euren Geist selbst zu küssen, dessen Werk es ist. Meine Augen fanden Gefallen daran, unsichtbar dieselben Lettern nachzuziehen, die Eure Feder hervorgebracht hatte; vermessen über ihr Glück, zogen sie meine ganze Seele an sich und hefteten sich durch lange Blicke an Eure Schriftzüge, die hübsche Skizze Eurer Seele, um sich mit ihrem Idol zu vereinen. Da sie sich aber gefangen fühlten, weinten sie, so daß diese Tränen, gleichsam stellvertretende kleine Augen, nach und nach davonschlichen, weil sie nicht alle gleichzeitig hervorbrechen konnten. Könntet Ihr Euch vorstellen, daß ein Blatt Papier ein solch großes Feuer verursachte? Es verlöscht dennoch nicht, bevor mir mein Licht verlöscht. Wenn mein Geist und meine Leidenschaft sich auf zwei Seufzer verteilen, dann wird mir bei meinem Tode der meiner Liebe zuletzt entfliehen. Im

Todeskampf werde ich den treuesten meiner Freunde beschwören, mir diesen teuren Brief vorzulesen, und wenn er beim Lesen da angelangt sein wird, wo Ihr behauptet, Ihr seid…, rufe ich bis in den Tod, das ist nicht möglich, Madame, war ich doch selber immer

Euer
Sklave

Über die Blockade einer Stadt

Monsieur,

der Ring um unsere Stadt ist so eng, daß der Durchgang einzig für die Garden offen ist. Obwohl die kleinen Leute schon seit langem ruiniert sind, werden sie nicht mehr vorgelassen, um ihre Klagen vorzubringen, weil man sie zwischen Deutschland und Polen gesetzt hat. Wir sind die Beute dieser wilden Nationen, und man bedient sich ihrer wohl, damit wir, aller Verständigungsmöglichkeit beraubt, nicht ihr Mitleid erregen können. Wir haben indessen keine Möglichkeit, uns zu beklagen, denn wir leben in einem anderen Himmel; weil man da weder ißt noch trinkt, sollen wir durch Hungern ins Paradies kommen, und damit wir selbst durch die Ohren keine Nahrung aufnehmen, hatte man uns sogar saftige Redensarten verboten. Ach, schlecht beraten, wie sie sind! Daß sie nicht vorhersehen, daß wir im Korps uns gerade durch jene im Leben erhalten. Ach, wie schrecklich ist das Fasten! Etwas, das Ihr wohl nie kennengelernt habt, weil Ihr so wohlgenährt seid. Die Fastenzeit ist eine so heftige Folter, vor allem, wenn sie nicht freiwillig ist, denn Ihr wißt ja, die Belagerung unserer Stadt ist ein Fasten, das man nicht brechen kann. Wir haben nichts Fettes mehr, und hätten wir Herbst, könnte ich Euch sehr gut das sagen, was man über einen gewissen Herrscher sagte: Es gibt nicht einmal mehr eine Fliege.

Wider einen meuchlerischen und lästerlichen Jes…

Verbrecherischer Pater,

ganz gewiß hieltet Ihr mich für einen König, als Ihr Euren Schülern predigtet, mich zu meucheln, aber nicht aus jedwedem Holze werden die Châtels und Ravaillacs geschnitzt; man hat Eure Kollegien von diesem bösen Geblüt gesäubert und das Andenken an die Pyramide verhindert, daß die Metzelei aus Eurem Munde in die Hände jener gelangt, die Euch anhören. Ihr laßt nicht ab, ihnen von der Höhe Eurer Kanzel herunter (Erzieher und Henker von achthundert Schülern, der Ihr seid) meinen Tod wie einen Kreuzzug zu predigen; Kinder aber sind zu weichherzig, um zum Dolche angestiftet zu werden: Viel leichter konntet Ihr das Gewissen eines Rohlings begütigen, der schon zum Mörder geboren ist; wie jener, dem nur ein Tag fehlte, um zu meinem Verhängnis zu werden. Dem mangelte es ja nicht an Entschlossenheit, Ihr hattet ihm nur allzu überzeugend dargetan, daß ein Mord der einzige Weg zu einer Aussöhnung mit Gott sei, er hatte Euch nur zu gern geglaubt; und hätte eine Gold-Pistole, mit der Ihr geiztet, anstelle der Ablässe und Ablaß-Pfennige seinen Mut befördert und er den Hinterhalt auch nur um vierundzwanzig Stunden verlängert, dann wäre das Pflaster rot von meinem Blut; und dabei seid Ihr von der Gesellschaft Jesu! O Gott, hatte Jesus denn Menschen in seiner Gesellschaft, die zum Mord geraten hätten? Nein, solcherart seid Ihr nicht, oder besser, Ihr seid von der Art Gesellschaft, wie er sie am Kreuz hatte, mit zwei Mördern; wenn Ihr meinen Tod als verdienstliches Werk betrachtet, was bedient Ihr Euch dazu nicht Eurer eigenen Hand? Ist er das nicht, warum ratet Ihr dazu? Der Herr litt es einst, daß die Juden ihn Betrüger, Irrlehrer, Schwarzkünstler nannten, daß sie den Glauben an seine Göttlichkeit zunichte machten durch eine schimpfliche Marter; und Magister Nicolas B…, noch leidenschaftlicher für das Heil der Menschen eingenommen als Jesus Christus, noch erfahrener in der Darlegung des Christentums als Gott selbst, will mich verderben? sollte es ihn auch seine Seele kosten. Ich sage seine Seele, denn was sein Leben angeht, so setzte er es nicht gegen das Reich dieser Welt aufs Spiel. Er befördert mit Rat und Tat meinen Untergang, aber das sind nur Bissen, die er anderen vorschneidet; Feigling, der er ist, würde er frohgemut vom sicheren Ufer aus einem Schiffbrüchigen auf hoher See zuschauen, indes ich von einem Mönch der Pistole überantwortet werde; einem Mönch, der sich (hätte die Vorstellung einer Pistole in seinen Gedanken Platz gegriffen) exorzieren lassen müßte. Unmensch von einem Schulmeister, welche Ursache habt Ihr, mir so übel zu wollen? Ihr blättert wohl alle Verbrechen nach, deren Ihr selbst fähig seid, und schließt daraus, ich sei Atheist? Aber unbesonnener Pater, haltet Ihr mich für so stumpfsinnig, mir vorzustellen, die Welt sei wie ein Pilz entstanden? Die Sterne hätten Feuer gefangen und ihre Ordnung aufs Geratewohl eingenommen? Eine tote Materie, auf die eine oder andere Weise angeordnet, hätte den Menschen mit Vernunft begaben können? Ein Tier mit Gefühl? Einen Baum mit Wachstum? Glaubt Ihr, ich erkenne nicht die Vorsehung Gottes, wenn ich Euch unter einem Hut sehe, dessen geheiligter Krempenumfang Euch vor dem Blitzstrahl behütet? Wenn ich Euch in einer Gesellschaft sehe, deren heiliglicher Ruf den Euren läutert? Schließlich, wenn ich Euch so schwach und erbärmlich sehe: Nein, nein, der wahre Grund des Hasses, den Ihr gegen mich hegt, ist der Neid und die lächerliche Einbildung, in der Ihr befangen wart, Euch empfehlen zu können, indem Ihr mich beleidigt:

Wie es ja dasselbe Hitzefieber war, das den Geist und den Leib des Pater Garassus ins Hospital gebracht hat. So vergebt mir denn, ich bitte Euch, wußte ich doch nicht, daß geistvoll geboren zu sein Euch beleidigen hieß: Noch war ich auch, wie Ihr wißt, im Leib der Stute, die Euch empfing, um die Glieder und das Temperament, die an Eurer Pferdenatur mitwirkten, für die Menschheit herzurichten. In Wahrheit tue ich unrecht, Eure Geburt solch niederer Ursache zuzuschreiben; ich glaube, Eure Herkunft ist für alle ansehnlich, für Euch, deren Taten die Denkmäler unserer Könige zum Mahnmal haben: Es ist nicht an dem, daß ich die Liederlichkeit eines ganzen Körpers der Verderbnis eines Gliedes zuschreibe, weiß man doch, daß Ihr, falls Ihr irgend etwas an jenem Körper ausmacht, nur seine Schamteile seid, daß Eure Seele schwarz ist, weil sie Trauer trägt über den Hingang Eures Gewissens, und daß Euer Gewand von derselben Farbe ist, um Eurer Seele als Trauerflor zu dienen. O ihr Götter, muß ein armseliger Grämling wie Ihr gleich die Verdammung der ganzen Gesellschaft Jesu bedeuten, muß es sein, daß Ihr tausend Sonnen in Eurer Gesellschaft zum Verfinstern bringt durch die alleinige Dazwischenkunft Eurer bräsigen Hochwürdenschaft und daß der heilige Ignatius seit den hundert Jahren, die er im Himmel ist, in Eurer Person noch alle Tage hinkt? Indes bildet Ihr Euch ein, an Fähigkeiten und Gelehrtheit all denen Eures Ordens über zu sein.

Leider! Guter Freund, wenn Ihr der Größte unter den Jesuiten seid, dann verdankt Ihr diese Größe nur Euren Gliedmaßen, und Ihr seid der größte Mensch Eurer Gemeinschaft, so wie der heilige Christophoros der größte von Notre-Dame ist. Tatsächlich seid Ihr größer als sie an Betrügerei, Niedertracht, Verräterei, und durch Euch hat sich Gott nach Judas mehr als einmal in der Hand eines Verräters befunden, aber ich fürchte Eure Verschwörungen nicht, solange wir eine Regentin haben, unter der Regenten wie Ihr Klippschüler seid. Nicht daß Ihr nicht verdientet (wenn Fortuna und Justitia sich einmal gut vertragen), daß man Euch den Prinzipal nennte der drei- oder viertausend Esel, die in Eurem Kolleg einstallen. Aber ja, sicher verdient Ihr es, denn ich weiß niemanden, dem die Peitsche so gebührte wie Euch; Ihr wißt sie mit solcher Gefälligkeit zu handhaben, daß Ihr Euch die Gewogenheit der Väter durch die Pein ihrer Kinder erkauft: Ihr hängt die Herzen an Eure Ruten und verschafft Euch Zugang zu ihrem Geist durch die Hinterpforte; an dem ist es nicht, daß ich nicht unter jenen einen wüßte, der Euch für zehn Pistolen das Fell über die Ohren gezogen hätte; aber wenn Ihr mir glauben wollt, so würdet Ihr ihn beim Wort nehmen, um ihn zu übertölpeln, denn zehn Pistolen sind mehr, als das Fell eines Hornochsen wert ist: Ich bin nicht

Euer Diener

ANHANG

Vorwort der Entretiens Pointus
(in: Les Nouvelles Œuvres, Paris 1662)

Die Pointe steht mit der Vernunft nicht im Einklang: Sie ist das anmutige Spiel sinnreicher Scherze und Anspielungen und wunderbar in dem Punkt, daß sie alle Dinge darauf zurückführt, was ihrem Vergnügen vonnöten ist, ohne Rücksicht auf die ihnen eigene Substanz. Ist es für die Pointe geboten, aus etwas Schönem etwas Häßliches zu machen, kann diese sonderbare und geschwinde Metamorphose ohne Bedenken vonstatten gehen, und es ist immer wohlgelungen, wenn es zierlich gesagt ist: Man gewichtet die Dinge nicht; wenn sie nur funkeln, ist daran nicht gelegen; und finden sich sonst etwelche Mängel daran, werden sie bereinigt durch das Feuer, mit dem sie gesagt werden. Tadle daher, Leser, diese offenbaren Widersprüche und Unrichtigkeiten nicht, die sich bisweilen in diesen Gesprächen finden; es ging nur um Unterhaltung; und so viele Schöngeister, die hier ihren Rang behaupten und sich manchmal gegenseitig und oft selbst dumm und unsinnig heißen, bezeugen zur Genüge, daß sie nicht wollen, daß man ihnen Glauben schenkt, sondern nur Bewunderung, und daß dies Vergnügen ihr einziges Ziel ist. Verfolge also, geneigter Leser, ihre Absichten, und nimm, ohne die Gegenstände genau zu wägen, teil an ihrem Vergnügen, findest Du sie nun angenehm oder zuwider, je nachdem, ob Du ihnen gleich bist oder ungleich. Im übrigen habe ich ihre Namen verändert, damit die Freiheit, die sie sich genommen haben, ihnen nicht zum Schaden gereiche und daß sie, mit allen ihr Spiel treibend, unter der Maske von der Bühne herunter unter das Volk steigen können, ohne sich den Gefahren auszusetzen, in die sie die Rache eines Grobians bringen könnte.

ANMERKUNGEN

(Die angegebenen Ziffern sind Seitenzahlen)

7 Herzog von Arpajon: Louis Comte d'Arpajon et de Rhodes, Marquis de Séverac. 1651 gelangte er in den Besitz des Herzogtitels. 1653 trat Cyrano als Privatsekretär oder Edelmann in seine Dienste. Der Herzog war einer der großen Haudegen seiner Zeit und hatte an allen Kriegen während der Regierungszeit Ludwigs XIII. teilgenommen. Er hatte selbst erlebt, wie sich Cyrano während des Feldzugs in Lothringen und der Belagerung von Mouzon (1640) auszeichnete, und schätzte sowohl seine Feder als auch seine Klinge. Schon 1654 legte C. mit der Widmung seiner Briefe und der satirischen Komödie ›Le Pédant joué‹ erfolgreich seine erste Probe als Hofdichter ab.

Vermischte Briefe

11 Le Bret: Henri Le Bret, Jugendfreund und Studienkollege Cyranos bei Gassendi. Le Bret übernahm es nach dem Tode Cyranos, seinen Roman ›Die andere Welt...‹ von den gefährlichsten Häresien zu reinigen und veröffentlichte ihn 1657.

– sechs Häuser: die Sternzeichen vom Winter bis zum Sommer.

13 Schaum der Pflanzen: die pantheistischen Gedanken der Beseeltheit der Flora. Hier also vielleicht die »Seele« der Pflanzen.

14 ... wie ein Schneider, dem jemand seine Kleider bringt: Im 17. und 18. Jahrhundert war der Kleider- und besonders Mantelraub auf offener Straße ein sehr häufiges Delikt. Der nächtliche Kleiderräuber ist so etwas wie ein gesellschaftlicher Topos.

16 ... damit wir Angst haben, davon närrisch zu werden: Nach antikem Glauben führte der Genuß von Bohnen zur Tollheit. Die Pythagoräer verboten ihren Genuß ausdrücklich.

18 ... dem Papagei zusetzen: Vogelschießen, das besonders im 16. und 17. Jahrhundert in ganz Westeuropa als Ausdruck der Waffenfähigkeit der Bürger betrieben wurde. Auf einer hohen Stange war ein grüner Papagei aus Pappe oder Holz angebracht, der Bogen- und Armbrustschützen als Ziel diente.

19 Mittlere Region: Die Mittlere Luftregion ist diejenige, in der sich nach der Vorstellung der Zeit Blitze, Hagel und Stürme bilden.

20 ... die Hunde tollwütig zu machen: ein Symptom der Hundetollwut ist die Wasserscheu der Tiere und ihre Weigerung, Flüssigkeit zu sich zu nehmen.
23 Donnerkeil: im 17. Jahrhundert allgemein verbreiteter Glaube, daß der Donner eine feste Materie zur Erde schleudere, die bei Berührung töte wie der Pfeil aus einer Armbrust. Der Physiker Jacques Rohault (1620–1675) widmet dieser imaginären Kraft, die er sich als Feuer vorstellt, eine Untersuchung in seinem ›Traité de physique‹ (1671).
24 pirouettieren ließen: Der Galilei-Prozeß war 1633 mit dem Widerruf Galileis zu Ende gegangen. Seither galt die kopernikanisch-keplerische Lehre auch in Frankreich als ketzerisch und bot der französischen Inquisition Handhabe zur Verfolgung. Die Aussage Cyranos ist hier satirisch zu verstehen. In seinem Roman ›L'Autre Monde... Le voyage dans la lune‹ (verf. vor 1650) ist der Kampf um das kopernikanische Weltbild Gegenstand der Satire.
25 Pestkarbunkel: Im 16. und 17. Jahrhundert traten wiederholt, unregelmäßig und unvorhersehbar verheerende Pestepidemien in Europa auf. Man glaubte, daß die Krankheit durch das Einatmen verdorbener (mefitischer) Luft übertragen würde. Zur Prophylaxe gehörten daher Tag und Nacht auf den Straßen und in den Häusern brennende Feuer. Die ersten Anzeichen der Krankheit sind flohstichgroße runde Punkte, die schnell zu bläulichen Flecken anwachsen und brandig werden: Pestkarbunkel (frz. charbon = Kohle und Pestbeule). Pestbeulen sind geschwollene und vereiternde Lymphknoten, die taubeneigroß werden und dann in Schwären und Brand übergehen.
26 hl. Johannes, Mathurin, Hubertus, Rochus: Schutzheilige gegen Fallsucht, Geisteskrankheit, Tollwut und Pest.
– ... das Antlitz Europas besudelt: Die Truppen zogen immer erst Ende des Sommers ins Feld, so daß der Herbst die Jahreszeit für Feldzüge war.
27 Aquädukt von Arcueil: Arcueil ist ein kleiner Ort im Süden von Paris. Der erste Aquädukt von Arcueil stammt aus dem 2.–3. Jahrhundert nach unserer Zeitrechnung. Cyrano beschreibt den Neubau aus den Jahren 1613–1624 unter der Leitung von Clément Métezau. Den Auftrag gab Maria von Medici, um das Wasser von Rungis in den Jardin du Luxembourg zu leiten. Der Aquädukt existiert noch heute. Mit einer Länge von 400 Metern, einer Höhe von 24 Metern und 24 Arkaden mit einem Durchmesser von 6,6 Metern galt er seinerzeit als Monumentalbau. Die Bedeutung, die im 17. Jahrhundert einem solchen Bauwerk allgemein beigemessen wurde, geht daraus hervor, daß Ludwig XIII. persönlich den

Grundstein legte. Ansonsten war Paris in seiner Wasserversorgung bis zur Mitte des nächsten Jahrhunderts fast ausschließlich von der Seine abhängig. Das folgende Vorwort ist ein Hinweis darauf, daß die Briefe längst vor der Veröffentlichung im Umlauf waren und der Autor zunächst nicht die Absicht hatte, sie drucken zu lassen. Die Briefe waren berühmt, wurden am Hofe und in den Salons gelesen und sogar auswendig gelernt - und manchmal besaß der Autor weder mehr das Original noch eine Kopie. Cyrano galt mit seinen Briefen den Zeitgenossen als der Autor, der die Kunst der »Pointe« zur höchsten Vollkommenheit geführt hatte.

28 Hippokrene zwischen den Musen der Universität: die den Musen heilige Quelle am Helikon, deren Wasser zum Dichten begeistert. Das Wasser von Arcueil wird ins Zentrum der Stadt in die Nähe der Universität geleitet.

– Bissen im Munde des Königs: Einem Hofzeremoniell zufolge durfte für die königliche Tafel nur Wasser aus Arcueil verwendet werden.

– Sankt Kosmas ...: die Namen von öffentlichen Brunnen in Paris.

30 Rungis: zu C.s Zeiten Dorf im Süden von Paris, bekannt für eine Anzahl von Quellen, die schon sehr früh zur Wasserversorgung der Stadt benutzt wurden.

32 Königliche Hoheit: Der Bruder des Königs, der Herzog von Orléans, residierte im Palais du Luxembourg, wo sich auch das wichtigste Reservoir der Wasserleitung von Arcueil befand.

35 Narziß: Nemesis erhörte das Gebet eines verschmähten Liebhabers des Narziß und verurteilte ihn, sich in sein Spiegelbild, das er in einem Teich des Helikon sah, zu verlieben. An dieser Leidenschaft ging er zugrunde. Die Götter verwandelten ihn in eine Blume, die nach ihm Narzisse heißt.

– Pappeln: Anspielung auf die Baummetamorphosen in den Apollomythen: Daphne, die Schwestern Phaetons, Kyparissos u. a. Hier könnte Dryope gemeint sein, die in eine schwarze Pappel verwandelt wurde.

41 Jason ... Argo: Die Argo, das Schiff der Argonauten, wurde am Ende ihrer Reise als Sternbild an den Himmel versetzt.

– Alkyonen: die Bezeichnung »alcyonii dies« oder »halkyonische Tage«. Die 14tägige Windstille auf verschiedenen Meeren um die Wintersonnenwende deckt sich angeblich mit der Brutzeit der Eisvögel, die verbunden sind mit dem Mythos von Alkyone, der Tochter des Aiolos (Gott der Winde) und ihrem Gemahl Keyx. Die Götter verwandelten die beiden wegen ihres Hochmuts in einen Eisvogel (Alk) und einen Tauchervogel (Keyx). Aiolos läßt während ihres Nestbaus alle Winde ruhen.

43 rote Farbe ... Geringschätzung: Sprichwort und Volksglaube belegen die abergläubische Bewertung roter Haare: »Über ein lebhaftes Kind sagte man: Es ist bösartig wie ein roter Esel. Diese Bezeichnung kommt von der alten französischen Bedeutung ›boshaft, tückisch‹ für ›rot‹ ... es hatte auch die Bedeutung ›verräterisch, hinterlistig, schlau‹« (Furetière, Dic. Univ.).

– Schwester des Sonnengottes: Seit 1623, als die Manifeste der Rosenkreuzer an den Straßenecken in Paris auftauchten, war die Auseinandersetzung der intellektuellen Welt mit der Philosophie der Alchemie auf einem Höhepunkt angelangt und in die Öffentlichkeit getragen worden. (Die Alchemie ist dabei ein Oberbegriff für die zahlreichen häretischen, atheistischen, pantheistischen und deistischen Strömungen, die vor dem Hintergrund des jahrhundertelangen Kampfes zwischen Reformation, Gegenreformation, Aufklärung und Inquisition an Bedeutung gewinnen konnten.) Diese Auseinandersetzungen wurden von seiten der herrschenden Theologie mit allen Mitteln der intellektuellen und physischen Vernichtung geführt. Beweise dafür sind die Verbrennungen von Vanini und Fontanier auf den Scheiterhaufen der Inquisition 1619 und 1621. Auch Descartes hatte sich sehr für die hermetischen Gedanken interessiert und angeblich auf seiner Reise in Deutschland Kontakt mit den Rosenkreuzern gesucht. Das trug ihm in Frankreich in solchem Maße Vorwürfe des Atheismus, der Häresie und Alchemistenverdächtigungen ein, daß er nur mühsam einem Prozeß entkommen konnte.

– Insignien der Schwester des Sonnengottes: Anspielung auf das heraldische Zeichen des türkischen Halbmondes.

44 Hand Josuas: Buch Josua 10, 12: Da redete Josua mit dem Herrn des Tages, da der Herr die Amoriter dahingab vor den Kindern Israels und sprach vor gegenwärtigem Israel: Sonne, stehe stille zu Gibeon, und Mond, im Thal Aialon! 13: Da stund die Sonne und der Mond stille ...

– Climene: Nymphe, die dem Helios den Phaeton gebar.

45 Python: weiblicher Drache in Delphi, Bewacherin des Orakels. Hera soll sie zur schwangeren Leto geschickt haben. Deshalb tötete Apollo Python. Zur Sühne stiftete er die Pythischen Spiele, und ab dieser Zeit wurde das Orakel immer von einer Frau gehütet, die stets den Namen Pythia trug.

– ... dank seiner roten Farbe: Wie in dem ganzen Brief benutzt Cyrano die Farbe Rot, den Planeten Sonne, das Element Feuer, die alle im alchemistischen Sinn die höchste Stufe des Großen Werkes bzw. das höchste Prinzip und das edelste Element repräsentieren. Feuer steht im Zusammenhang mit der Quintessenz, dem Göttlichen und Geistigen. So werden Erde und Wasser durch das Feuer aus der Materia Prima befreit und in die Quintessenz überführt.

45 Rot: die Farbe der letzten Stufe des Großen Werkes, der Cohabitatio (Wiederzusammenfügung) der drei Prinzipien (Sulfur, Merkur und Sal), die Farbe der Liebe und Vollendung, aber auch in mythologischem Sinne die Farbe der Venus (z.B. Botticellis Venus). Der Aufstieg führt von Schwarz (über Blau, Grün) zu Weiß (über Gelb) zu Rot.

– Sonne: der höchste der Planeten; steht für das Göttliche, durch dessen Einwirkung auf die Metalle der Stein der Weisen gefunden werden kann.

– ... über die Metalle zu herrschen: Bei Martin Rulandus (1532–1602) heißt es: »Gold ist microcosmos, ein klein Welt, hat drey principia, und vier Element, und ist ein himmlische Substantz, Himmel und Stralen der Sonnen, darumb bstehet es im Fewer, und ist die höchste medicin. hat in sich alle Sterne des himmels, und alle Kräuter der Erden.«

46 ... daß die Erde vier Teile hat: Anspielung auf die Argonautensage und Amerigo Vespucci. Cyranos Gedankengang ist: Wäre das rotgoldene Vlies nicht gewesen, wären die Argonauten (»die dreißig Halbgötter«) nicht aufgebrochen, dann wäre das erste Schiff, die Argo, nicht gebaut worden – es mußte zu diesem Zweck erst erfunden werden –, dann hätte Amerigo Vespucci (1454–1512), der berühmte Schiffsbauer und Forschungsreisende, seine Schiffe nicht bauen und nicht ausreisen können, und wir wüßten nicht, daß es Amerika (nach Amerigo benannt) gibt.

– Nisos: König von Megara, der ein einzelnes rotes Haar besaß, von dem sein Leben abhing. Seine Tochter Skylla schnitt es ihm aus Liebe zu Minos, der M. belagerte, ab. Nisos starb, und Megara fiel.

– Äthiopier: Nach antiker Vorstellung stellten die schwarzen Völker die niedrigste Stufe der menschlichen Kultur dar (Herodot). Im christlichen Denken waren sie Geschöpfe des Teufels, Gottlose usw. Sprachlich sind diese Vorstellungen noch in den Redensarten mit »Mohr« zu finden. In der alten Chemie werden pharmazeutische Präparate von schwarzer Farbe Aethiops oder Metallmohr genannt.

– Quecksilber: Qu. als natürliches Element zieht Sulfur an mit dem Ziel der Verwandlung in Gold.

47 Blonde – Dunkelhaarige: Im Großen Werk stehen Schwarz und Weiß (oder Gelb) auf einer tieferen Stufe.

52 albernen Buch: Gemeint ist ein Buch über Zauberei.
53 Eisenhart: auch Eisenkraut oder Verbena; ein Mittel gegen Zaubereien und ein Besänftigungsmittel für die Götter.
54 Zeigefinger seiner rechten Hand: Dem Zeigefinger wurden bannende oder magische Kräfte anziehende Funktionen zugeschrieben. Fingernägel galten als Teile des Körpers, deren Besitz zauberischen Einfluß ermöglichte. Allgemein spielt der Zeigefinger eine wichtige Rolle beim Teufelspakt.
55 Agrippa: Heinrich Cornelius Agrippa von Nettesheim (1486 Köln – 1535 Grenoble), Schriftsteller, Arzt, Philosoph und berühmter Schwarzkünstler. Kabbalist und Leibarzt der Mutter François' I. Hauptwerke: ›De incertitudine et vanitate scientiarum‹ (Köln 1527) und ›De occulta philosophia‹ (Köln 1510 u. 1533). In Anlehnung an Raimundus Lullus und Reuchlin lehrt er eine Theosophie, nach der Gott drei Welten geschaffen hat, das Reich der Elemente, das himmlische Reich und das Reich der Himmelsgeister und Engel. Sie alle werden durchdrungen von der Weltseele, dem »spiritus mundi«. Sich in den Besitz der Kräfte der höheren Welt zu setzen und dadurch die niedere zu beherrschen, ist Magie oder vollkommene Wissenschaft, Philosophie oder vollendete Weisheit. Sie ist als Herrschaft über die irdischen Dinge natürliche, über die Gestirne himmlische und über die Geisterwelt religiöse Magie.
56 Zoroaster: auch Zarathustra, Begründer der dualistischen Religion der Parsen. Nach griechischer Überlieferung lebte er in Baktrien, dem heutigen nördlichen Afghanistan.
– Projektionspulver: Begriff aus der Alchemie. Das Pulver wird bei der Umwandlung unechter Metalle in Edelmetall benutzt.
– Talköl: von den Alchemisten angeblich aus Talkstein gewonnenes Öl, das den Teint erhalten sollte und unheilbare Krankheiten heilen. Aus ihm sollte außerdem ein Auslösungsmittel für Metalle gewonnen werden können, zur Goldgewinnung sowie zum Figieren (d. h. Verdicken, Verfestigen) von Quecksilber.
– Wolfs-Paternoster: auch Wolfssegen oder Wolfsbann; Beschwörung, wodurch der Wolf von den Herden ferngehalten werden sollte.
– Sieb: Koskinomantie, d. h. ein Spitzsieb wurde in Drehung versetzt und sollte vor einem Dieb oder geheimen Verbrecher stehen bleiben.
– Kerzen aus dem Fett Gehenkter: ein im Mittelalter weit verbreiteter Zauber. Bei Grimm findet sich z. B.: Diebe schnitten ungeborenen Kindern den Daumen ab und zündeten ihn als Licht an. Solange es brennt, schläft alles im Haus.

57 Johanniskraut: auch Johannisblut, Hexenkraut, Teufelsblut; lat. »artemisia«. Die Bauern flochten am Johannistag daraus Gürtel zum Schutz gegen Hexen und Gespenster.

– Schuldverschreibung: Der Pakt mit dem Teufel wird mit Blut unterschrieben und legt fest, daß die Seele nach dreißig Jahren geholt werden kann.

– Marcou: Bezeichnung für einen großen alten Kater.

58 Nolite fieri: etwa: Ihr sollt nichts ergeben oder werden.

– Vernesteln des Hosenlatzes: eine Zauberei, die durch Impotenz den Vollzug der Ehe verhindern sollte.

– der heilige Leu: auch Loup (573–623), Erzbischof von Sens. Sein Fest wird am 1. September gefeiert.

– Pelznickel: Nickel, Derivat von Nikolaus, ein von den Hexen gebrauchter Name für den Teufel. Syn. für Knecht Ruprecht, der allerdings verniedlicht wurde zum Begleiter des Weihnachtsmanns ›Nikolaus‹. Knecht Ruprecht erschien um Weihnachten mit einer weiblichen Figur Bertha und erschreckte Kinder. In christlicher Deutung sollte es sich um eine Seele in Not handeln, die im Advent durch die Straßen läuft und die Vorübergehenden mißhandelt.

59 Sigillen: hier: Siegel aus roter Erde mit geheimen Zeichen als Mittel gegen Gifte, Fieber und Pest.

– Mistel: Vorbild der goldenen Zauberrute, von der die Sage von der Wünschelrute abstammt. Symbol der Wiederbelebung der erloschenen Sonnenkraft, weshalb sie im germanischen Kulturkreis am Tag der Wiedergeburt Baldurs gesammelt und alle Räume des Hauses damit geschmückt wurden. Man glaubte, sie sei vom Himmel gefallen und heile alle Krankheiten und Schmerzen; daher auch ihr Name Allheiler.

– Irrkraut: ein anderer Name für das Farnkraut. Wenn man darüberläuft, ohne es zu merken, dann macht es irre, und man vergißt Weg und Steg.

– Gamahez: Kobolde, Herkunft persisch.

– Bruder Rausch: auch Entenwick, Schrat, Wichtel, Hinzelmann: Kobolde und Hausgeister, die auch dienstbare Geister sind und neben allen Possen Dienste im Stall und in der Küche verrichten.

– Maultier: Nachts sollten alle den Tritt des Maultiers hören, das den Teufel zum Hexensabbat trug. Das Geld, das die Bedienten ihren Herren stahlen, sollte zum Beschlagen dieses Maultiers verwendet werden, das sie dann in die Hölle trug.

– Filourdi: Kobold, der die Spindeln der Spinnerinnen und den Hanf der Seiler durcheinanderwarf.

59 König Hugon: regional um Tours verbreiteter Glaube, daß ein gekrönter Poltergeist dort nachts sein Unwesen treibe. Von ihm soll sich auch der Name der Hugenotten herleiten (»Schüler des Königs Hugon«), weil diese nur nachts zu ihren Gebetshandlungen zusammenkamen und ihre Glaubensgemeinschaft von Tours ihren Ausgang genommen haben soll.

– Konnetabel: eine Variante des Königs Hugon, der seine Entstehung im Volksglauben der schrecklichen Erinnerung an Hugo von Tours, einen der zwölf Pairs Karls des Großen, verdankt.

– Lamies: kinderfressendes weibliches Nachtgespenst.

– Teufel von Vauvert: Name eines Dämons in Paris, der im Schloß von Vauvert sein Unwesen trieb.

– der große Jäger: wilder Jäger, der nachts im Walde von Fontainebleau mit seiner Höllenmeute unterwegs war und der seine letzte Erscheinung zur Zeit Henris IV. hatte.

61 Federspiel: ein aus dem Mittelalter stammender Ausdruck für die Falkenjagd, auch: zur Jagd abgerichteter Vogel. Oder ein an einer Schnur befestigter weißer Taubenflügel.

– Bürschner: Jäger, der auf die Vogeljagd (Beize) geht.

– Guimbarde: ein sehr alter Tanz, der zum Inbegriff für ungelenke, tapsige Bewegungen geworden zu sein schien.

63 Maître: Titel der Advokaten und Anwälte.

65 Chronologie: Es dürften die chronologischen Werke Scaligers gemeint sein: ›De emendatione temporum‹ (1583), ›Thesaurus temporum‹ (1606) sowie die Werke des Chronologen Dionysius Petavius (Denis Pétau, 1583–1652) ›De doctrina temporum‹ (1627).

66 Aufsteigen der Gebärmutter: der sogenannte hysterische Anfall, welcher nach damaligem Glauben mit einer Erstickung der Gebärmutter zusammenhing.

67 Pips: eine Krankheit besonders bei Hühnern, die sie am Fressen und Trinken hindert.

– Goffridy: Louis Goffridi, Pfarrer in Marseille, wurde 1611 verbrannt, weil er mit Hilfe des Teufels, dem er sich verschrieben haben soll, Madeleine Mandols, ein 16jähriges Beichtkind, verführt hatte.

– Nonne von Loudon: Der Pfarrer Urbain Grandier wurde 1633 zum Tod auf dem Scheiterhaufen verurteilt, weil er die Ursulinen von L. verhext haben soll.

– Mädchen von Evreux: Madeleine Bavent, der Pfarrer Mathurin Picard und sein Komplize Thomas Boullé wurden unter der Anklage, diese Nonne und ihre Mitschwestern behext zu haben, 1647 zum Scheiterhaufen verurteilt.

67 Colle und Cardelin: Schauspieler und Komödianten der Commedia dell'arte.
71 Monsieur Gerzan: François de Soucy, Sieur de Gerzan, veröffentlichte im Alter von 80 Jahren 1643 seinen vierbändigen ›Triomphe des Dames‹. Der Inhalt war ein Gemisch von medizinisch-chemisch-alchemistischen Gedanken, die die Frauen ewige Jugend lehren sollten. M. de Gerzan behauptete von sich, ein Lebenselixier zu besitzen.
– Pater Bernard: der »arme Priester« Claude Bernard, der 1641 im Ruf der Heiligkeit gestorben war. An seinem Grab sollen Wunder stattgefunden haben.
– Heliogabal: röm. Kaiser (218–222), Anhänger des Sonnenkults. Er ließ aus kultischen Gründen die Kastration an sich vornehmen.
74 M. de Gerzan... an der Kirchentür: Anspielung auf das Frontispiz des Originals, auf dem sich der Vermerk findet, es werde vor der Kirchentür der Charité-Kirche verkauft.
75 Tertian- und Quartanfieber: latinisierte Bezeichnungen für das Drei- bzw. Viertagefieber.
– Kartelle: schriftliche Aufforderungen zum Duell.
– Wunsch des Caligula: Er soll sich gewünscht haben, die Menschheit besäße nur einen Kopf, damit er nur einmal einen einzigen Kopf abschlagen müsse.
77 Privileg der Normandie: Beide vertragschließenden Parteien konnten nach dem P. d. N. innerhalb von 24 Stunden nach Vertragsabschluß ohne Formalitäten vom Vertrag zurücktreten (Furetière, Dic. Univ.).

Die satirischen Briefe

83 ... lebendige Floh ... Alexander der Große: Zitat La Fontaine, ›La Matrone d'Ephèse‹: »Mieux vaut goujat debout qu'Empereur enterré«.
85 Verleumder: Dies ist der erste Brief, in dem C. seine Angriffe gegen die vier bekannten Vertreter des burlesken Genres (Scarron, Beaulieu, Dassoucy und Loret) eröffnet, mit denen er sich der Reihe nach überwarf. Der Angegriffene ist in diesem Brief Jean Loret (?–1665), ein zweitrangiger Autor, der 1650–65 eine »Gazette in Versen« zum Druck brachte, mit kleinen Beiträgen aus Politik, Theater, Literatur, den Zerstreuungen des Hofes sowie dem Stadtklatsch, die er allwöchentlich an Mme de Longueville geschickt hatte. Der Titel war ›Muse historique‹. Sie war

auch bekannt unter dem Namen ›Gazette burlesque‹. Der Inhalt war banal und weit davon entfernt, komisch zu sein. Wegen ihrer unparteiischen und realistischen Darstellungen ist die ›Gazette‹ heute kulturhistorisch von nicht zu unterschätzendem Wert.

85 Gazette des Lateinerviertels: In Opposition zur ›burlesque‹ mit ihrem banalen und trivialen Tratsch soll hier auf die »höherwertigen« Neuigkeiten aus dem Universitätsviertel angespielt werden. Mit Lateinerviertel ist das Quartier latin gemeint.

– Hirsche und Raben: Bei Furetière findet sich der Verweis auf Plinius, wonach hundert Jahre nach dem Tode Alexanders Hirsche gefangen worden seien, die Goldketten trugen, die dieser ihnen hatte umlegen lassen. Daher der Glaube, Raben und Hirsche lebten mehrere Jahrhunderte lang.

86 Helleborus: Nieswurz, ehemals benutzt zur Heilung von Wahnsinn u. ä.

87 Balzac: Jean-Louis Guez, Sieur de Balzac (1594–1654). Seit 1634 Mitglied der Académie Française. Nach Auffassung seiner Zeitgenossen war Balzac der größte Stilist seiner Zeit, ja seines Jahrhunderts. Unter all seinen Werken sind die ›Briefe‹ sein berühmtestes und bleibendes.

– Polexandre: Roman von Marin Le Roy de Gomberville, geschrieben 1632–1638.

– keine Kreuzer, keine Schweizer: Redensart, die entstand, weil die Söldnergarde der Schweizer Franz I. bei der Belagerung Mailands den Dienst aufkündigte, als sie ihren Sold nicht erhielt.

– Kreuz der Pistolen: Der Prägestempel der Pistolen war ein Kreuz.

– Konterfeis unserer Könige vorweisen: Vorderseite der Münzen mit dem Bild Ludwig XIII. (Louisdor).

89 Marius: Der römische Feldherr Gaius Marius war auf seiner Flucht in einem Strandsumpf bei Minturnae steckengeblieben und hatte seinen Kopf unter einem Haufen Schilf versteckt.

91 Soucidas: Anagramm von d'Assoucy, 2. Brief mit Angriffen gegen einen Schriftstellerkollegen des burlesken Genres. Der Angegriffene ist Charles Coypeau D'Assoucy (1605–1679), Dichter, Komponist und Lautenist. Als die Burleske bei Hofe im Schwange war, war D'Assoucy als Musiker und Dichter sehr beliebt. Ludwig XIII. hatte ihn in den Louvre geholt. Wegen seiner exzessiven homosexuellen Praktiken wurde er vom Hofe verjagt und fand auch keinen Zutritt mehr zu Aristokratenzirkeln. D'Assoucy mit seinen beiden Lustknaben, die ihn als Pagen begleiteten, wurde zu einer Spottfigur. Die Freundschaft mit Cyrano muß nach 1650 in die Brüche gegangen sein. D'Assoucy hatte sich über Cyranos Privat-

leben lustig gemacht, und Cyrano drohte, ihn umzubringen. Die unerbittliche Feindschaft führte wohl auch zu dem Ereignis mit Fagotin, einem abgerichteten Affen, dem sein Besitzer, ein berühmter Gaukler des Pont-Neuf, auf Betreiben D'Assoucys Cyranos Kleider anzog und ihn als eine Parodie auf den stadtbekannten C. de Bergerac vorführte. Bei einem Volksauflauf, zu dem C. stieß, erschlug er den Affen, weil er ihn in einer johlenden Meute für einen Pagen hielt, der ihn nachäffte.

91 gereimte Possen: D'Assoucys ›Ovide en belle humeur‹, 1649.

– Urteil des Paris: ›Le Jugement de Pâris, en vers burlesques de M. d'Assoucy‹, 1648 mit einer Einleitung von Cyrano.

92 verderbter Mensch: Anspielung auf die Prozesse und Gefängnisaufenthalte D'Assoucys in Montpellier, Rom und Paris wegen seiner exzessiven Homosexualität.

– Moschuskügelchen: Man aß Moschusbonbons, um schlechten Atem zu überdecken.

93 Herr von Turenne: Das 1652 von den Spaniern besetzte Sainte-Ménehould wurde von der französischen Armee unter Turenne zurückerobert.

99 Trost ...: Der Brief ist nach Lacroix an Claude-Emmanuel Luillier de la Chapelle gerichtet, den natürlichen Sohn von François Luillier, einem Freund Gassendis. Cyrano hat Chapelle wohl als Schüler Gassendis kennengelernt.

– Artephius: bzw. Al Toghari, jüdischer oder arabischer Alchemist und Philosoph aus dem 12. Jahrhundert, der angeblich lange vorher schon einmal gelebt hatte, da er im Besitz des Steins der Weisen gewesen sein soll. Er behauptete, 1025 Jahre alt gewesen zu sein.

– Kumäische Sibylle: allgemeine Bezeichnung für Priesterinnen des Apollon, die Orakel verkündeten. Deiphobe, die Sibylle von Cumä, forderte von Apollon, der sie zur Geliebten machen wollte, die Zahl an Lebensjahren, die ein Kehrichthaufen Staubkörner enthält. Leider hatte sie sich nicht zusätzlich ewige Jugend ausbedungen.

100 ... des Aussatzes verdächtigen: Das charakteristischste Merkmal der Lepra ist die völlige Reizunempfindlichkeit der Haut.

– Sinnkraut: Mimose oder Sinnpflanze genannt nach ihrem reizleitenden Gewebesystem, wodurch insbesondere bei der M. pudica (Nolimetangere) bei Berührung ihrer Fiederblätter die ganze Pflanze reagiert.

102 Gedankendieb: dritter Brief gegen einen Autor des burlesken Genres. Der Angegriffene ist Deroziers (Beaulieu), der einige Wortspiele Cyranos in seine Werke übernommen und für seine

eigenen ausgegeben haben soll. Nach Lacroix soll Cyrano mit dem Angriff aber eigentlich auf Corneille gezielt haben, der aus Cyranos ›Agrippine‹ (1654) abgeschrieben hat. Die Tragödie wurde kurz nach den ersten Aufführungen wegen Gotteslästerung abgesetzt. Der Herzog von Arpajon bestand nach dem Skandal darauf, daß die Widmung entfernt wurde.

105 Mantel auf seinen Schultern: In der Antike war der Mantel das Kleidungsstück des Berufsphilosophen. Hier soll natürlich die Bedeutung »Bemäntelung« mitverstanden werden.

108 Wider einen Dicken: Zacharie Jacob, genannt Montfleury (1667), entstammte einer bekannten Familie aus dem Anjou und war Page beim Herzog von Guise, bevor er Schauspieler wurde. Er hatte das Unglück, Cyranos Mißfallen zu erregen, der ihm – so will es die Anekdote (in: ›Menagiana‹, Bd. III) – daraufhin einen Monat Auftrittsverbot erteilte und, als dies nichts fruchtete, Montfleury mitten im Stück mit gezogenem Degen von der Bühne jagte.

– ... in der die Erdkugel redet: Metamorphosen: Nach dem Absturz Phaëtons mit dem Feuerwagen des Sonnengottes bittet die Erde Jupiter um Hilfe gegen die Feuersbrunst.

109 Dido: Montfleury war auch Autor von Theaterstücken, in denen er auf seinen Tourneen selbst die Hauptrollen spielte.

111 Diener des Strohsacks: im Original »Serviteur à la paillasse«: Bezeichnung für einen Soldaten, der aus dem Militärdienst ausscheidet. Die Soldaten des Corps de Garde schliefen auf einfachen Strohsäcken. Sicher eine Anspielung auf Montfleurys Vergangenheit. Paillasse hat auch die Bedeutung »haltloser Mensch«, »M. ohne Charakter« und, soweit es mit dem italienischen »pagliaccio« (Strohsack, Bajazzo) zusammenhängt, die Bedeutung Hanswurst, Possenreißer.

112 Scarron: vierter Brief mit Angriffen gegen einen Autor des burlesken Genres. Paul Scarron (1610–1660) war seit seinem 20. Lebensjahr paralysiert und lebte im Rollstuhl. 1652 heiratete er die sechzehnjährige Françoise d'Aubigné, die später als Madame de Maintenon die Frau Ludwigs XIV. wurde. Scarron gehört zusammen mit Charles Sorel und Antoine Furetière zu den bedeutendsten Vertretern des »Roman comique«, des komisch-satirischen Romans im 17. Jahrhundert. Zwischen Scarron und Cyrano bestand eine unversöhnliche Feindschaft, die ihre Ursache wohl in einer literarischen Fehde hatte, aber auch weil Scarron einer der bissigsten und brillantesten Anti-Mazarin-Parteigänger und Frondeur, Cyrano dagegen erklärter Royalist und Anti-Frondeur war.

– Gott der Dichter Roms: Vergil.

112 … kindisches Zeug faseln läßt: Scarron läßt weitere Bände seines ›Virgile travesti‹ erscheinen (Bde. 1–7, 1648–52).
– Insekt: »Insekten hat man auch die Tiere bezeichnet, die noch leben, wenn man sie in mehrere Teile zerschnitten hat, wie den Frosch, der ohne Herz und ohne Kopf noch lebt, Eidechsen, Schlangen usw.« (Furetière, Dic. Univ.).
114 Quecksilber und Schwitzkur: die Behandlungsmethoden gegen die Syphilis. Scarrons Erkrankung wurde von den Zeitgenossen für eine venerische Erkrankung gehalten und dementsprechend behandelt.
– zwischen blauem Papiereinband: Bücher kamen gebunden zum Verkauf, Broschüren dagegen nur in blauem Papier. In der Bibliothèque Bleue erschienen in sehr großer Auflage volkstümliche Literatur, Märchen, Abenteuer- und Ritterromane, aber auch viele der »Chansons de geste«, die so überliefert und lebendig erhalten wurden.
115 … unter dem Bogen schreien hören: Wortspiel mit »Archet«, Bogen, aber auch mit der Bezeichnung für den Schwitzapparat, in den der Syphiliskranke gesetzt wurde.
– … wie die Aussätzigen ihre Handklappern: Es gab eine Verfügung, derzufolge die Aussätzigen ihr Nahen durch Handklappern anzukündigen hatten, um jedermann Zeit und Gelegenheit zur Flucht zu geben.
116 … in die Hände von jemandem, der klar denken kann: Scarron soll in seiner Kinderzeit zur Heilung einer Kinderkrankheit von einem Quacksalber ein gefährliches Heilmittel erhalten haben, das seine Krankheit hervorrief.
– … gegen den Purpur eines Kirchenfürsten: Gemeint sind die Satiren Scarrons gegen Mazarin.
117 … das glorreiche Frankreich … behütet ist: Im Jahr der Veröffentlichung der Briefe war Mazarin aus seinem Exil zurückgekehrt und wieder in seiner alten Machtposition. Möglicherweise legt C. hier eine Bestrafung Scarrons nahe.
– Pusteliger: Anspielung auf die angebliche venerische Erkrankung Scarrons, die sich in Geschwüren zeigen würde.
118 Meister Jean: Er gleicht dem Curé de Colignac am Beginn der ›États et Empires du Soleil‹, der die Landleute seiner Gemeinde mit der Beschuldigung, Dr. Dyrcona (de Cyrano) sei der Leibhaftige, aufhetzt, C. zu entführen, um ihm den Hexer-Prozeß zu machen. Erst sein Gastgeber, der Comte de Colignac, befreit ihn aus den Händen der fanatisierten abergläubischen Bauern. Die Schilderung ist so bis in die kleinsten Einzelheiten wirklichkeitsnah, daß der Gedanke an autobiographische Darstellungen

naheliegt. Dieser Meister Jean gerät Cyrano zum Abbild des bigotten, dummen, brutalen und dabei ungeheuer naiven Klerikers.
118 Trivelin: berühmter Buffo der italienischen Theatertruppe, die im Theater des Hôtel de Bourgogne auftrat.
119 Mithridat: eine Art Theriak oder Gegengift.
120 ... die manche anders bezeichnen: Anspielung auf die Kopernikaner.
121 Pedant: Jean Grangier (1576–1643), Prinzipal des Kollegs Beauvais, berühmter Latinist und Rhetor, der mit unerbittlicher Habgier und pedantischer Strenge ein Peitschenregiment an seiner Schule führte. Schon als Schüler setzte C. ihm ein Denkmal in dem Schulmeister Granger in seiner Komödie ›Le Pédant joué‹, die Grangier an der ganzen Universität dem Gelächter preisgab.
– Karbunkel: Die Maitres ès Arts, Professoren und Régents, trugen als Berufskleidung eine schwarze Wolltoga.
– Kaiser: »In den Kollegs nannte man ›Kaiser des Abendlandes‹ oder ›Kaiser des Morgenlandes‹ die beiden besten Schüler der Klasse« (Furetière, Dic. Univ.).
122 ... mich der Gottlosigkeit anzuklagen: Cyrano war von den Predigern von der Kanzel und den Professoren vor der Klasse öffentlich der Gottlosigkeit angeklagt worden, was angesichts der drohenden Möglichkeit von Prozessen gegen Atheisten, Libertiner und Freidenker keine geringe Gefahr darstellte.
123 hl. Christophoros: Am Eingang zu Notre-Dame in Paris befand sich die 28 Fuß hohe Kolossalstatue des hl. Christophoros.
– Monet, Thesaurus: ›L'Inventaire de la langue latine et françoise‹ von Ph. Monet, 1636; ›Thesaurus linguae latinae‹ von Robert Estienne.
125 ... nie verständiger als an diesem Tag: Aschermittwoch und Aschenkreuz.
126 sechsundvierzig Henker: 46 Fastentage.
127 Ganelon: Person aus der Literatur um Karl den Großen. Synonym für Verräter.
– ... Füße oder Kopf in Erbsbrei getunkt: »An allen Fasttagen wurde Suppe oder Gemüsebrei gegessen« (Furetière).
129 Hühnchen: Liebesbriefe waren an der Faltstelle als Verschluß beidseitig so eingeknickt, daß die Falzen zwei Hühnerflügeln glichen.
131 unechter Graf: Dahinter verbirgt sich möglicherweise Jacques de Grivel de Gamaches, Comte d'Ourouer / Ouroy / Aulroy, der Mme de Pont de Courlay heiratete, die über ihren ersten Mann mit Richelieu verwandt war. Sie galt als ein wenig verrückt und versuchte in einem Prozeß, ihre drei Kinder von ihrem ersten

Mann François de Vignerot als von Mme d'Aiguillon, der Nichte des Kardinals, die sie mit dem Kardinal gezeugt haben sollte, untergeschoben erklären zu lassen. Es gelang ihr, ihren drei Söhnen den Herzog-, Grafen- bzw. Marquistitel zu erwerben. Sie könnte mit der »Reine des Perles« gemeint sein.

131 ... auf der Wiese war: zum Duell gehen.

– Königin der Perlen: Die Grafenkrone als heraldisches Zeichen war mit Perlen verziert.

133 Gassion: J. de Gassion (1609–1647), Marschall von Frankreich. Berühmtester Feldherr seiner Zeit.

– Renaudot: Théophraste R. (1584–1653), Arzt und Journalist. Er erhielt von Richelieu das Privileg zur Einrichtung eines Adressenbüros und der Gründung einer Zeitung. Diese erste Zeitung Frankreichs hieß ›Gazette de France‹. 1635 folgte dann der ›Mercure français‹. C.s Bemerkung bezieht sich wohl auch auf das Adressenbüro, in dem man in Ermangelung von Straßenschildern und Hausnummern die Wohnung der meisten einigermaßen bekannten Einwohner der Stadt erfragen konnte.

– Kanaren: Die Kanarischen Inseln galten schon in der griechischen Antike als Ort der Insel der Seligen und der elysäischen Gefilde.

135 Kriminalgericht: zu C.s Zeiten das Prävotalgericht, das letztinstanzlich Recht sprach ohne Berufungsmöglichkeit.

137 Niniviter: das Bußfasten, das sich die Einwohner Ninives nach der Predigt des Propheten Jonas auferlegten (Jona 3,5–8).

138 die geballte Faust: sehr obszöne Geste, aber auch Vorbereitung für den Aderlaß.

139 Jully: Julep, ein süßer Heiltrank. C. spielt hier mit der volkstümlichen Aussprache, die etwa so klingt wie »juillet« (Juli).

– laus est: es ist löblich.

– molestia flebilis: beweinenswerte / klägliche / jammervolle Beschwerde.

140 vade retro, Satanas: Weiche zurück, Satan.

142 Tragt Rot...: Cyrano spielt hier mit heraldischen Begriffen, die außerhalb des fachsprachlichen Zusammenhangs eine völlig andere Bedeutung haben.

143 Quevedo: Francisco de Quevedo y Villegas (1580–1645), ›Sueños y discursos de verdades descubridoras de abusos, vicios y engaños en todos los oficios y estados del mundo‹, 1627 (Träume und Gespräche über Wahrheiten, die Mißbräuche, Laster und Betrug in allen Berufen und Ständen der Welt aufdecken). 1644 war eine französische Übersetzung der Sueños von Sieur de la Geneste erschienen.

143 Averner See: der Lago d'Averno bei Neapel. In der Antike hielten ihn die Römer für unergründlich und glaubten, seine Quellen lägen in der Hölle. Daher die poetische Redensart: »des bords de l'Averne« (von den Ufern der Hölle).

– Fluß des Vergessens: Gemeint ist der Fluß Lethe, aus dem die Seelen trinken mußten, um sowohl das Elend ihres irdischen Lebens zu vergessen als auch die Herrlichkeiten der elysäischen Felder, bevor sie wieder in neue Körper eingingen und ein neues Erdenleben begannen.

– Tityus: ein Riese, Sohn des Zeus, der versucht haben soll, Latona, die Mutter Apollos und der Artemis, zu vergewaltigen, und dafür in der Hölle gebunden auf der Erde liegt, wo ein Geier ihm die Leber zerhackt.

144 Pythagoras: Er lehrte die Seelenwanderung und hatte behauptet, eine Erinnerung daran zu haben, in einem anderen Körper an der Belagerung Trojas 1000 Jahre vor seiner Zeit teilgenommen zu haben.

– Plinius d. Ältere: 1. Jh. n. Chr., Verfasser der ›Historia naturalis‹.

– Älianus: Sophist (3. Jh. n. Chr.), Verfasser einer Schrift über die ›Eigenheiten der Tiere‹.

145 Dioskorides: 50 n. Chr., Arzt und Botaniker, Verfasser einer Arzneimittellehre, die besonders die medizinischen Pflanzen behandelte und bis in die Neuzeit in Europa als Handbuch der Botanik und Pharmakologie diente.

– Simplicia: Im Frz. Wortspiel mit »les simples«, was einmal Sammelbegriff für die einfachen Heilpflanzen ist, zum anderen Ausdruck für Tölpel und Dummkopf – die gängigen Epitheta der Zeit für die Lothringer als Volksstamm.

– Töchter des Pelias: Alkestis, Antinoe und Asteropa töteten auf Anweisung der Medea Pelias, zerstückelten und kochten ihn mit Zauberkräutern, die ihn als Jüngling wieder erstehen lassen sollten. Das Experiment mißglückte.

– Raimundus Lullus: Ramon Lull (1234–1315), gen. Doctor illuminatus, katalanischer Mystiker und Alchimist. Seine ›Ars magna Lulli‹ ist eines der seltsamsten Werke der Scholastik. Die zentrale Idee ist ein logischer Mechanismus, wobei durch systematische Kombination allgemeiner philosophischer Grundbegriffe unfehlbare Lösungen für alle wissenschaftlichen Aufgaben gefunden werden sollten. Ihm wurde die Entdeckung des Steins der Weisen und eines Lebenselixiers zugeschrieben.

– ... an den Würmern gestorben: im Original Wortspiel mit frz. »vers«, was sowohl Verse als auch Würmer bedeutet.

145 Augenübel: Aktäon beobachtete Diana heimlich beim Baden und wurde in einen Hirsch verwandelt, den die Jagdmeute Dianas zerriß. Ovid soll nach Tauris verbannt worden sein, weil er Augenzeuge von Augustus' inzestuöser Liebesbeziehung zu seiner Tochter geworden war.

– … das wilde Vieh anzuziehen: Um die Statue Heinrichs IV. auf dem Pont-Neuf trieben Scharlatane und Marktschreier ihr Unwesen, die das Volk durch Gaukeleien, obszöne Lieder und Verse anzulocken versuchten.

146 Veni, vidi, vici: ›Ich kam, ich sah, ich siegte.‹ Nach Sueton soll Cäsar mit diesen Worten seinen Sieg über Pharnakes II. kommentiert haben, als er innerhalb von vier Stunden das gegnerische Heer aufgerieben hatte.

– Angst vor Geistern: Anspielung auf mehrfache Geistererscheinungen, die Brutus warnten.

– Cassius: In der Schlacht bei Philippi gegen die Triumvirn verlor Cassius völlig den Überblick, deutete den Sieg als Niederlage und gab sich den Tod.

– gefährliche Sicht: gefährlich nämlich für ihre ungeborenen Kinder, die beeinflußt werden von dem, was ihre Mütter anschauen.

– Timon: griechischer Philosoph (5. Jh. v. Chr.). Aristophanes hat sich in den ›Vögeln‹ über ihn lustig gemacht. Er ist die Vorlage zu Shakespeares ›Timon von Athen‹.

– Quelle Egeria: Numa Pompilius, sagenhafter zweiter König von Rom, soll sich Rat in juristischen, staatlichen und religiösen Dingen von seiner Geliebten, der Quellnymphe Egeria, geholt haben.

147 … den Tod geprellt: Patroklus, der Geliebte des Achill, trug vor Troja dessen Waffen und wurde von Hektor, der ihn für Achill hielt, getötet.

– das Goldene Vlies: Gemeint ist der Orden vom Goldenen Vlies, 1429 in Brügge vom Herzog von Burgund gegründet. Der Orden bestand aus 30 Ordensrittern. Er gelangte 1477 durch die Heirat Marias von Burgund mit dem Erzherzog Maximilian zum Hause Habsburg.

– Momus: Sohn der Nacht und des Schlafs, der die Götter bespöttelte und kritisierte.

– Zepter: Saturn, griech. Kronos (von Chronos, dt.: die Zeit), Vater des Zeus; sein Zeichen ist die Sense.

– Schüsserwerfer: frz. »palet«: ein platter, breiter und dünner, meist runder Wurfstein, womit man um die Wette nach einem Ziel wirft.

147 Kopf seines Freundes: Phöbus Apollo tötete seinen jungen Geliebten Hyazinth aus Mißgeschick durch einen Wurfstein.

148 Mutter von Gargantua: Gargamelle, die Frau von Grandgousier, dem Vater Gargantuas, eine Riesin von unersättlichem Appetit. Aus Rabelais' ›Gargantua und Pantagruel‹.

– Fußtritte: Sabina Poppäa starb 66 n. Chr. während ihrer zweiten Schwangerschaft durch einen Fußtritt Neros.

– ... Federn gelassen: Dädalus entfloh mit seinem Sohn Ikarus aus der Gefangenschaft des Königs Minos auf Kreta, indem er aus Wachs und Federn künstliche Flügel baute, mit deren Hilfe beide entflogen.

– ... Kohlen verschlungen: Man glaubte, daß Hysterikerinnen und Bleichsüchtige Anfälle bekämen, glühende Holzkohlen zu verschlingen.

– Porcia: Tochter des M. Porcius Cato Uticensis, Gattin des Cäsarmörders Brutus, beging nach dessen Niederlage und Tod bei Philippi Selbstmord, indem sie glühende Holzkohlen verschlang.

– ... Asche essen: Artemisia, die Gemahlin des Mausolos, mischte sich die Asche des Verstorbenen unter ihr Essen, »um sein Grab zu werden«.

149 Aulus Persius: römischer Satiriker, gest. 62 n. Chr.

150 Eurydike: eine Nymphe, die vor den Nachstellungen des Aristäus floh und dabei von einer Schlange in den Fuß gebissen wurde, woran sie starb.

– Curtius: Gestalt der Volkssage, stürzte sich in Waffen mit seinem Pferd in eine Felsspalte auf dem Forum, weil ein Orakelspruch den Untergang Roms vorausgesagt hatte, wenn sich nicht ein Edler opfere.

– Flamel: Nicolas Flamel (1330–1418), nach der Legende Zauberer und Alchemist.

– Gestehen: Die Sonne ist in der Alchemie das Symbol für Gold. Zum Gestehen bringen heißt in der Chemie, flüssige Substanzen in feste Konsistenz bringen.

151 Ohrenbläser: Anspielung auf den Blasebalg, mit dem Alchemisten bei der Suche nach Gold arbeiteten. Die Alchemisten wurden spöttisch »Bläser« genannt.

– Hekuba: Die Gattin des Priamos war nach dem Fall Trojas Sklavin des Odysseus. Im Lager der Griechen war sie, für eine dort begangene Bluttat und weil sie schrecklich gegen die Griechen keifte, gesteinigt worden, wonach sie in eine Hündin verwandelt worden sein soll.

– Phokion: Von dem athenischen Feldherrn Phokion soll der

Spruch stammen: »Lieber Unrecht leiden als Unrecht tun.« Er war für seinen Freimut bekannt.

151 Terz wie Quart: Anspielung auf die medizinische Fakultät und das Tertian- bzw. Quartanfieber (Drei- bzw. Viertagefieber).

152 Bouteville: François de Montmorency, Graf von Bouteville, der berüchtigste Duellant seiner Zeit. Er wurde für ein Duell auf der Place Royale 1627 hingerichtet.

– Dual: frz. »duel«: a) Duell – Zweikampf, b) Dualis/Dual – Zweizahl, grammatischer Modus im Griechischen.

– Hitze der Federn: möglicherweise Anspielung auf die Unterdrückung der Literaten und Satiriker während der Regierungszeit des überaus mißtrauischen und misanthropischen Kaisers Tiberius.

153 Attila: frz. »fleau«: a) Dreschflegel, b) Geißel, c) Landplage.

154 Fronde: Bürgerkrieg zur Zeit der Regentschaft (Unmündigkeit Ludwigs XIV.) zwischen der Partei des Hofes (Anna von Österreich, Mazarin) und dem Parlament. Die Fronde dauerte von 1648 bis 1653. Die Erhebung richtete sich gegen die Politik Kardinal Mazarins. In der ersten Phase (Vieille Fronde 1648–1649) war das Parlament von Paris verbündet mit Condé und dem Kardinal von Retz. Im Verlauf dieser Erhebung zog sich der Hof nach Saint-Germain zurück. In der zweiten Phase (Jeune Fronde oder Fürstenfronde) kam es unter Condé, Beaufort und Madame de Longueville zum veritablen Krieg gegen die königstreuen Truppen. In diese Zeit fällt auch die Belagerung von Paris. Auf diese Phase vor allem bezieht sich der Brief.

– D. L. M. L. V. L. F.: Der Adressat ist De La Mothe Le Vayer Le Fils.

155 ... Steine auf uns schleudern: frz. »fronde«: Schleuder – nach der Schleuder Davids, weil man die Riesenmacht der Königspartei aus der Ferne aufgrund parlamentarischer Rechte stürzen wollte; später Spottname, weil das Parlament mit Steine schleudernden Kindern verglichen wurde.

– Schlösser von Kastilien: Bezug auf das Wappen von Kastilien.

158 Cantarini: ein italienischer Bankier, der sich in Paris niedergelassen hatte. Er war Hausbankier Mazarins und einer der Haushofmeister Annas von Österreich.

160 Aufruhr in Neapel: die Erhebung Masaniellos (1623–1647) gegen die spanische Besatzung.

163 Gassion: vgl. Anm. S. 241.

– von Rantzau: Josias Graf von Rantzau (1609–1650) zeichnete sich bei Rocroi aus.

163 Herr Prinz: Louis II. de Condé, der Große Condé (1621–1686), aus einer Nebenlinie der Bourbonen; der Sieger von Rocroi. Er gehörte zu den Anführern der Fronde.

– Pater Vinzenz: der hl. Vinzenz von Paul (1576–1660), Gründer der Orden von den Barmherzigen Schwestern und der Lazaristen.

164 ... einem der größten Philosophen: Pierre de la Mothe le Vayer aus dem Kreis um Gassendi.

– Naudé: Gabriel Naudé (1600–1653), Literat und Bibliophiler, Bibliothekar Richelieus und Mazarins.

– herrliche Bibliothek: die berühmte Bibliothèque Mazarine, Privatbibliothek des Kardinals, die seit 1643 allen Gelehrten offenstand und damit die erste öffentliche Bibliothek Frankreichs war. Heute Bibliothek der Académie Française, die im Palais Mazarin ihren Sitz hat.

166 ... die Kehlen von vierhunderttausend Franzosen: Verweis auf die lange blutige Geschichte des Kampfes der Guise um die Königsherrschaft unter anderem im Aufstand der Liga.

167 Juliusse: Anspielung auf Julius Cäsar.

– Herr von Beaufort: Herzog von Beaufort, Sohn des Herzogs von Vendôme und Enkel Heinrichs IV., spielte eine Hauptrolle in der Fronde.

– Koadjutor: Jean-François-Paul de Gondi, Kardinal von Retz (1613–1679), Koadjutor des Kardinals von Paris, einer der Führer der Fronde und die Triebfeder der Opposition gegen den Hof; Verfasser der ›Memoiren‹.

– Vorfahr: Charles II., Herzog von Cossé-Brissac, Statthalter von Paris für die Liga. Er übergab Paris an Heinrich IV.

168 Scarron: s. Anm. S. 238, Verfasser einer der schärfsten »Mazarinaden« gegen den Kardinal.

169 der Kranke des Königs: Scarron nannte sich selbst der »Kranke der Königin«, nachdem er von der Regentin sein Jahresgeld erhalten hatte. Mit der »Krankheit des Königs« sind die Skrofeln gemeint, die der König nach uraltem Volksglauben durch Handauflegen angeblich heilen konnte.

– hl. Rochus: die Pest oder die Syphilis; hl. Fiacrius: Hämorrhoiden; hl. Klodoald: Geschwüre; hl. Regina: Lendengicht.

– krank am Gesunden: Wortspiel frz. a) saint – heilig, b) sain – gesund.

171 Theseus: Mit seinem Waffengefährten Pirithous hatte Theseus versucht, Kora, die Tochter des Aidoneus und der Proserpina zu rauben. Dafür wurde Pirithous dem Cerberus vorgeworfen, Theseus aber in der Unterwelt gefangengesetzt. Später wurde er dann von Herkules befreit.

175 Schwester: Im Frz. ist der Tod weiblich: »la mort«. Im Deutschen ist er der Bruder des Schlafs.
176 Irrgarten: das Gehirn.
– fünf Sklaven: die fünf Sinne.
178 Bettgäßchen: Gemeint ist damit die Ruelle, der Platz zwischen Wand und Bett, der bei einem Salonempfang bevorzugten Gästen vorbehalten war zu intimerem Plaudern mit der Hausherrin.
179 Nachricht an den Leser: Vorwort des ›Jugement de Pâris en vers burlesques‹ von Dassoucy, Paris 1648.
– Bettelvogt: schwäbisch auch Kirchendusler, der Bettler und Hunde aus der Kirche jagt.
180 Der Verfasser: Charles Coypeau d'Assoucy (s. Anm. S. 236, »Soucidas«), mit dem Cyrano 1648 noch befreundet war.

Die Liebesbriefe

183 Alcidiane: ›La jeune A.‹, Roman von Marin Le Roy de Gomberville 1651.
191 die Quinze-Vingts: Der Name des Blindenhospizes der Quinze-Vingts (ein alter Numerus für die Zahl 300) wurde in Paris zum Namen für die Blinden.
192 … in den Tuilerien wohnen: Ort der Feuerwerke; er vergleicht seine Liebe mit dem Feuer des Feuerwerks.
– Strohmann: Figur, die beim Feuerwerk abgebrannt wird.
193 Armbänder: Es war üblich, daß die Geliebte ihrem Verehrer ein Armband aus ihren Haaren schickte, das sie mit einem Schmuckband umwickelt hatte.

Neue Briefe

201 Über das falsche Gerücht …: Louis II. de Bourbon, der Große Condé (1621–1686), Befehlshaber der Nord-Armee gegen die Spanier, Sieger von Rocroi (1643), einer Entscheidungsschlacht im Kampf gegen die Hegemonialansprüche der Spanier über Frankreich. Das Gerücht von seinem Tod entstand durch die Verwundung, die er bei der Schlacht von Lens (1648) erlitten hatte.
– Alcides: Alkeides, Patronymikon des Herakles.
202 doppelköpfiger Adler: die Auseinandersetzungen um die spanischen Niederlande; gemeint ist der Habsburger Adler.

202 knabenhafter Krieger: Der Große Condé war bei der Entscheidungsschlacht von Rocroi erst 22 Jahre alt.
– Großer Pan: Beiname für alle großen Zeitgenossen. Beim Tode Richelieus hieß es in Paris nur: Der Große Pan ist tot.
– Rodomonter: Beiname der hochmütigen, großsprecherischen Spanier vom Schlage der Figur des Capitano Spavento in der deutschen Literatur der Zeit.
203 Granada: Wortspiel mit Granatapfel, der als Mittel gegen Übelkeit und Magenverstimmung galt.
206 Soucidas: Der Brief muß aus der Zeit vor 1650 stammen, als Cyranos tödliche Feindschaft mit D'Assoucy begann. In diesem Brief redet ein fiktiver D'Assoucy.
– Rhabarber: Er galt als Gallenpurgativ.
207 Place de Grève: der Platz vor dem Pariser Rathaus, Ort für öffentliche Hinrichtungen.
218 Blockade einer Stadt: Blockade von Mouzon in der Champagne 1639. Cyrano diente in der Gaskogner-Garde von Sieur de Castel-Jaloux und wurde beim Fouragieren schwer verwundet: Die Stadt sollte von deutschen und kroatischen Heeren ausgehungert werden.
219 Châtel und Ravaillac: Anspielung auf verschiedene Attentate auf Heinrich IV., die von der katholischen Partei bzw. den Jesuiten ausgingen. Jean Châtel wurde nach einem mißglückten Attentat auf Heinrich IV. gevierteilt und die Jesuiten, unter der Anklage der Anstiftung, kurze Zeit des Landes verwiesen. François Ravaillac, Mönch und Schullehrer, war der Mörder Heinrichs IV.
– Pyramide: Sie wurde erbaut vor dem Justizpalast zum Gedenken an das Attentat Jean Châtels auf Heinrich IV. (27. Dez. 1594). Auf Anordnung des Königs 1604 abgerissen, um den Jesuiten zu Gefallen zu sein.
– Ablaß-Pfennig: vom Papst geweihte Münze mit dem Bilde eines Heiligen, die am Rosenkranz befestigt wurde.
221 Pater Garassus: Francois Garasse (1584–1631), Verfasser der ›Doctrine curieuse des beaux esprits de ce temps‹ (1623). Jesuit und fanatischer Gegner aller Freigeister und Libertins, der sich in wüsten Beschimpfungen und Attacken gegen alle Gegner der Jesuiten erging. Einer der Hauptankläger im Prozeß gegen den Dichter Théophile de Viau und Gehilfe des Obersten Anklägers Mathieu Molé im offenen Kampf des Parlaments von Paris gegen die Libertins. Garasse starb im Hospital bei der Pflege Pestkranker.
– Denkmäler unserer Könige: Anspielung auf die Jesuiten als Königsmörder.

– … alle Tage hinkt: Ignatius von Loyola, Gründer des Jesuitenordens, war in seiner Jugend bei der Verteidigung von Pamplona gegen die Franzosen (1521) schwer am rechten Bein verwundet worden.

– Regent: Titel der Leiter von Kollegien.

Die Vernunft allein ist meine Königin!

Nachwort von Wolfgang Tschöke

Bergerac war weder von der Beschaffenheit der Lappen noch jener der Riesen. Sein Kopf schien fast aller Haare verlustig, man hätte sie aus zehn Schritt Entfernung zählen können. Die Augen verschwanden unter seinen Brauen; die Nase, mit breitem Rücken und krumm gebogen, sah aus wie die jener gelb-grünen Papageien, die aus Amerika kommen. Seine Beine, die es nicht so mit dem Fleische hatten, nahmen sich aus wie zwei Spindeln. Sein Bauch war ein Nachbild des äsopischen Wanstes. Es kann nicht behauptet werden, daß unser Autor schmutzig gewesen ist; allerdings schätzten seine Schuhe ungemein Frau Gassendreck: sie trennten sich so gut wie nie von ihr.

Ganz Paris amüsiert sich über das Pamphlet ›Der Kampf Ciranos von Bergerac mit dem Affen von Brioché am Aufgang des Pont-Neuf‹ aus der Feder seines ehemaligen Freundes Dassoucy. Der Marionettenspieler Brioché hatte – möglicherweise sogar auf Veranlassung Dassoucys – einen dressierten Affen als kleinen Degenhelden mit großem Hut verkleidet, die lärmende Meute von Lakaien und Pagen stellte sich beim Herannahen Cyranos, als ginge es dabei um eine Parodie auf ihn, man fuchtelte mit der Waffe herum, es war zu hören: »Ist das Eure Nase für jeden Tag? Was für ein Teufelsding von Nase! So habt doch die Güte, ein wenig zurückzutreten, sie behindert meine Sicht!« Und schon waren die Waffen gezogen, und eine wüste Schlägerei begann, in deren Verlauf der krankhaft empfindliche Cyrano den Affen, in der Annahme, es handle sich um einen frivolen Pagen, der seinen Doppelgänger spielen sollte, im Zweikampf tötete.

Welch subtile Rache Dassoucys für die Beschimpfung im Brief ›Gegen Soucidas‹ : »Dann also, lustiges Äffchen, fleischgewordene Marionette. Aber, aber, Ihr fahrt auf bei diesem Spitznamen? Ach, fragt nur alle anderen, wie Ihr ihnen vorkommt, und Ihr werdet sehen, ob nicht alle Welt bestätigt, daß Ihr nur soviel mit dem Menschen gemein habt wie ein Pavian.«

Außer daß diese Intrige die elenden Lebensumstände des Autors zwischen 1642 und 1648 dokumentiert, wird daran auch die erste der großen Cyrano-Legenden sichtbar, die gegen Ende seines Lebens aus ihm schlicht einen Verrückten machen wollte. Tallemant des Réaux nennt ihn umstandslos und voller Verachtung: »Ein Verrückter namens Cyrano.« Und Ménage kolportiert in seinen ›Menagiana‹ einige abenteuerliche Einzelheiten aus Cyranos letzten Lebensjahren, die sämtlich – wie schon Zeitgenossen anmerkten – böswillige Erfindungen waren. »Den ersten Beweis seiner Verrücktheit lieferte er der Öffentlichkeit«, heißt es dort, »als er zur Mittagszeit in Kniehosen und Nachtmütze ohne Gewand zur Messe ging. Er besaß keinen Sou, als er krank wurde... Er starb im Hôtel-Dieu.«

Und so wäre der »Illustre«, der »Teufelskerl«, der »Unerschrockene«, wie die Epitheta alle hießen, die ihm zu Lebzeiten von seinen Bewunderern verliehen worden waren, wohl dem Schicksal anderer verkannter Dichter anheimgefallen, wenn nicht 1897 Edmond Rostand mit seiner Komödie ›Cyrano de Bergerac‹ die zweite Cyrano-Legende geschaffen hätte. In einer Epoche, die nach nichts dringender verlangte als einer sinnstiftenden nationalen und historischen Identifikationsfigur, traf Edmond Rostand mit seiner Komödie den Nerv der Zeit. Sein Cyrano ist der Inbegriff dessen, was man sich damals in Frankreich angesichts einer allgemeinen politischen Depression gern unter dem »esprit gaulois« vorstellte.

Lassen sich trotz der wuchernden Legendenbildung einerseits, der insgesamt eher beschönigenden und glättenden Darstellungen aus der Feder seines Freundes Lebret andererseits und der spärlich dokumentierten biographischen Fakten Züge eines Autors erkennen, der wie kaum ein anderer seiner Zeit mit der Feder kompromißlos für die Freiheit seines Denkens focht und der mit dem Degen in der Hand nie einen Zweifel an seinem persönlichen Mut aufkommen ließ?

Die Frage jedenfalls: Wer war Cyrano de Bergerac? ist nun, nach dreihundert Jahren, immer noch nicht schlüssig zu beantworten und führt die Cyrano-Forschung bis heute in schöner Regelmäßigkeit in die Gefilde der Spekulation. So gelang es erst 1910, die Sterbeurkunde aufzufinden, die mit der Legende vom Tod im Hôtel-Dieu, dem Armenspital von Paris, sowie seinem Grab im Pariser Kloster der Jungfrauen vom Kreuz aufräumte, einer Legende, die aus dem Freidenker, Gassendi-Schüler und Descartes-Verehrer, dem Libertin und »esprit fort« für die Nachwelt gern den reuigen Sünder gemacht hätte, der sich im Angesicht des Todes in den Schoß der Kirche zurückflüchtet und im Frieden mit ihr stirbt. In dasselbe Jahr 1910 fällt die erste ungekürzte Veröffentlichung seines Romans ›Die Reise zum Mond‹ nach dem von Leo Jordan entdeckten sogenannten Dresdner Manuskript. 1921 veröffentlicht Frédéric Lachèvre dann ein zweites, in Paris aufgefundenes unzensiertes Manuskript des Romans.

Vor allem jedoch durch die Forschungen von Madeleine Alcover und ihre in den achtziger Jahren erfolgte Entdeckung eines bisher unbekannten und ungekürzten Exemplars seiner beiden Romane in der Bibliothek von Harvard, das ganz überraschende Textvarianten enthält, dürfte das liebenswert unschuldige Bild vom burlesken, preziösen, grotesken Phantasten, Libertin, Frauenverehrer und Degenhelden, der Degen und Feder ausschließlich im

Minnedienst für eine unerreichbare Geliebte gebrauchte oder um seinen Freunden zu irdischer Gerechtigkeit zu verhelfen, nach einer anderen Seite hin der Korrektur bedürfen – hin zu jenem anderen Cyrano de Bergerac nämlich, dem Verfasser der beiden Romane ›Die Reise zum Mond‹ und ›Komische Geschichte der Staaten und Reiche der Sonne‹ (postum 1657; 1662). Sie stellen den unerhört kühnen Versuch dar – der Galilei-Prozeß liegt gerade zehn Jahre zurück –, enzyklopädisch das gesamte Denken seiner Zeit, die Ideen Gassendis und Descartes', den Sonnenstaat Campanellas, die neue heliozentrische Astronomie von Kopernikus bis zu Galileis ›Dialog‹ mit satirisch-romanhaften Mitteln zu popularisieren – gegen die Herrschaft der Dunkelmänner und Obskurantisten in Kirche und Staat, die zur Durchsetzung ihrer Ziele vor keinem Mittel zurückschreckten.

Dabei waren die Scheiterhaufen der Inquisition noch in aller Erinnerung, auf denen Philosophen und Freidenker wie Vanini (1619), Jean Fontanier und Geoffroy Vallée verbrannten oder Libertins wie Claude le Petit (der sogar noch 1662 auf dem Scheiterhaufen stirbt). Der Prozeß gegen den Dichter Théophile de Viau, der, 1623 wegen Gottlosigkeit zum Tode verurteilt, sich seiner Verbrennung nur durch Flucht entziehen konnte, hatte das ganze gebildete Frankreich erregt. Die vielen Hexenverfolgungen fanden ein prominentes Opfer in dem Pfarrer Urbain Grandier, der 1633 verbrannt wurde, weil er die Nonnen des Klosters von Loudon verhext haben sollte. Zu diesem öffentlichen, religiösen Terror gesellten sich die subtilen Umtriebe der Jesuiten und laizistischer Geheimgesellschaften wie der »Gemeinschaft vom Allerheiligsten Altarsakrament« (Molières ›Tartuffe‹ ist ein dramatisches Beispiel für deren Infiltrations- und Gehirnwäschemethoden, die an die Praktiken moderner Sekten erinnern), und man kann getrost davon ausgehen, daß Cyrano de Bergerac für eine Veröffentlichung seiner Romane in ihrer Entstehungszeit in den vierziger Jahren – oder auch nur zu seinen Lebzeiten – verbrannt worden oder für immer in einem Kerker verschwunden wäre.

Der Brief ›Wider die Hexer‹, in dem es heißt: »... ich unterwerfe mich keiner Autorität, wenn sie nicht mit der Vernunft einhergeht... Weder der Name des Aristoteles noch jener Platos oder der des Sokrates überzeugen mich, wenn mein Verstand nicht überwiesen ist von dem, was sie sagen: Die Vernunft allein ist meine Königin, der ich aus freiem Willen die Hand reiche«, trägt in seiner Kompromißlosigkeit und dem persönlichen Mut, mit dem der Autor auf der Freiheit des Denkens und der Rede beharrt, Züge eines Manifests rationalistischen, frühaufklärerischen Denkens. (Die Verweise auf die Autorität des Gotteswortes im Brief sind in ihrer Einfalt und ihrem Formelcharakter nach schon beinahe ironisch, waren aber wohl unerläßlich, um eine Druckerlaubnis für das Buch zu erhalten.)

Obwohl große Bereiche der Biographie Cyranos de Bergerac im dunkeln liegen, hat doch sein Freund Henri Lebret, der sein erster Biograph, Nachlaßverwalter, Herausgeber und leider auch Zensor seiner Schriften war, wichtige Einzelheiten über sein Leben hinterlassen.

Savinien de Cyrano de Bergerac entstammt dem Pariser Bürgertum. Sein Großvater namens Savinien, ein angesehener Bürger und Fischhändler, kauft sich die Ämter eines Sekretärs des Königs, Notars und Rates und besitzt ein großes Haus bei den Hallen. 1582 erwirbt er das Gut von Mauvières im Tal von Chevreuse bei Paris. Sein Sohn Abel, Advokat am Pariser Gerichtshof, der Vater Saviniens de Cyrano, heiratet 1612 im Alter von fünfundvierzig Jahren Espérance Bellanger. Die Familie Cyrano zieht in die Rue des Deux-Portes, wo am 6. März 1619 Savinien de Cyrano zur Welt kommt. 1622 nach dem Tod des Großvaters siedelt die Familie nach Mauvières über. Savinien erlebt seinen Vater, der sich den Titel eines Adligen und Seigneurs von Mauvières zugelegt hat, nach den Worten Lebrets als einen »alten Edelmann, dem die Erziehung seiner Kinder gleichgültig war« und der sehr dem Gelde zuneigte. 1632 kommt er mit dreizehn Jahren ins Pariser Collège de Beauvais, dessen Prinzipal der zu seiner Zeit berühmte Gelehrte und Erzieher Jean Grangier war. Diesen Typ des pedantischen Schulmeisters hat Savinien de Cyrano in seiner Komödie ›Der getäuschte Pedant‹ mit Spott und Hohn überschüttet. Einiges spricht auch dafür, daß Grangier die Vorlage abgab für den Brief ›Wider einen Pedanten‹.

1638, nach Abschluß seiner Studien, kann Lebret ihn überreden, mit ihm zusammen in die Gascogner Garden des Herrn de Carbon de Casteljaloux einzutreten. Hier erwirbt er sich in kurzer Zeit den Namen eines »Démon de la Bravoure«. Lebret schreibt, er habe »schon bald so viele Kämpfe durchgefochten, wie Tage seit seinem Eintritt« verflossen waren.

In den Schlachten des Dreißigjährigen Krieges werden die Gascogner Garden in Ostfrankreich eingesetzt. Bei der Belagerung von Mouzon (1639) durch deutsche und kroatische Truppen wird Savinien von einem Musketenschuß in den Leib schwer verwundet. In diesem Zustand muß er die Aushungerung der Stadt überstehen. Darauf bezieht er sich wohl mit dem Brief ›Über die Blockade einer Stadt‹. Kaum genesen, wird er im folgenden Jahr 1640 bei der Belagerung von Arras durch einen Säbelhieb an der Kehle so schwer verwundet, daß er den Militärdienst quittiert.

Nach Paris zurückgekehrt, widmet er sich dem Studium und verschafft sich 1641 einer Anekdote zufolge mit der Waffe in der Hand Zugang zum erlauchten Schülerkreis des Philosophen Gassendi, der im Hause des Vaters von Chapelle, mit dem Cyrano befreundet war, private Kollegien abhält. Zu seinem Freundeskreis während dieser

Zeit gehören Tristan L'Hermite, zunächst noch Dassoucy, Scarron, Chapelle und wohl auch Molière, der aus dem ›Getäuschten Pedanten‹ eine Szene für ›Les fourberies de Scapin‹ übernimmt.

Er verliert immer mehr den Kontakt zu seiner Familie. Sein Bruder Denis ist Priester geworden und seine Schwester seit 1637 Nonne im Kloster der Jungfrauen des Kreuzes, deren Priorin Marguerite de Jésus ist. Mit der Welt dieser Devoten verbindet ihn nichts. Er nimmt jetzt den Namenszusatz de Bergerac an, nach einem ehemaligen Besitzer eines Gutes bei Mauvières, um sich den Anschein alt-adliger Herkunft zu geben.

Seine Zeitgenossen schreiben ihm in diesen Jahren mehrere aufsehenerregende und burleske Heldentaten zu, deren Wahrheitsgehalt im einzelnen nur schwer zu überprüfen ist. Lebret berichtet von der Schlacht am Nesle-Turm, wo Cyrano seinen Freund Linières, den Satiriker, gegen hundert Bewaffnete verteidigte, weil sich ein Adliger an dem Poeten für ein Epigramm rächen wollte. Damit ist er mit einem Schlag in allen Salons von Paris als Degenheld bekannt. Im Brief ›Der Duellant‹ heißt es: »Ich quäle mich unablässig mit Terz und Quart herum ... und wüßte schon nicht mehr, was Papier ist, würden darauf nicht die Kartelle geschrieben ...«

Nach seinem Bruch mit Dassoucy soll er in die Intrigenfalle mit Fagotin, dem Affen Briochés, getappt sein, kurz: Die Cyrano-Legende wuchert kräftig.

1645, im Todesjahr seiner Mutter, erkrankt Cyrano schwer. Die Umstände seiner Behandlung, der hohe Preis sowie der Name seines Arztes Elie Pigou, der solche besonderen Fälle behandelte, und nicht zuletzt ein Gedicht an seinen Freund Lebret vom Krankenbett aus sprechen für die Annahme, daß es sich um die Syphilis handelte. Nach der »Heilung« schreibt er weiter an den Briefen und beginnt mit dem ›Getäuschten Pedanten‹ und der ›Reise zum Mond‹.

In den Jahren von 1642 bis 1648 lebt Savinien de Cyrano in bitterster Armut und leidet Hunger. Sein Sinn für Unabhängigkeit verhindert nach den Worten Lebrets, daß er sich in den Dienst eines adligen Gönners begibt, weil er »die Unterwürfigkeit haßt, welche die Großen von dem fordern, der sich ihnen anschließt«.

1648 stirbt der Vater, und schriftliche Erklärungen, die er vor seinem Tode abgab, lassen den Verdacht zu, daß die beiden Brüder Abel und Savinien den Sterbenden bestahlen und Möbel, Geschirr und Teppiche heimlich verkauften. Dann ziehen die Brüder für zwei Monate ins Schloß von Mauvières und leben vom Nachlaß. Savinien erhält seinen Anteil von den Familienrenten in Höhe von 10450 Livres, was ihm ein bescheidenes Auskommen sichert.

1648 beginnen die Fronde-Aufstände in Paris. 1651 ergreift Cyrano mit seinem brillanten politischen Brief ›Wider die Frondeure‹ die Partei Mazarins und stellt sich auf die Seite der absoluten Monarchie. Nun macht er sich schließlich auf die Suche nach einem Förderer und tritt in die Dienste des Herzogs von Arpajon, wohl auch, weil dies der einzige Weg für einen unbekannten Autor war, jemals etwas von seinen Werken gedruckt zu sehen.

1653 löst seine Tragödie ›Der Tod Agrippinas‹ einen Skandal aus, der von kirchlichen Kreisen geschickt geschürt wird. Cyrano wird öffentlich des Atheismus beschuldigt. Der Herzog von Arpajon sieht sich durch das ihm gewidmete Werk seines Schützlings in frommen Kreisen diskreditiert und fürchtet um seine Bemühungen zur Erlangung des Marschalltitels. Das Verhältnis zu Savinien de Cyrano kühlt sich ab.

In den Januar 1654 fällt das Ereignis, in dem alle Cyrano-Legenden und Lebensdeutungen zusammenlaufen und an dem sich bis heute alle Biographen in zwei Lager spalten. War die Kopfverletzung, von der Lebret spricht, die sich Cyrano am 3. oder 10. Januar zuzog und die zu seinem Tod führte, ein Unfall oder ein Attentat? Die Pariser Wochenchronik in Versen, ›La Muze historique‹ von Loret, berichtet von einem Brand des Palais von Arpajon am 3. Januar. Dabei wäre nun nach Ansicht der Legende Cyrano ein brennender Balken auf den Kopf gefallen oder geworfen worden. Am 10. Januar, berichtet die ›Muze historique‹, sei eine Kutsche des Herzogs zu später Stunde in einen bewaffneten Hinterhalt geraten, wobei auch zwei der berittenen Begleiter verletzt wurden. Wem galt der Hinterhalt? War einer der Verwundeten Cyrano? Lebret schweigt sich über die näheren Umstände der Verletzung aus.

In seinem Brief ›Wider einen meuchlerischen ... Jesuiten‹ spricht Cyrano von einem Hinterhalt, dem er nur knapp entgangen ist; im Brief ›Wider einen Pedanten‹ wird das Thema erneut angeschnitten. Hier ist es eine Pistolenkugel, die ihn meucheln soll. Allerdings ist auch die Obsession aller Libertins und Freigeister der Zeit, verfolgt und bedroht zu sein, hinlänglich nachgewiesen worden.

Cyrano muß das Haus des Herzogs verlassen und ist bis kurz vor seinem Tod von Angehörigen der »Gemeinschaft des Allerheiligsten Altarsakraments« umgeben, die sich aufopferungsvoll zum Ziel gesetzt haben, den Kranken zu bekehren und ihm sein bisheriges Leben als monströs und gotteslästerlich vor Augen zu führen, wie Lebret schreibt. Dazu gehören seine Cousine, die Baronin von Neuvillette (die Roxane in Rostands Komödie), und die Oberin Marguerite de Jésus von den Jungfrauen vom Kreuz. In dieser Zeit werden von unbekannter Hand die Kisten mit seinen Manuskripten erbrochen, und die Urschrift eines Romans mit dem Titel ›L'Etincelle‹ verschwindet für immer, während die ›Komische Geschichte der Staaten und Reiche der Sonne‹ bis lange nach seinem Tode verschollen bleibt, wie Lebret und der Verleger Charles de Sercy klagen. Madeleine Alcover konnte nachweisen, daß alle, die Cyrano in dieser Zeit in einer Art Isolierung hielten, aktive Mitglieder der »Gemeinschaft« waren. Diese Oberin Marguerite de Jésus hatte in ihrem früheren bürgerlichen Leben zusammen mit ihrem Mann aktiv am Prozeß gegen Vanini mitgewirkt, der mit dessen Verbrennung endete.

Lebret berichtet von der Krankheit Cyranos, die sich vierzehn Monate hingezogen hat und von der er einmal auch beinahe wieder genesen sei. Kann die Kopfverletzung so langwierig gewesen sein? Oder leidet Cyrano an den Spätfolgen seiner Syphilis, wie Lachèvre annimmt, was auch für die Legende vom verrückten Cyrano eine Erklärung wäre?

Außer Zweifel steht, daß sich Cyrano kurz vor seinem Tode zu seinem Cousin Pierre de Cyrano schaffen läßt, dem er, wie Lebret andeutet, im Geiste und in seinen Anschauungen verbunden war. Um einer Zwangsbekehrung im Hause der Devoten zu entgehen? Fünf Tage nach seiner Ankunft in Sannois bei seinem Verwandten stirbt Savinien de Cyrano de Bergerac im Alter von 36 Jahren, nach Empfang der Sakramente, wie der Eintrag im Kirchenbuch der Gemeinde vermerkt.

Savinien de Cyrano spricht in der Widmung seiner Briefe von »frühen Grillen oder besser Tollheiten meiner Jugend«, aber diese Brief-Produktion erstreckt sich wohl in Wirklichkeit über den größten Teil seines Lebens. So könnte am Anfang der Brief ›Über die Blockade einer Stadt‹ aus dem Kriegsjahr 1639 stehen und am Ende vielleicht ›Gegen Soucidas‹, weil sein Zerwürfnis mit Dassoucy gegen 1650 stattfand.

Die Briefe wurden 1654 bei ihrem ersten Erscheinen vom Publikum der Salons, bei dem Gesellschaftsspiele wie Stegreifgedichte, Wort- und Rätselspiele um Begriffe, wie sie der Brief ›Über ein Rätsel‹ bietet u. ä., im Schwange waren und das für die Extravaganz und Kühnheit seiner Wortschöpfungen sehr empfänglich war, begeistert aufgenommen. Sie machten Cyrano mit einem Schlage als Autor bekannt. Es mangelte aber auch nicht an Kritikern wie zum Beispiel Guéret, der ihm im »Krieg der Autoren« Abgeschmacktheit, schlechten Geschmack und kindische Wortspielereien zum Vorwurf macht. Solche Kritik ist im übrigen auch der Grund gewesen für den unversöhnlichen Haß, mit dem Cyrano im Brief ›Gegen Scarron‹ und ›Wider die Frondeure‹ den armen Krüppel überzieht. Scarron soll sich nämlich einmal voller Verachtung von einem Besucher abgewandt haben, der ihm ein Sonett von Cyrano überreichen wollte, und sich darüber hinaus sehr herablassend über die Pointe, das bevorzugte Stilmittel Cyranos, geäußert haben. Die Wirkung dieser Attacke im Brief ›Wider die Frondeure‹ läßt sich nur vor dem Hintergrund der historischen Ereignisse ermessen: Zum Ende der Fronde-Aufstände beeilte sich Scarron, mit einem Lobgedicht auf Mazarin seine Rolle als Verfasser der aggressivsten Anti-Mazarin Schriften während der Fronde-Unruhen vergessen zu machen – seine ›Mazarinade‹ gab der ganzen Gattung dieser Pamphlete und Flugschriften den Namen –, da erscheint 1651 der Brief ›Wider die Frondeure‹ und legt erneut den Finger in die Wunde…

In ihrer Gesamtheit gehören die Briefe Cyranos ganz sicher aber in die Kategorie des literarischen Briefs. Sie stellen keine authentische Korrespondenz dar. Cyrano löscht jeden Hinweis auf einen identifizierbaren Empfänger. Die meisten Briefe enthalten die anonyme Anrede Monsieur, Madame, Mademoiselle oder Messieurs. Selbst wenn er zum Beispiel einen Brief an Monsieur de Gerzan richtet, ist dieser nicht eigentlich der Empfänger, sondern er ist an den Leser gerichtet, den Cyrano über M. de Gerzan hinweg anredet. Damit ist auch schon ein Merkmal der Gattung angedeutet. So wie der Brief in den Salons der

Preziosen, z. B. des Fräuleins von Scudéry, Transportmittel für die Anschauungen einer kleinen sozialen Gruppe war und ihrer steten Selbstverständigung diente, richten Jean-Louis Guez de Balzac, Voiture, Ménage, Tristan L'Hermite u. a. ihre Briefe an ein Publikum, das einen kleinen geschlossenen Kreis bildet, in dem der Brief einen ständigen Reflex elitären Selbstverständnisses darstellt. Und hierfür bietet der Brief mit seiner nicht-literarischen Herkunft die ideale Form: der intime Rahmen, die sehr private Ansprache eines Partners, der familiäre, alltägliche Ton, der begrenzte, abgeschlossene Umfang des Mitgeteilten im Gegensatz zu Memoiren oder dem Tagebuch. Innerhalb dieser Form hört der Empfänger auf, Objekt des Briefes zu sein; er wird vielmehr zum Mittel, ein Thema zu entwickeln.

Daß Cyranos Naturbeschreibungen rein literarischen Charakter haben, ist offensichtlich; es sind Landschaftsbeschreibungen, die gemalten Medaillons gleichen und in der Literatur des 17. Jahrhunderts ihrer Frische und Unmittelbarkeit wegen nicht ihresgleichen haben.

Die satirischen Briefe stellen, soweit sie nicht namentlich etwa an Dassoucy oder Scarron gerichtet sind, Typensatiren dar (Der Feigling, Der Verleumder, Der Plagiator, Der Dicke, Der Pedant, Der Gockelhahn, Der unechte Graf, Die Ärzte, Der Aufschneider usw.), wie sie dem literarischen Publikumsgeschmack in der ersten Hälfte des 17. Jahrhunderts entsprachen.

Die Liebesbriefe präsentieren sich auf den ersten Blick genauso (Die Berechnende, Die Grausame, Die Käufliche, Die Indifferente usw.). Sie entsprechen in ihrer Formelsprache ganz der konventionellen Galanterie der Zeit. Sucht man aber nach mehr, einem lyrischen Ton, einer Unmittelbarkeit des Gefühls, einer Erotik der Sprache, der Bilder oder sogar nach Leidenschaft, wird man sehr schnell feststellen, daß die Briefe eigentümlich kühl oder sogar züchtig sind. Eine Frau als Objekt der Begierde kommt eigentlich nicht darin vor. Cyrano richtet sich im Gegenteil häufig an den Geist, den Verstand der Angeschriebenen. Dieser Eindruck wird unterstützt durch eine Aussage Lebrets, der von einer »solch großen Zurückhaltung (Cyranos) gegenüber dem weiblichen Geschlecht (spricht), daß man sagen kann, er habe niemals den Respekt vergessen, den unser Geschlecht jenem schuldet«. Die Syphilis, die sich Cyrano zugezogen hatte, ist sicher nur ein Grund für diese übergroße Zurückhaltung. Dassoucy, in dem man den notorischsten Homosexuellen seiner Zeit sehen muß, der Jahre seines Lebens wegen allzu öffentlicher Zurschaustellung seiner sexuellen Vorlieben im Gefängnis verbrachte und mehrmals aus Frankreich fliehen mußte, berichtet in seinen Aufzeichnungen (›Les Avantures de M. d'Assoucy‹) von seiner Beziehung zu Chapelle und Cyrano in einer Weise, die eine homosexuelle Beziehung der drei Freunde sehr nahelegt. Vor diesem Hintergrund wäre dann auch der geifernde Haß Cyranos gegen Dassoucy und später sein Bruch mit Chapelle zu erklären. Jacques Prévot hat bei einem Vergleich der Manuskripte herausfinden können, daß der Siebente Brief im Manuskript mit der Anrede Monsieur beginnt und endet. Ein Brief ist im Manuskript gerichtet an Mademoiselle de Saint-Denis, die nicht zu ermitteln ist, wohl aber ein Herr von Saint-Denis, nämlich Charles de Merguetel de Saint-Denis, Seigneur de Saint Evremond, Libertin und Freigeist auch er. Der Dritte Brief der Neuen Briefe ist im französischen Original ebenfalls durch Endungen der Partizipien maskulinisiert. Prévot führt weitere Beispiele dieser Art an, die nur im Manuskriptzustand zu finden sind, während die veröffentlichten Briefe eindeutiger einen formal weiblichen fiktiven Adressaten verraten. Mit dieser Lesart wäre jetzt aus der Literaturkritik die nächste Cyrano-Legende erwachsen. Cyrano, dem Zeitgeist folgend: homosexuell. Ja, warum eigentlich nicht?

Alle diese Erörterungen scheint Savinien de Cyrano de Bergerac für sich selbst schon vor dreihundert Jahren mit einem Argument beiseite gewischt zu haben, das wirklich nur er zur Verfügung hatte:

Eine große Nase
ist das Zeichen eines
geistreichen
ritterlichen
liebenswürdigen
hochherzigen
freimütigen
Mannes
und eine kleine
ist ein Zeichen des Gegenteils.

VERZEICHNIS DER BRIEFE

DIE SATIRISCHEN BRIEFE DES HERRN CYRANO DE BERGERAC

NEUE BRIEFE VON CYRANO DE BERGERAC

Die Deutsche Bibliothek -CIP-Einheitsaufnahme

Bergerac, Cyrano de :
Herzstiche / Cyrano de Bergerac. - Frankfurt am Main :
Eichborn 1997
(Gatza bei Eichborn)
ISBN 3-8218-0650-8

© Vito von Eichborn GmbH & Co. Verlag KG,
Frankfurt am Main, Mai 1997
Einbandvignette von Tobias Willemeit
Gesetzt aus der Korpus Van Dijck
durch die Offizin Götz Gorissen, Berlin
Druck und Bindung: Wiener Verlag, Himberg
ISBN 3-8218-0650-8

Verlagsverzeichnis schickt gern:
Eichborn Verlag, Kaiserstraße 66, D-60329 Frankfurt
http://www.eichborn.de